本书受到北京高等学校青年英才计划（YETP0858）的资助

教师汉语课堂用语教程

JIAOSHI HANYU KETANG YONGYU JIAOCHENG

第二版

姜丽萍　闻亭　吴霄岳　著

北京语言大学出版社
BEIJING LANGUAGE AND CULTURE UNIVERSITY PRESS

图书在版编目（CIP）数据

教师汉语课堂用语教程 / 姜丽萍，闻亭，吴霄岳著
. — 2版 . — 北京 ：北京语言大学出版社，2017.7（2025.2重印）
ISBN 978-7-5619-4812-5

Ⅰ. ①教… Ⅱ. ①姜… ②闻… ③吴… Ⅲ. ①汉语－少数民族教育－教学参考资料 Ⅳ. ① H19

中国版本图书馆 CIP 数据核字（2017）第 167481 号

教师汉语课堂用语教程（第二版）
JIAOSHI HANYU KETANG YONGYU JIAOCHENG (DI-ER BAN)

排版制作：北京创艺涵文化发展有限公司
责任印制：陈 辉

出版发行：北京语言大学出版社
社 址：北京市海淀区学院路 15 号，100083
网 址：www.blcup.com
电子信箱：service@blcup.com
电 话：编辑部 8610-82303390
国内发行 8610-82303650/3591/3648
海外发行 8610-82303365/3080/3668
北语书店 8610-82303653
网购咨询 8610-82303908
印 刷：北京富资园科技发展有限公司

版 次：2017 年 7 月第 2 版 印 次：2025 年 2 月第 3 次印刷
开 本：787 毫米 ×1092 毫米 1/16 印 张：14.5
字 数：361 千字
定 价：58.00 元

PRINTED IN CHINA

前言

2006年,《教师汉语课堂用语教程》问世，当时主要是针对新疆少数民族教师编写的，但是没有想到的是，这本书不但受到了少数民族教师的欢迎，也受到了对外汉语教师（汉语作为第二语言教师）的青睐，这次应北京语言大学出版社的要求进行修订，此时距该书首次出版正好已满十年。这十年间，对外汉语教学领域发生了巨大的变化，学科名称由对外汉语教学发展成为汉语国际教育，世界上把汉语作为第二语言学习的人数也已超过了1亿人，汉语教师队伍更加壮大，专业化程度越来越高，我们编者自己对教师课堂用语的认识和体会也越来越深入和丰富，深感有必要修订这本书，以充实和更新部分内容，使之更符合时代潮流。

课堂用语是教师在课堂上与学生进行交流的重要手段之一，它连接课堂各个环节，贯穿于整个教学的始终。研究表明，教师使用恰当的课堂用语有助于激活学生的学习积极性，增强师生互动，提高教学效率，同时具有真实交际目的的课堂用语也为学生提供了语言的可懂输入和语言吸收的机会，而无效的课堂用语不仅使学习者感到困惑，影响其参与课堂活动，时间一长，还会挫伤他们的学习积极性和学习热情。由此可见，课堂用语是教学过程中不可或缺的组成部分。

课堂用语是经过组织的、具有一定针对性和相对稳定性的课堂语言。说它是经过组织的，是指课堂用语是教师事先准备好的，在教学中可自动“提取”的规范句式，忌随意性；说它具有一定的针对性，是指课堂用语不是一成不变的、一个模式下来的，它要针对不同的课型、教学环节和教学氛围选用不同的语言内容，忌盲目性；说它具有相对稳定性，是指任何一条规范的课堂用语的使用都具有一定的稳定性，要让学生充分了解、熟悉，直至理解和掌握，忌变化太快。

课堂用语蕴含着一定的教学理论，它的实施要在一定的教育学、心理学、社会学、语言学等学科理论的指导下进行，要符合教育规律、教学规律；课堂用语不是教师的命令语，它是师生沟通的纽带和桥梁，是教学得以顺利进行的媒介，课堂用语要以学生为中心，应体现教学的社会人文性；另外，语言本身有自己的特点，课堂用语还要符合语言学的特点，符合语言的语用规则，体现语言的教育功能和表达功能。

此次修订，我们在保持初版基本原则的同时，对该书的结构、内容进行了系统而精细的修订，这得益于新增的两位作者。闻亭老师曾经在北京市教育工会举办的“第七届北京青年教师教学基本功比赛”中一举荣获四项大奖，她对汉语课堂教学有着深刻的理解和感悟，并能结合自己的专业知识进行理论提升和概括，这次修订，闻亭老师将海内外优秀教师的教学案例和自己的教学实践进行归纳总结，将最新研究成果融入其中；吴霄岳老师教学效果突出，平时涉猎广泛，这次修订过程中，吴老师参阅了大量中小学各科的课程标准和教材、教参，观看了各科优秀教师的教学录像，并深入一线去听课、访谈，在此基础上，对文理科课堂用语的结构、内容进行了一系列的改动。

修订版同样体现了较强的实践操作性。我们为广大教师提供了一千八百多条课堂用语，这些课堂用语大多是一线教师课堂实录的整理和归纳，也有公开出版的教案的摘编，以及我们自己教学实践的积累。本书虽然书名是课堂用语，但更是一本教学法指导书，教师在掌握课堂用语的同时，也掌握了该学科、该课型、该环节的教学步骤和方法。

本次修订工作的具体分工为：姜丽萍负责全书的总体设计、内容规划、统筹、修改和定稿，以及第一章的修订；闻亭负责第二章、第三章的修订；吴霄岳负责第四章、第五章的修订。

与初版一样，在修订的过程中，我们参阅了大量文献，吸收了其中的一些思想，未能一一注明具体的作者姓名，在此对他们表示衷心的感谢！在此还要特别感谢刘珣先生，本来想请刘先生再为我们写一篇序言，后来发现刘先生十年前的一些提法和概括具有极强的超前性，在今天看来也不过时，因此全貌保留了刘先生的初版前言，再次感谢刘珣先生！对本书存在的各种不足和错误，欢迎专家、学者和广大读者批评指正。

姜丽萍

2016 年 5 月

序言

教师课堂用语是第二语言课堂教学研究的重要课题之一。教师在课堂教学中所用的教学语言不仅是组织教学、完成教学任务的主要手段，是师生互动、在课堂上用目的语进行交际以培养学生交际能力不可或缺的条件，也是对学生提供目的语输入的重要途径和学生学习目的语口语的范本。紧密结合教材、体现循序渐进原则的教师课堂用语，实际上也是课堂教学内容的有机组成部分。今天，用目的语教目的语，或者在第二语言课堂中教师尽可能使用目的语，已成为多数教师和学者们的共识；对母语为非汉语的教师来说，掌握规范的课堂用语，熟练地用汉语组织课堂教学，也是基本的要求。但从国内外大部分的汉语课堂的现状来看，离这一要求还有不小的距离。在汉语教师培训中，这方面的课程也并未得到足够的重视，甚至对汉语课堂用语全面、系统的研究成果至今还不多见。在我国少数民族地区汉语教学和世界汉语教学大发展的形势下，对教师汉语课堂用语的研究更为迫切；规范、准确、生动、得体并充分体现情感因素的教师汉语课堂用语教材，对提高汉语教学的效率将起到很大的作用。我们非常高兴地看到，姜丽萍教授等在认真研究的基础上编写的《教师汉语课堂用语教程》的出版，填补了汉语作为第二语言课堂教学研究的这一空白。

本教程的内容非常丰富。理论部分谈到了教师课堂用语在教学中的作用，它的基本特征、分类及其选择和运用，课堂用语的原则等。教程的主要部分是编者所编选的一千五百多条各类课程、课型的课堂用语；不仅有教学各环节所需要的一般用语，及专门为汉语作为第二语言教学各课型使用的课堂用语，而且从新疆等少数民族地区双语教学的需要出发，编选了语文、历史、思想政治及美术、音乐等文科课堂用语和数学、物理、化学、生物、地理等理科课堂用语。教程的最后一部分还谈到了课堂用语的训练问题，而且全书每一部分都有明确的训练目标和材料。总的看来，尽管在用语选择的针对性方面还有可斟酌之处，这本教程应该说是迄今为止汉语教学领域有关教师课堂用语的最全面的研究成果，必将受到我国少数民族地区双语教师及海内外汉语教师的欢迎。

在汉语作为第二语言教学领域，像教师课堂用语这样与教学第一线关系十分密切而我们至今尚未展开研究或者虽有研究但成果还不理想的课题还很多，陆俭明先生在《增强学科意识，发展对外汉语教学》(《世界汉语教学》2004 年第 1 期）一文中曾归纳了 14 项，包括每个年级该掌握多少汉字、多少词语、多少成语、多少语法点的研究，这些字、词、成语和语法点如何在教材中出现和复现的研究等。陆先生把这些课题称为我们学科的“本体研究”。比起那些基础理论的研究来，这些直接为教学服务的应用性研究，似乎算不上什么“大学问”，“学术性”也没有那么强，但却是我们教学第一线所迫切需要的，而且直接关系到学习者能否“在最短的时间内最快最好地学习好、掌握好汉语”，直接关系到我们学科的建设和这项“国家和民族事业”的发展。我们不反对那些专门性的理论研究，因为那也是我们学科的发展所需要的，作为一门综合、交叉学科，我们的队伍里应该有一些专门从事纯语言学、纯心理学、纯文学或文化学研究的专家；但是，我们每天上课时都能感受到的那些一个又一个的具体问题，还一直摆在那里，在等待我们去解决。“勿以事小而不为”，我们学科研究的核心，我们绝大多数教师和学者们所关注的热点，首先还应该是与教学直接相关的这类课题，这关系到学科发展的方向和我们科学研究的导向。林焘先生一再强调，我们学科的“中心是教学，科学研究也必然要环绕这个中心展开”。

也许，这算是我有幸先读了本书的书稿以后所得到的一点儿启示吧。

刘　珣

于北京语言大学

2005 年 10 月

目 录

第一章 导 言

第二章 一般课堂用语

第三章　汉语课课堂用语

第四章　文科课堂用语

第五章　理科课堂用语

第一章
导　言

第一节　教师课堂用语概说

一、课堂用语的界定

教师课堂用语是教学语言的重要部分，它连接课堂每个环节，贯穿于整个课堂教学之中。有效的课堂用语有助于激发学生学习的积极性，增强师生互动，提高语言课堂的教学效果，同时具有真实交际目的的课堂用语也为学生提供了大量可懂输入和语言吸收的机会，有助于学生的语言习得。

在汉语作为第二语言教学领域对教师课堂用语的研究非常少，这就导致了教师课堂用语的滥用，大家随心所欲，口头禅、啰唆语、汉语和学生母语混合语等屡见不鲜，这些都严重影响了课堂效率的提高。因此，对教师课堂用语进行深入研究，探索其使用规律，将有助于规范课堂教学，提高教学效率，促进教师专业发展。

课堂用语是教师在课堂上为组织和从事教学所使用的语言。一般分为两大类：一类是同教学内容直接相关的教学语言，如教师的讲解、提问、教学活动的开展、课程的结束、对学生回答问题所做的反馈等；另一类是同教学内容无关，但起着组织与引导教学作用的课堂语言，如教师对课堂教学的组织、管理，对学生的问候、劝告、命令、建议、请求等等。

在汉语作为第二语言的课堂，教师的课堂用语不能随意而为，由于学习者汉语水平的限制，教师课堂用语具有加工性、与态势语相配合以及语言简短等特点。有学者指出，为了达到与学生交流的目的，教师往往使用经过加工、简化的语言从事教学。从某种意义上说，课堂用语是“人工性”的、经过简化的符号系统。

二、课堂用语在教学中的作用

前文提到，汉语教师在课堂上使用什么样的课堂用语，一直没有一个统一的标准和规范的要求。有的教师由于性格、习惯、知识背景等原因，形成自己固定的课堂口头禅；有的教师掌握学生的母语比较好，课上过多地使用学生的母语，或者二者掺杂使用；有的少数民族教师（教学对象也是同一民族的学生），把少数民族语言和汉语掺杂使用；有的教师多年来课堂用语单调乏味，没有生机；还有的教师课堂用语重复啰唆，"这个、那个、啊、哦、嗯"重复出现，令学生不胜其烦。如此种种，使第二语言的课堂用语具有很大的随意性和不确定性。许多教师因为课堂用语用得不好而增加了学生负担，干扰了学生的学习情绪，影响了教学效果。许多教师呼唤着规范、得体的课堂用语在第二语言教学中的运用。

对一些汉语教师，尤其是少数民族的汉语教师来说，汉语既是他们教授的语言，也是他们需要学习的语言，在教学中能否准确、生动、得体地使用课堂用语，直接关系到课堂的教学效果，因而课堂用语更需要他们学习和研究。

一般来说，教师课堂用语在教学中具有以下作用：

（一）提前"听懂"汉语，增强学生学习的自信心

对于初级阶段零起点的学生来说，上第一节汉语课时，学生也许一句汉语也不会说，一个汉字也不会写，但是教师告诉学生的一些常用课堂用语，比如"上课""下课""休息""点名"等等，可以使学生很快感受到汉语的"意义"，并能模仿老师使用它们，从而增强了学习兴趣和自信心。

（二）强化句型结构，提高教学内容的复现率

第二语言的课堂用语是与所学内容密切配合的。随着学习的深入，难度的加大，课堂用语也要随之提高其难度和长度，但要有所控制，要以强化所学的语法和词汇为目的。比如：学了结果补语和动词"开"以后，教师的课堂用语就可变为"打开书"，在此之前，教师可能只使用"看书"；学了"把"字句以后，就可变为"把书打开"或"请把书打开"。以此类推，学生既听懂了教师的课堂用语，又不断地复习了学过的语法和词汇，更重要的是强化了所学的内容，提高了学生的学习效率。

在课堂用语的使用上，教师要强化一些典型的句型结构，注重句型的规律性和扩展性，比如，"上课——现在上课——现在开始上课"，始终把时间名词放在动词前面，注重汉语的语序。

（三）规范语言表达，体现教师语言的示范性

教师的课堂用语能给学生最直观、最有效的示范作用。规范的教师语言是学生学习的直接来源，是学生模仿的直接对象。教师课堂用语一般都比较短小、精练、实用，易懂、易学、易模仿。许多学生受到规范的教师课堂用语潜移默化的影响，逐

渐形成自己的语言习惯和语言能力，从而也使自己的语言更加严谨、周密、有条理、流畅。

（四）调节课堂气氛，增进师生之间的感情

教师的课堂用语如果与学生的已有知识、生活实际联系起来，就会引起学生的情感共鸣，达到活跃课堂气氛、增进师生感情的目的，能使学生在快乐中学习，在放松的状态下学习，有利于教学的展开和深入。

第二节 教师课堂用语的基本特征

汉语教师课堂用语是指教师为了达到教学目的、完成教学任务，对把汉语作为第二语言的学习者在课堂上有意识地使用的一种“加工化”的教学语言。这种教学用语不是学生的母语或其他媒介语，而是第二语言学习者的目的语——汉语。它不像一般语言那样可以随心所欲地运用和表达，而是具有自己的鲜明特点。

一、受限性

汉语教师在课堂上发出的教学指令应该是可懂的，要考虑学生的实际接受能力。在初级阶段的早期，语言要简单、形象；语速要慢，用词要少，句式要短；表现手法要生动、形象、直观。这些特点决定了教师的课堂用语是受限的，非自由的。

（一）语音受限

对第二语言学习者来说，熟悉目的语的语音系统需要一个过程。在学生尚未熟悉目的语语音的情况下，教师在使用课堂用语时要照顾到学生的语音感知能力和接受能力，尽量避免出现学生不熟悉的语音。比如，学生没有学习声母“j、q、x”和“ü”开头的复韵母时，尽量不要说“同学们，放学了”，以免增加学生的负担。

（二）词汇受限

面对第二语言学习者，教师要实现既定的教学目标，就必须使发出的教学指令能被学生理解和接受，即成为可懂输入。而要做到这一点，对词汇的选择和使用就显得非常重要。因为一句话中如果有学生不熟悉的生词，学生就会听不懂，就会避开教师的课堂用语，去学习与课文相关的内容。因此，教师在使用课堂用语时必须注意词汇的选择和运用。比如，基础阶段学生可能先学“看”和“书”，后学“请”，在教学指令上就可以依次出现“看书”“请看书”“请你们看书”“请大家看书”等。随着所学词汇的不断增加，教师课堂用语中所使用的词汇也随之不断增加。也就是说，教师在课堂用语中所能使用的词汇是有限的，必须跟学生的语言能力和学习内容基本保持同步。

（三）结构受限

教学语言的受限性不仅表现在词汇上，在句法结构上也有很明显的表现。教师的课堂用语中尽量避免使用还没有教授的结构类型。比如在学结果补语和“把”字句之前，尽量不用“请打开书”“请把书打开”之类的句子，而最好用“请看书”，待学了上述语法结构后再说“请打开书”“请把书打开”等句子。

二、动态性

课堂中的教学语言不是恒定不变的，它要随着第二语言学习者汉语水平和语言能力的提高而不断调整，否则，不仅会影响学生自然语言能力的形成和词汇量的增加，而且会影响学生对汉语特点的整体认识，影响他们汉语语感的形成。因此，教师课堂用语是动态发展的，总体趋势是：学生语言能力越高，课堂用语的受限性越低。课堂用语的这种动态性决定了我们在教学的不同阶段应做相应的调整。具体说来：

（一）语音同步

语音阶段由于学生对汉语的语音系统还没有完全掌握，教师在使用课堂用语时除了几个必要的课堂用语“超前”介绍外，其他课堂用语最好与语音教学同步。这样既复习了所学的语音，又建立了所学语音与汉语语义之间的联系，增加了学生学习汉语的兴趣，并能学以致用。例如，前面提到的如果当天学习了声母“j、q、x”和韵母“ü”，就可以把原来的课堂用语“下课”（最后一节的“下课”）改为“放学了”。同时可以增加“请进”“请举手”“请坐下”等用语。

（二）词汇同步

词汇是汉语学习的重点和难点。在初级汉语教学的早期，学生平均每天学习15到20个词语，教师要变换各种方式帮助学生理解和运用这些词语，教师课堂用语是帮助学生理解和运用所学词语的有效途径之一。例如，学习否定副词“没”时，提问语可设计成“今天谁没来？”“你吃没吃早饭？”；学习副词“很”“非常”“真”时，课堂用语就要变换成“很好”“非常好”“真不错”等等。

（三）语法同步

语法主要以结构或形式的方式体现其特点，具有一定的规律性。在初级阶段主要是句型操练，即一个句型可以替换成无数个句子。课堂用语最能体现句型的特点，因此，教师课堂用语要尽量与所学的语法结构保持同步，即随着学习的深入，课堂用语的结构也相应地发生着变化。例如，学习“把”字句后，指令语就可以换成“把作业交给我”，学习了复合趋向补语，就可以把指令语换成“把书拿出来，看 ×× 页”，等等。再比如，学习了“又……又……”“越来越……”“越……越……”等结构，表扬语就可同步调整为“大家做得又快又好”“大家的成绩越来越好了”“大家的汉字越写越漂亮了”，等等。

我们这里所说的同步，并不是完全控制课堂用语的使用，而是在学习相关内容时，为了配合学生学习所采取的一种教学手段。这种方法也只适合初级阶段的早期，随着学习的深入，课堂用语应该是上述内容的综合运用。

三、示范性

教学中，教师的课堂用语既是教师传授知识的语言，又是学生将要学习的目的语。教师在课堂上说的每一句话，都是学生目的语输入的来源，都具有学习和模仿的意义。学生对教师的一词一句一腔一调都非常敏感。教师的语言在客观上对学生习得汉语起着示范和引导作用。因此，教师在使用课堂用语时应注意汉语独特的语气、语调、句调、重音、节奏、停顿等特点，尽可能把真实、规范的汉语展示给学生，把汉语抑扬顿挫、悦耳动听的语言色彩准确地传递给学生，从而引起学生对汉语的兴趣，培养学生汉语的语感，提高其运用汉语的能力。

四、规范性

俗话说：“没有规矩无以成方圆。”在汉语作为第二语言教学的课堂上，教师的语言更应该规范。因为教师稍有语言上的疏忽，就会造成学生学习上的障碍和理解上的偏差。课堂上教师发出的任何一个语言信号都是学生将要习得的目标语。因此，对第二语言教师的语言使用，在语音、词汇、语法等方面规范性的要求更高。

（一）从语言形式上看，教师要使用标准的普通话，做到发音准确、吐字清楚、遣词造句合乎语法、没有语病和口头禅、不讲方言土语、不讲学生母语。由于教师在课堂上是面对全体学生讲话，因此声音要有一定的力度和强度，语流通畅，节奏明快，语调自然、适度。

（二）从遣词造句方面看，要符合现代汉语的规范和习惯。无论是课堂指令还是叙事、讲解都要做到用词恰当、条理清楚、表达得体。

（三）从语言内容角度看，讲话要文明高雅，使用礼貌语言，注意语言的亲和力和感染力。

五、得体性

汉语课堂所面对的学生与教师在年龄、知识结构、文化背景、生活习惯、风俗习惯等方面都有一定的差距。教师应考虑这些方面的差异，使自己的言行能为广大学生所接受、所认可，而不是按照教师自己的生活习惯、个人好恶去使用自己习惯的课堂用语。例如，带有惩罚性的语言，如“谁说话谁站起来！”“谁晚来 15 分钟就别进教室！”“这些字罚你每个写 10 遍！”等等，都应避免在课堂上使用。教师的语言应考虑学生的可接受性，应避免因为自己的语言不当挫伤学生的积极性，把学生推到教师的对立面去。

教师的课堂用语是否得体，直接关乎教师的个人素养。有学者做过调查，最受学生欢迎的教师类型有：（1）亲人型；（2）亲近型；（3）柔和型。由此可以看出，学生喜欢人性化的老师。因此教师在使用课堂用语时要尽量创造一种平等、民主的氛围，要体现一种平和亲近的语言风格，避免一切伤害学生或对学生不利的语言。

教师课堂用语的得体性是教师综合能力素养的表现。教师平时要加强自身修养，提高自己在学生中的威信。

六、态势语的辅助性

态势语是一种以说话人的表情、手势、身姿、眼神来传递信息的无声伴随语言，它同口头语言一样，是人们交流思想感情不可或缺的工具。借助态势语，教师课堂用语就能变得形象生动、具体可感，从而使学生能够比较准确明白地接收信息，加深理解，强化记忆。

态势语在教学中虽然发挥着重要作用，但是它不能代替教师的课堂用语成为教学的主要手段。它只是一种重要的辅助手段，与教师课堂用语进行配合协调，不能喧宾夺主。好的态势语应该用得适时、用得巧妙、用得得体、用得准确、用得美观。

（一）眼神的运用

眼睛是心灵的窗户。教师的眼神应该是亲切、热情、友善、诚挚的。在教学中，教师要善于运用眼神来说话，要学会用眼神来配合课堂用语发出指令、表达情感、组织教学。比如，以期望的眼神等待学生的回答，可以达到鼓励的目的；以镇定的眼神环视四周暗示将要上课了，可以起到组织教学的作用；等等。

（二）表情的运用

人的面部表情能够传达出各种不同的信息。教学中教师要善于通过丰富、生动的表情给学生营造出一种宽松、愉快的课堂氛围。例如，教师在运用提问语时，如果能配合以信任的表情，就能有效消除学生的紧张心理，使学生从容地回答问题。微笑是教学中常用的一种表情，微笑应该是发自内心的、能与学生的眼神相互沟通的。

（三）手势的作用

教师在课堂上用语言表达各种信息时，潜意识里都会不自觉地运用相关手势进行配合。准确得体的手势会增强表达的效果，有助于学生理解和记忆。运用手势时切忌指手画脚，没有规律，让学生摸不到头脑，同时也要避免使用一些不良的手势或学生母语文化中忌讳的手势。例如，教师让学生回答问题时，不要用手指指着某一学生回答问题，应该伸出手臂做出“请”的动作。

（四）身姿的作用

身姿是指躯体的姿势和动作。首先，教师在课堂上给学生最直观的印象就是站姿。只有自然、大方的站姿才会给学生留下稳重端庄、亲切随和的印象。其次，身姿还可以辅助讲解词汇和语法点，比如“转过身”“摇头”“走过来”“向左转”“扭”“踢”“扔”“拣”“撞”之类的短语和词汇都可以通过教师的身姿来诠释。

总之，教师在使用课堂用语时，不仅要使用有声语言，还可以借助于实物、道具、图片、图表、板书等，同时还要配以大量的体态语。

第三节　教师课堂用语的分类

教师的课堂用语具有很强的生成能力。随着教学的推进、教学难度的增大、课型的增多，我们可以不断创造出许多新的课堂用语来。但是，为了对教师课堂用语进行规范，便于教师实际操作运用，我们需要对教师的课堂用语进行归纳、整理和分类。

一、汉语课课堂用语

（一）按照教学环节分类

课堂教学活动总是按照一定的步骤和环节逐步推进的。一些心理学家曾根据学生在课堂学习中的动力结构和认知活动的变化建立种种模型，例如，美国教育心理学家加涅把人类的学习分为八个层次：一是信号学习；二是刺激—反应学习；三是连锁学习；四是言语联结学习；五是辨别学习；六是概念学习；七是规则学习；八是解决问题学习。我国学者依据国内外的众多研究和主张，将上课的环节分为启动、导入、展开、调整和结束五个组成部分。课堂用语是实施课堂教学的重要手段，应该体现在教学的各个环节，但是考虑到各科教学的普遍性，我们认为维护课堂纪律也是课堂教学中必不可少的环节，只是有多少之分，而调整环节每种课型的具体操作又不尽相同，暂且忽略不写。因此，按照教学环节，根据汉语课堂自身的特点，把课堂用语分为：

- 组织教学课堂用语
- 复习环节课堂用语
- 导入环节课堂用语
- 展开环节课堂用语
- 课堂管理课堂用语
- 结束环节课堂用语

（二）按照课型分类

按照教学环节分类虽然具有普遍性，但是不能体现出各课型的课型特点。例如，在听力课的指导语中必定要体现出“边听边记”这一听力课独特的课型特点；阅读课的教师课堂用语一定要体现出指导快速阅读的独特特点，比如，“请看下面这篇文章，共 800 字，请在 7 分钟内读完，并做课后的练习一”等。这些课堂用语都有着鲜明的课型特点，在其他课型的课堂用语中是体现不出来的。因此，我们还要按照课型来进行分类。

现在，在把汉语作为第二语言的教学领域，基础阶段的课程设置一般以综合课为核心课，辅以听力课、口语课、阅读课、写作课等专项技能课，因此我们在编写不同课型的课堂用语时，将其分为：

- 综合课教学课堂用语
- 听力教学课堂用语
- 阅读教学课堂用语
- 写作教学课堂用语
- 口语教学课堂用语

这样的分类虽然在横向上涵盖了基础阶段的各种课型，但是每一课型在纵向上容易与前面的分类造成重合。为了避免重复，在编写各课型课堂用语时，我们力求避免以教学环节为着眼点，而是以突出课型阶段教学的特点为己任。例如，口语课课堂用语，我们并不按时间顺序（即口语课如何开头、如何展开、如何结束等），而是以口语课的课型特点（即在教学中如何培养学生的交际能力）为出发点设置课堂用语。口语课的课堂用语分为：引入阶段课堂用语、基于课文练习阶段课堂用语、自由产出阶段课堂用语等。

二、中小学各学科课堂用语

随着社会的发展，西部大开发战略的实施，以及现代传媒手段的普及，我国少数民族地区越来越重视汉语教学。许多地区从小学就开设汉语课，直到高中毕业。许多少数民族中小学的部分课程也用汉语授课。汉语除了是这些少数民族中小学生要学习的第二语言以外，还是他们学习其他课程的媒介语。这就给以汉语为第二语言的中小学教师提出了更高的要求，他们不仅要掌握汉语，还要能用汉语讲授“专业课”。为了满足这部分教师的要求，我们分别设置了文科、理科课堂用语。

文科课堂用语分为：

- 语文课课堂用语
- 历史课课堂用语
- 德育课课堂用语
- 美术课课堂用语
- 音乐课课堂用语

理科课堂用语分为：

- 数学课课堂用语
- 物理课课堂用语
- 化学课课堂用语
- 生物课课堂用语
- 地理课课堂用语

这部分我们仍然以突出课型特点为编写着眼点。考虑到中小学的跨度较大，各科课堂用语以中学为主，在内容描述、方法选择、培养理念方面融入新课标的内容，例如，以学生为中心，注重自主学习、探究学习和学习能力的培养等。

第四节 教师课堂用语的选择和使用原则

一、课堂用语的选择

本书介绍了二十几种课堂用语，实际上的种类要远远超过这个数量。因此每一种课型、每一节课的每个教学环节都有许多可供选择的类型。那么在实际教学中应当根据什么原则来确定要使用的课堂用语呢？我们认为有以下几个方面值得注意：

（一）根据学生的汉语水平选择使用课堂用语

汉语学习者是按汉语水平分班的。学生的水平不同，教师所使用的课堂用语也应该有所不同。学生的汉语水平随着时间的推移呈阶梯状逐步提高，因此教师课堂用语也应该配合学生汉语水平的提高而有所变化，教师要根据学生的汉语水平选择课堂用语。一般来说，学生水平比较低时，应选择结构简单、句式较短、内容实用的课堂用语；学生水平比较高时，可选择一些结构复杂、句式较长、内容丰富的课堂用语。总之，教师的课堂用语应随着学生的汉语水平的提高而有所变化，变化的规律应该是学生的汉语水平越高，教师的课堂用语越复杂、句式越长、词汇越丰富。

（二）根据不同课型选择使用课堂用语

课型不同所要求的课堂用语也不同。每一种课型都包含着有别于其他课型的特点，虽然课堂用语的句法结构变化不大，但是在词汇使用和用语类型等方面有其独特性，教师所选择的课堂用语自然而然也应有所不同。因此教师应根据所讲授课型的不同有选择地使用课堂用语。

以语文课为例，课堂用语突出其体裁特征，因此分为记叙文体裁的课堂用语、议论文体裁的课堂用语、抒情文体裁的课堂用语、说明文体裁的课堂用语、文言文课堂用语、作文课课堂用语，这是有别于其他课型的课堂用语。

（三）根据教学内容选择使用课堂用语

教学中除课型不同外，即使同一课型的教学内容也会有所不同，所使用的课堂用语也应该有所区别。比如，虽然同为生物课，但在讲授植物阶段和动物阶段，由于讲授内容的不同，教师所使用的课堂用语也就不完全相同。因此，教师要根据教学内容的不同选择使用课堂用语。

（四）根据教师能力选择使用课堂用语

许多把汉语作为第二语言的教师或少数民族教师在教授汉语或使用汉语时，因为汉语并不是他们的母语，而是他们的第二语言或者仅仅是媒介语，所以这些教师本身的汉语水平存在着一定的差异：有的教师汉语水平较高，能灵活自如地运用汉语；有的教师汉语水平较低，或者发音吐字不够标准，或者遣词造句不够规范，或者口头表达不够流利等，这些会影响教师课堂用语的使用。因此，教师应根据自己的实际能力和实际的汉语水平选择课堂用语，遵循“量力而行”的原则。

二、课堂用语的使用原则

语言是人类的重要交际工具，而教师课堂用语则是组织课堂教学、向学生传授知识的最重要途径。教师课堂用语既不同于一般的生活口语，也有别于书面语言：它既不像生活口语那么随意，也不似书面语言那么“周密严谨”。教师课堂用语有其特殊性，在使用中要遵循一定的原则，具体说来：

（一）循序渐进原则

课堂用语既要符合学科知识的内在逻辑结构，又要遵循学生的认识发展规律，应该体现出由易到难、由近及远、由简单到复杂的循序渐进原则。根据这一原则，课堂用语要体现下面一些特点：

1. 句子的长度逐渐加长。
2. 用词逐渐增多并越来越丰富。
3. 结构越来越复杂。

如：指令语“看书”，可根据学生的学习进程，逐步增加其难度。

Kàn shū.
看 书。

Qǐng kàn shū.
请 看 书。

Qǐng kàn shū, yè.
请 看 书，18 页。（学“页”这个生词）

Qǐng kàn shū, dì yè.
请 看 书，第 18 页。（学“第”这个生词）

Qǐng dǎkāi shū, kàn yè.
请 打开 书，看 18 页。（学习语法“结果补语”）

Qǐng bǎ shū dǎkāi, kàn dì yè.
请 把 书 打开，看 第 18 页。（学习“把”字句）

Qǐng dàjiā bǎ shū dǎkāi, kàn dì yè.
请 大家 把 书 打开，看 第 18 页。（学习“大家”这个生词）

（二）规范性原则

教师课堂用语的示范性特点决定了教师的课堂语言必须具有规范性。只有合乎规范的语言，才能把要表达的意思讲清楚，因此要求教师的语音、词汇、语法、语用都必须是准确、规范的，不允许出现错误。如果给学生输入了错误的、不规范的语言形式、语言内容或语用方式，会误导学生模仿学习。为了使本教程所列举的例句具有规范性，我们尽量从已出版的教案、优秀教师的录像和优秀教师的课堂实录中筛选，并进行归纳、总结，把具有共同特点的例句呈现给大家。

（三）得体性原则

课堂用语作为一种特殊的交际语言，不但要讲究规范性，而且要讲究得体性。言语的得体性是指表达的内容和方式要符合交际双方的身份，符合交际场合和交际目的的需要。课堂语言要考虑学生的年龄、性别、性格、文化背景、思维方式、认知方式等特点。比如，我们的教学对象如果是中学生，在选择课堂用语时就要避免用命令式的语言、说教式的语言、唠叨式的语言等。

（四）针对性原则

课堂教学要根据不同情况有针对性地组织课堂语言。首先，要根据学生的文化背景、语言学习能力、认知方式、母语及其他第二语言的学习背景等特点，有针对性地组织课堂语言；第二，要根据学生不同的学习动机、目的有针对性地组织课堂语言；第三，要根据学生的汉语水平所处阶段的不同有针对性地组织课堂语言；第四，要根据不同课型的特点有针对性地组织课堂语言。

（五）可接受性原则

汉语教学的对象是汉语学习者，他们的接受能力（听、读）和表达能力（说、写）的发展是一个不断学习、不断提高的过程。教学语言如果超出他们的接受水平，就失去了教学意义。教师应避免课堂语言的盲目性和随意性，要遵循既符合学生的实际需要（巩固与复习）而又略高于学生现有水平（学习新内容）的可接受性原则。

可接受性原则更加注重语言输入的有效性。认知心理学认为，语言输入是语言学习的首要条件，教师的课堂语言决定着语言输入的质量和效果，因此编制教师课堂用语要坚持可懂输入原则，也就是克拉申的 i+1 理论，要符合学生的最近发展区。

（六）善意尊重原则

我们的教学对象一般都与汉民族的文化背景、风俗习惯、生活习惯有着很大的差异。教师不能以汉民族的标准和行为习惯去要求和约束学生，而要采取以人为本的原则，尊重学生，理解学生，课堂上应营造一个宽松、民主的课堂氛围。课堂用语要礼貌、得体、善意、温和。

第五节　教师课堂用语训练

一、课堂用语与普通话

对于把汉语作为第二语言的教师来说，汉语既是他们要学习的目的语，也是他们所用的教学语言，因此，汉语课堂用语也是他们要学习的语言。教师汉语课堂用语的学习不能一蹴而就，而是要具备多方面的条件和素质，并要持之以恒地坚持练习。

能说标准的普通话，是汉语教师要具备的基本条件。课堂上教师除了发音准确、自然、流畅外，还要加强以下几点的学习。

（一）语音训练

1. 发音正确、清晰

读音的含混或错误会影响知识的正确传授，尤其是各学科的专有名词、地名等。如果读得不准或读错了，不仅会导致学生写错别字，还会影响到他们对知识的理解和记忆。

（1）专有名词要死记硬背。比如，历史课的一些人名、地名、历史事件，如突厥、鲜卑、可汗、单于、大月氏、阿房宫等；化学课的元素周期表等；地理课的一些地名、山脉、河流等。

（2）不认识的字要查词典。

（3）多音字要确定正确发音。

2. 语音柔和、优美

柔和就是不拿腔作调，优美就是圆润。教师的课堂用语不是舞台语言，也不是播音语言，而是向学生传递信息、讲授知识的规范化的口头语言。课堂用语的语音要柔和、优美。主要表现在：

（1）声音美。教师的课堂用语必须是现代汉语的标准音。发音要准确、浑厚、自然、流畅。所谓声音美，首先要亲切、自然，其次要舒展、流畅，第三要持重、有力，第四要爽朗、洪亮。

（2）节奏美。世界上万事万物都在运动，而运动是有规律、有节奏的。节奏是一种符合规律的周期性变化的运动形式。教学是一个动态的过程，课堂用语也是一种有节奏的语言，运用节奏增强语言的动听度，会带来不可替代的教学效果。

首先，说话的速度要适中。教师的课堂用语具有示范性，不能太快，否则学生会听不清楚或听不懂；也不能太慢，否则不能起到很好的示范作用，不利于学生口语表达能力的提高，也不利于学生及时思考问题，导致学生昏昏欲睡。

其次，声音的强弱要合适。声音太高，学生会感到太尖、太强，听起来刺耳难受，进而神经紧张，产生对老师的排斥情绪；声音太低，学生会感到太弱、太小，听起来非常吃力，不能给予及时的刺激，不能提高学生的兴奋度，也会导致学生产生厌学情绪。

（二）语调训练

语调是指课堂用语所用的声调。教师的语调有很强的表意功能，教师要根据课堂用语的类型和教学内容的变化随时变换自己的语调，吸引学生的注意力。

1. 要注意轻重。主要指音量的大小。教学中教师要注意控制自己的音量，通过音量大小的调节来形成内容表达上的层次感，使语言更富有逻辑性。

2. 要注意快慢。快慢是指语言的表达速度，即在一定时间内表达词语的数量。教师要根据学生的实际水平和所讲内容的难易程度有效地控制自己的语速。

3. 要注意停顿。停顿是指教学过程中声音的暂停。教师的停顿要恰到好处，要“此时无声胜有声”。

（三）语气训练

语气是指教师课堂用语的态度和感情。一般来说语气要配合教学内容而起伏。语气不是装出来的，而是源自教师对教材的感受，对学生的爱，是发自内心的感情。例如，指令语中的“坐下”，如果用比较平和的语气和微微下降的语调说，就表现出宽容和亲切；如果把“坐”字拉长，声音过高，就带有明显的命令意味。因此，教师在运用课堂用语时，要不时变化语气，使其有起伏变化，或强或弱，或快或慢，或软或硬，以表达不同的思想感情。

总之，作为教师，在课堂教学中必须正确运用汉语的语音、语调和语气，特别要注意它们之间的“合力”作用。

二、课堂用语与教学方法

教学方法是在教学活动中形成的师生关系的一种范式，这种范式是由人们自觉加工和提炼出来的，有一定的形态和定型的东西。随着时代的变迁、研究的深入，汉语作为第二语言教学的教学方法在不断更新，由最早的语法翻译法、听说法、功能法、交际法，到任务型教学法（后方法时代），方法越来越科学，越来越丰富，也越来越有效。作为实施教学方法的手段之一，课堂用语与教学方法密切相连，教学每向前推进一步，都要有相应的课堂用语相配合。

（一）与语音教学方法相配合

学生学习汉语要从学习语音开始。语音是学好其他语言要素的基础，是语言交际能力的基础。从 20 世纪 50 年代开始，基础汉语教学一般都是分阶段进行的，语音阶段是第一阶段，一般要用一周到一个月左右的时间，重点是普通话声、韵、调训练。语音教学一结束，就进入句型和短文教学阶段，但是语音训练一直贯穿始终。

为了配合语音阶段的教学，教师的课堂用语要做相应的调整。

1. 要配合语音教学的进度

学生刚开始接触汉语语音时，不可能把操练的所有音素、音节都与意义建立联系，有些语音练习是比较机械、枯燥的，这时如果把相应的课堂用语词语与学生所学的语音建立联系，就能提高学生的学习积极性。例如，学了声母 k 和 m 以后，教师一边做动作，一边给学生示范“开门”的指令语。

2. 要练习语音的声、韵、调

汉语普通话的声、韵、调是语音教学的重点，声调又是学习的难点，教师要抓住一切机会让学生练习。课堂用语是教师每天要强化的语言，教师要有意识地把课堂用语里涉及的词汇、短语、小句与语音练习结合起来，随时帮助学生纠正发音、练习发音。例如，通过语音教学让学生知道招呼语“你好”的用法，通过“你好”的练习了解三声的变调。

3. 要引导学生形成良好的班级氛围

虽然语音阶段师生之间不能用目的语进行很好的交流，但是，教师通过一些课堂用语和体态语，可以使学生了解一些词汇和短语的意义，教师要借助这一有限的“可懂输入”，与学生尽快建立一种良好的师生关系，使学生配合教师的课堂用语参与教学活动，形成良好的班级氛围。例如，教师指令学生练习拼音，可以采取接龙式、抢答式、快速反应式等。师生之间的良好互动形成后，教师只需使用不同手势，学生就知道该用相应的方式来回答，这样既能节省教学时间，又能活跃课堂气氛。

（二）与词汇教学方法的配合

有人说，语言学习如同盖房子，语音是地基，语法是框架，词汇是建筑材料。没有材料，房子只是一个空架子。这形象地说明了词汇的重要性。学习一种语言，必须要掌握它的词汇，只有掌握一定数量的词汇后，才能遣词造句，表达思想，进行交际。

对非本族语学生的汉语词汇教学，既不同于汉语作为本族语的大学中文系的词汇教学，也不同于国内小学生的汉语词汇教学。对本族语学生进行汉语词汇教学的主要目的是提高其阅读和写作能力，而对非本族语学生，词汇教学的主要目的是满足其应用、表达和交际的需要。因此，第二语言教学更注重词汇的实践性。

1. 课堂用语提高了词汇的重现率

课堂用语是教师向学生重现词汇的重要方式。第二语言教学不同于本族语教学，词汇的重现率与学生的习得效果关系密切。如果词汇的重现率不够，则不利于学生的掌握。根据艾宾浩斯记忆曲线原理，一个事物只有按一定的时间间隔先后出现七次，即首现后复现六次，才能够在学习者的记忆中真正保留下来，从瞬间记忆变为永久记忆，成为自己知识结构的一部分。教师的课堂用语增加了词汇重现的次数，便于学生尽快掌握和运用。

【例如】

生词	课堂用语
现在	Xiànzài kāishǐ shàng kè. 现在 开始 上 课。
布置	Xiànzài bùzhì zuòyè. 现在 布置 作业。
差不多	Dú de chàbuduō le ba? 读 得 差不多 了吧？
遍	Qǐng tīng lùyīn, měi gè jùzi tīng liǎng biàn. 请 听 录音，每 个句子 听 两 遍。
多（么）	Tā de Hànzì xiě de duō piàoliang a! 她 的 汉字 写 得 多 漂亮 啊！

2. 课堂用语为词汇的运用提供了新的语境，便于学生从多角度理解词义

词离不开句，句离不开词。通过上下文理解词义，便于学生理解和记忆。一般来说，在词汇教学中，首先要让学生理解词汇在课文中的意义，只有弄清了它们在课文中的意义，才能进一步扩展词义，理解该词语的多重意义。课堂用语为词汇练习提供了与课文内容不同的语境，加深了学生对新词语的理解。

【例如】

生词	在课文中	课堂用语
把握	有把握治好病	Zhè cì jìngsài dàjiā yǒu bǎwò qǔdé hǎo chéngjì ma? 这 次 竞赛 大家 有 把握 取得 好 成绩 吗？
临	临行前	Lín kǎo qián, dàjiā búyào jǐnzhāng, yào fàngsōng. 临 考 前，大家 不要 紧张， 要 放松。
提	提意见	Yǒu wèntí, qǐng tí. 有 问题，请 提。
标准	幸福没有统一的标准（名词）	Xiànzài wǒ lái shuō biāozhǔn dá'àn. Qǐng dàjiā cānkǎo biāozhǔn 现在 我 来 说 标准 答案。请 大家 参考 标准 dá'àn. 答案。（形容词）

3. 课堂用语增加了学生读准字音的机会

知道了一个词的词义，会写它的字形，但是不会念，或念不准，不能算真正掌握了这个词。要想读准字音，进行多次的听说训练是必要的。但是在教学中我们反对机械的操练，而是主张在使用过程中练习听说。课堂用语为词汇的听说提供了练习的机会。

【例如】

Hànyǔ nán ma?
难——汉语 难 吗?

Hànzì nán ma?
汉字 难 吗?

Zài tīng shuō dú xiě zhōng，nǎ yí gè zuì nán?
在 听 说 读写 中，哪一个 最 难?

Jīntiān wǒmen yǒu yí gè xiǎo cèyàn， yígòng sì dào tí.
道——今天 我们 有 一个 小 测验，一共 四 道题。

Zhè dào tí， tā dáduìle méiyǒu?
这 道题，他答对了 没有?

Zhège xīngqī hái bù néng lái ma?
还——这个 星期 ×× 还不 能 来吗?

Nǐ hái zuò yuánlái de zuòwèi ba.
你还 坐 原来 的 座位 吧。

（三）与语法教学方法的配合

语法教学是汉语作为第二语言教学的一个重要组成部分。在第二语言语法教学中教什么和怎么教一直是大家讨论的热点。对于大多数非本族语学生来说，学习语法的目的是把它作为一种工具来运用，而不是把它作为一种规则体系来研究；是为了学会一种技能，而不是为了学习有关的语法知识；学习语法既是目的，也是手段。因此，在教学中更应该注重语法的实用性和应用性，要由易到难，由简单到复杂地学会说，学会用。

课堂用语是教师经过选择和提炼后的教学语言，具有实用性和规范性，在教学中使用利于学生学习和掌握所学的语法结构。因此，课堂用语要反映语法教学的教学内容，要与语法教学密切配合。

1. 课堂用语要体现重点语法项目

语法项目也叫语言点。在第二语言的课堂教学中，每天要涉及的语言点会很多，有时两三个，有时五六个。课堂用语不可能把所学的语法项目都包含在里面，要有所选择。

（1）选择重点、难点语法项目。

（2）选择实用性强的语法项目，即口语中经常用的语法项目。

（3）选择结构性强的语法项目。

【例如】

Jīntiān yǒu méiyǒu qǐng jià de?
正反疑问句——今天 有 没有 请 假的?

jīntiān hái bù néng lái ma?
副词“还”——××今天还不能来吗？

Bǎ zuòyèběn ná chulai, wǒmen tīngxiě.
“把”字句——把作业本拿出来，我们听写。

Dàjiā dōu zhǔnbèi hǎo le ma? Xiànzài kāishǐ tīngxiě.
结果补语——大家都准备好了吗？现在开始听写。

Dàjiā yìbiān tīng yìbiān xiě.
一边……一边……——大家一边听一边写。

2. 课堂用语要兼有练习语法点的任务

第二语言教学的特点之一是课堂上要进行大量的语法练习。教师的课堂用语要尽量体现各种语法的练习方式。认知心理学的研究指出，知识的获得要经过理解、模仿、记忆和巩固四个阶段，语法的练习也应包括理解性练习、模仿性练习、记忆性练习和交际性练习这样几种练习方式。因此，教师在课堂用语中也应尽量体现这几种方式。

【例如】

Qǐng dàjiā dǎkāi shū.
请大家打开书。（学生按教师的指令做了，说明学生理解了）

“Qǐng bǎ nǐ de cídiǎn jiè wǒ yòngyong.”Zhè jù huà dàjiā gēn wǒ niàn yí biàn.
“请把你的词典借我用用。”这句话大家跟我念一遍。（模仿性练习）

Wǒmen jīntiān xué de yǔfǎ shì fùhé qūxiàng bǔyǔ, xiàmiàn qǐng tīng wǒ shuō: “Bǎ nǐmen de yuèdú shū cóng shūbāo li ná chulai.” Dàjiā yìbiān shuō yìbiān zuò.
我们今天学的语法是复合趋向补语，下面请听我说：“把你们的阅读书从书包里拿出来。”大家一边说一边做。（记忆性练习）

Wǒ de shū zěnme bújiàn le?
师：我的书怎么不见了？

Lǎoshī, shū bú shì zài nǐ de shǒu shang ma?
生：老师，书不是在你的手上吗？（交际性练习）

三、课堂用语与语言沟通

现代教学理念对教师的要求，不仅仅是传道、授业、解惑，更重要的是以学生为中心，处理好教师与学生的人际关系。良好的沟通能力是现代教师必备的基本素质。

要建立良好的师生关系，除了需要对师生关系的性质有所认识之外，还要对教师角色有进一步的认识。以往我们认为“好教师”的形象应该是：沉着、冷静；对学生一视同仁，没有心中的宠儿；对学生的要求有求必应；营造安静、有秩序的教学环境；知道所有问题的答案；是完美的化身。其实，上述标准对一个教师来说是很难做到的，即使做到了，也不一定能产生满意的教学效果，因此，许多教师产生沮丧心理，认为自己不合格。其实，随着社会的发展，新课程标准的制定，对新时代教师的能力也提出了新的要求，所提出的新要求更加实际，目标也更加具体。现在“好教师”的条件应该是：善于与学生沟通；能够创新求变；对学生的要求合理，懂得循序渐进地推进工作；因材施教，方法多样；乐观幽默，坦诚真挚；宽容；重情重理等。只有这样才能促进教学的发展。

沟通、交流离不开语言艺术。课堂中师生之间的交流离不开教师的课堂用语，教师的课堂用语用得得体、准确、恰到好处，能起到事半功倍的教学效果。为了有效地与学生进行沟通，教师的课堂用语应体现下面一些特点：

（一）幽默

幽默是一个人的人格特征中重要的积极因素。一些调查表明，在学生所列举的他们喜欢的教师特征中，幽默一直名列前茅。

幽默是人际关系中必不可少的“润滑剂”，人们都喜欢幽默的话语。具有幽默感的教师一走进教室，学生就能产生快乐的联想，从而在内心里感到快乐，师生之间的沟通自然而然就顺畅了。

【例如】

Jīntiān shì wǒ dì-yī cì gēn dàjiā jiàn miàn, dàjiā kàn wǒ de yàngzi juéde wǒ niánjì hěn dà, yǔ nǐ-
今天是我第一次跟大家见面，大家看我的样子觉得我年纪很大，与你
men bú huì yǒu gòngtóng yǔyán, qíshí, dàjiā búbì dān xīn. Wǒ shì suì de yàngzi, suì de
们不会有共同语言，其实，大家不必担心。我是50岁的样子，40岁的
niánlíng, suì de xīntài.
年龄，20岁的心态。

（二）委婉

心理学研究表明，人们的认识和情感有时并不完全一致。在师生沟通中，教师的某些话虽然正确，但学生却难以接受，因此，教师在表达时，使用一些“柔软”的课堂用语，能使学生在听话时感到自己备受尊重。

1. 多使用一些语气词

“吗、吧、啊、呀、嘛、哇”等语气词是语气的“软化剂”，可以使人感到说话者的语气亲切自然，不那么生硬。

【例如】

Nǐ jīntiān lái de zhēn zǎo wā!
你今天来得真早哇！

jīntiān méi lái, shì bìng le ba?
××今天没来，是病了吧？

Nǐ bú shì shuō jīntiān qù bu liǎo le ma?
你不是说今天去不了了吗？

Bù néng bù dǒng zhuāng dǒng a!
不 能 不 懂 装 懂 啊！

2. 灵活使用否定词

使用否定语可以使说话者的意图表达得更加委婉，即使表达同样的意思也不会让人感到直接和咄咄逼人。

【例如】

Wǒ bú rènwéi zhè shì zuì hǎo de fāngfǎ.
我 不 认为 这 是 最 好 的 方法。

Wǒ bìng bù juéde zhèyàng hǎo.
我 并 不 觉得 这样 好。

Zhèyàng zuò bú shì bù kěyǐ, zhǐshì hái yǒu gèng hǎo de zuòfǎ.
这样 做 不 是 不 可以，只是 还 有 更 好 的 做法。

Wǒ juéde zhèyàng huídá méiyǒu biǎodá zuòzhě de zhēnshí yìtú, néng bu néng gǎibiàn yíxià sīlù?
我 觉得 这样 回答 没有 表达 作者 的 真实 意图，能 不 能 改变 一下 思路？

（三）含蓄

师生沟通中有时因为某种原因不必把意思全部表露出来，要让对方从自己的话语中进行揣摩、体会，即我们常说的“只需意会，不可言传”。学生的年龄越大、文化水平越高，教师含蓄表达的频率也越高。

四、课堂用语与教师素养

教学活动主要是凭借语言来进行的，从这个意义上来说，教学艺术首先应该是教学语言的艺术。在教学活动中，科学文化知识的传授，学生能力的培养，思想品德的教育，都离不开教师的语言。教师在课堂上的语言正确与否、生动与否，是否具有感染力、号召力、震撼力，都与教师多方面的素养密切相关。可以这样说，教师课堂用语是教师知识水平、语言修养、教学能力和教学热情的综合体现。使用好课堂用语，需要教师具有多方面的素养。

（一）心理学素养

俄国教育家乌申斯基说过：“如果教育家希望从一切方面去教育人，那么就必须首先从一切方面去了解人。”要了解人，就必须对人的兴趣、爱好、心理发展、智能水平有所掌握，只有这样，教师的课堂用语才能有的放矢。

1. 把握好距离感

心理学研究表明，适度的心理距离所产生的人际亲和力比亲密无间反而强得多。教师和学生保持适度的心理距离，可以造就和保持教师的威信和神秘感，增加对学生的吸引力和影响力。

教师的课堂用语要根据教学实际适当调整与学生的距离。有时需要威严的语言，有时需要亲和的语言，有时需要幽默的语言等。

2. 把握好学生的心理特征

教师课堂用语效果的好坏与教师是否掌握学生心理特征有着直接的关系。

首先，教师要了解不同年龄段学生的心理特征。低年级学生喜欢形象化的语言，语速要慢，语句要短，语音要甜；高年级学生喜欢叙述性的语言，语速要适中，句子要长，语音要抑扬顿挫，浑厚自然；大学生喜欢逻辑性较强的语言，不喜欢幼稚的语言，语速要自然，句子要能表达完整的意思，语音要和谐、优美、流畅、感人。

其次，教师要了解不同学生的思维特征。有的学生可能喜欢形象思维，有的学生可能喜欢逻辑思维，有的学生喜欢两者的结合。教师的课堂用语可根据学生的思维特点，或形象，或带有哲理性，或具体，或抽象，总之，要引起学生的联想，促进学生的思维，使学生在探究中理解和掌握知识。

第三，教师要了解不同学生的情感心理特征。教师在教学过程中，通过自己的课堂用语传递知识、培养技能时，要注意调节学生的情感，尽量与学生产生共鸣。

3. 把握好学生的注意分配规律

心理学认为，注意是心理活动对一定事物的指向和集中。人在同一时间内不可能感知周围的一切对象，只能感知其中的少数对象。注意分为有意注意和无意注意。教师要合理运用学生的注意规律，在学生注意力集中时，课堂用语要翔实生动、突出重点；在学生的注意力分散时，可采取变换语调、增加内容的趣味性等手段吸引学生的注意力。

（二）教育学素养

教育学是揭示教育规律的一门科学。如果有人问，不学教育学能不能当老师，你若回答“不能”，则要举出实证并要答复一些质疑；如果有人问，不掌握必要的教育理论能不能当老师，人们可能会比较一致地回答说“不能”；如果再具体地问，不学好教育理论能不能成为一名效果优、效率高的老师，可以明确而肯定地回答“不能”。

许多教师在教育教学行为上的差别，都源于对教育规律认识的差异。好的教师应该是通晓教育理论、懂得教育规律，按教育规律开展教学活动的。

教师的课堂用语是教师内在素养的一种表现形式，隐含着教师的情感、价值观、态度、人品等综合素质。因此，教师的课堂用语体现出教育学的一些规律。

1. 要有移情性

移情是指情绪或理智上都处于别人的地位，即换位思考。教师的课堂用语应具有移情性，从学生出发，为学生考虑。

2. 要懂得教书育人

教师仅仅具有广博的专业知识是不够的，还要善于把这些知识传授给学生，教学生学会自己学习。这就要求教师必须有丰富的教育学知识，懂得学生的身心发展特点、个性品质和品德形成的一般规律，并根据这些特点去“说教”学生。

3. 要能控制教育过程

教育过程的控制是指教师在教育活动中始终占据主导地位，引导教育活动按照预期的方向发展。教师的课堂用语在教育过程中发挥着巨大作用，它是发挥教师主导作用的保证，因此，教师的课堂用语首先要能控制学生，其次能控制自己，第三能控制环境。

4. 要能适应教师的各种角色

每一位教师在自己的职业生涯中都要扮演多种角色，他不仅是“教员”，而且还是“领导者”“父母代理人”“心理医生”“纪律执行者”“朋友”“研究者”等，即使在课堂教学中，教师的角色也不是单一的。教师要善于运用不同的课堂用语适应不同角色的变换。

（三）语言学素养

语言是人类最重要的交际工具。汉语作为第二语言教学，要有计划地进行语言要素的教学和言语技能、言语交际技能的训练，使学生尽快掌握这门语言。

对学生进行汉语教学，首先要了解这门学科的特点和它的发展轨迹。纵观汉语作为第二语言教学的发展历史，离不开语言理论对其进行的指导。因此，教师要具备语言学的理论素养，使教师的教学和课堂用语符合语言学的规律。

1. 课堂用语要配合语言要素教学

语言要素的教学包括语音、词汇、语法、修辞、语用规则等，教师的课堂用语应体现这些要素的教学，配合教学内容进行教学，提高教学效率。

2. 要反映一定的语言理论

语言理论不同所产生的教学方法也会不同。听说法是在结构主义语言学和行为主义心理学的背景下产生的，所以课堂教学侧重句型结构教学，课堂用语也尽量以句型为主。功能法是在社会语言学和心理语言学的背景下产生的，所以课堂教学注重交际性，课堂用语也尽量提供相应的情境，使学生在情境中熟悉教师的语言。

3. 要符合语言的规律和规则

语言是动态的、变化的，语言具有生成性。这些特点促使我们进一步研究语言理论和语言教学理论，使教师的课堂用语符合语言学规律和规则。

第二章

一般课堂用语

教师通过课堂用语开展教学活动，课堂用语是教学的重要组成部分。课堂用语中既包含了知识的讲解和技能的训练，也体现了教师的教学思想，从宏观的教学设计到微观的某一知识点的教学都离不开课堂用语。教师的职责是"教书育人"，教师通过课堂用语传业、解惑，同时也融入了对学生各方面素质的综合培养。教学是一门艺术，课堂用语则是这门艺术在语言上的体现。

在汉语课堂上无论教授哪一种课型，一堂课的教学流程大致包括组织教学、复习、导入、展开、结束五个环节，此外，教学过程也离不开课堂管理，尤其是中小学的课堂教学。因此，本章从以上六个方面着手，介绍适用于各种课型的一般课堂用语。

第一节　组织教学课堂用语

作为教学流程的第一个环节，组织教学的主要目的是将学生带入上课的环境中，帮助学生进入学习状态。它是创造良好课堂气氛的开端，是课程顺利进行的保障。

组织教学的课堂用语标志着课程的开始。在短暂的几分钟里，教师需要以饱满的情绪、简洁的语言稳定课堂秩序、集中学生的注意力，开启新的一课。按照时间的先后顺序，这一环节的课堂用语主要包括问候语、上课语、点名语、提交作业语、开启新课语等。

具体要求——

- 语言简明，指令明确。
- 充满激情，富有号召力。
- 集中学生注意力，稳定课堂秩序。
- 安定学生情绪，使之进入学习状态。
- 了解学生情况，调节师生关系。
- 激发学生的学习动机，创造愉快氛围。
- 一切准备就绪，过渡到本课内容。

分类——

- 问候语
- 上课语
- 点名语
- 提交作业语
- 开启新课语

一、问候语

上课前学生们放飞思绪，老师进入教室时的几句“你们好”“同学们好”“早上好”能把大家拉入课堂中。问候语的目的在于集中学生的注意力，稳定课堂秩序，让学生做好上课的准备。热情的寒暄、问候也可以拉近师生的距离，活跃课堂气氛，为教学做好心理铺垫。问候语可以在刚上课时使用，面向全体同学，也可以在上课前使用，面向单个或者几个同学。

【例句】

1. 面向单个或几个同学

Nǐ hǎo!
（1）你 好！

zǎoshang hǎo!
（2）××，早上 好！

nǐmen lái de zhēn zǎo a!
（3）××、××，你们 来得 真 早啊！

jīntiān zěnme lái de?
（4）××，今天 怎么 来的？

chī zǎofàn le ma?
（5）××，吃 早饭 了吗？

nǐ jīntiān zhēn piàoliang!
（6）××，你 今天 真 漂亮！

Zhōumò guò de zěnmeyàng?
（7）周末 过 得 怎么样？（星期一上课时）

Jīntiān yǒu yǔ, dàjiā dài sǎn le ma?
（8）今天 有 雨，大家 带 伞 了吗？

Zuótiān de bǐsài kàn le ma?
（9）昨天 的 比赛 看 了吗？

2. 面向大家

Nǐmen hǎo!
（1）你们 好！

Dàjiā hǎo!
（2）大家好！

Tóngxuémen hǎo!
（3）同学们　好！

Dàjiā zǎoshang hǎo!
（4）大家　早上　好！（上午上课）

Tóngxuémen xiàwǔ hǎo!
（5）同学们　下午 好！（下午上课）

Dàjiā wǎnshang hǎo!
（6）大家　晚上　好！（晚上上课）

二、上课语

上课语标志着课程正式开始，上课语一般简洁而充满热情，必要时也可以通过幽默的方式或者严肃的祈使句引起学生的注意。

【例句】

1. 简单提醒上课

Shàng kè!　Tóngxuémen hǎo!　Qǐng zuò!
（1）上　课！（同学们起立）同学们　好！（学生：老师好！）请　坐！

Shàng kè la!
（2）上　课啦！

Hǎo, wǒmen shàng kè!
（3）好，我们　上　课！

Tóngxuémen, shàng kè le.
（4）同学们，　上　课了。

Tóngxuémen hǎo! Wǒmen kāishǐ shàng kè!
（5）同学们　好！我们 开始　上　课！

2. 稳定课堂秩序

Dàjiā ānjìng, wǒmen kāishǐ shàng kè.
（1）大家安静，我们 开始　上　课。

Qǐng dàjiā zhùyì, wǒmen kāishǐ shàng kè.
（2）请　大家注意，我们　开始　上　课。

Qǐng huídào zìjǐ de zuòwei, wǒmen zhǔnbèi shàng kè.
（3）请　回到 自己 的 座位，我们　准备　上　课。

Qǐng tóngxuémen huídào zuòwei shang zuòhǎo, xiànzài kāishǐ shàng kè.
（4）请　同学们　回到　座位　上　坐好，现在 开始　上　课。

Bié shuō huà le, yǐjīng shàng kè le.
（5）别　说　话了，已经　上　课了。

3. 幽默地提醒上课

Dàjiā tīngjiàn língshēng le ma? Wǒmen shàng kè.
（1）大家 听见 铃声 了吗？我们 上 课。

Xiànzài jǐ diǎn le? Wǒmen zhǔnbèi shàng kè.
（2）现在 几点 了？（同学们回答）我们 准备 上 课。

Shénme shìqing zhème gāoxìng? Xià kè gàosu dàjiā ba.
（3）什么 事情 这么 高兴？下课 告诉大家吧。

Yō! Zhème rènao a! Xīwàng dàjiā kè shàng tǎolùn yě néng zhème rènao!
（4）哟！这么 热闹啊！希望 大家 课 上 讨论 也 能 这么 热闹！

Jīntiān dàjiā xìngzhì hěn gāo a! Shàng kè yě yào bǎochí a!
（5）今天 大家 兴致 很 高 啊！ 上 课 也 要 保持 啊！

Hái méi tǎolùn wán de tóngxué, qǐng nǐmen xià kè zài tǎolùn ba.
（6）还 没 讨论 完 的 同学， 请 你们 下 课 再 讨论 吧。

Qǐng dàjiā bǎ shǒujī guānshang, shàng kè bù néng kàn shǒujī.
（7）请 大家 把 手机 关上， 上 课 不 能 看 手机。（老师可一边演示，一边说）

kuài bǎ shǒujī shōu qilai, yàobù sòng gěi wǒ ba.
（8）××，快 把 手机 收 起来，要不 送 给 我吧。

三、点名语

点名语是教师检查学生出勤情况的用语，开始教授新的班级时，教师可以针对全班同学逐一点名，被点到的同学举手或者答“到”，这样既可以了解出勤情况，也可以快速认识每一位学生。熟悉班级情况后，教师也可以通过提问让学生回答的方式点名，这样既了解了出勤情况，同时也进行了语言的练习。

【例句】

1. 全班点名

Xiànzài diǎn míng.
（1）现在 点 名。

Xiànzài kāishǐ diǎn míng.
（2）现在 开始 点 名。

Xiànzài wǒmen diǎn míng, diǎndào de tóngxué qǐng huídá “dào”.
（3）现在 我们 点 名， 点到 的 同学 请 回答“到”。

Xiànzài wǒmen diǎn míng, diǎndào de tóngxué qǐng jǔ shǒu.
（4）现在 我们 点 名， 点到 的 同学 请 举手。

2. 提问—回答

Jīntiān dàjiā dōu lái le ba?
（1）今天 大家都 来了吧？

Jīntiān yǒu tóngxué méi lái ma?
（2）今天 有 同学 没来吗？

Jīntiān shéi méi lái?
（3）今天 谁 没来？

Bānzhǎng, jīntiān yǒu qǐng jià de tóngxué méiyǒu?
（4）班长，今天 有 请假的 同学 没有？

jīntiān lái le ma?
（5）××今天 来了吗？

méi lái, shēng bìng le ma?
（6）××没来，生 病 了吗？

jīntiān hái méi lái ma? Xià kè wǒmen gěi tā dǎ gè diànhuà.
（7）××今天 还 没 来吗？下课 我们 给他打个 电话。（已经知道 ×× 几天没来了）

liǎng tiān méi lái le? Tā zěnme le?
（8）××两 天 没来了？他 怎么 了？

jīntiān lái le. Zuótiān shēng bìng le?
（9）××，今天 来了。昨天 生 病 了？

四、提交作业语

作业可以分为书面作业和口头作业，教师可以使用下面的句子，请同学们提交书面作业，以及检查口头作业的完成情况。

【例句】

1. 询问作业情况

Zuòyè zuò le ma?
（1）作业 做了吗？

Zuótiān de zuòyè zuò le ma?
（2）昨天 的 作业 做了吗？

Zuótiān de zuòyè zuòwán le ma? Nán bu nán?
（3）昨天 的 作业 做完 了吗？难 不 难？

Shàng jié kè de zuòyè dàjiā dōu zuòwán le ma?
（4）上 节课的 作业大家都 做完 了吗？

2. 提交书面作业

Gěi wǒ zuòyè.
（1）给 我 作业。

Nǐmen gěi wǒ zuòyè.
（2）你们 给 我 作业。

Nǐmen bǎ zuòyè gěi wǒ.
（3）你们 把作业 给 我。

Qǐng dàjiā bǎ zuòyèběn jiāo gěi wǒ / xiǎozǔzhǎng / kèdàibiǎo / bānzhǎng.
（4）请 大家把作业本 交 给 我 / 小组长 / 课代表 / 班长。

Qǐng tóngxuémen bǎ zuòyèběn jiāo shanglai.
（5）请 同学们 把 作业本 交 上来。

Qǐng dàjiā bǎ zuòyèběn cóng hòumiàn chuán guolai.
（6）请 大家把 作业本 从 后面 传 过来。

Dàjiā xià kè hòu bǎ zuòyèběn jiāo gěi bānzhǎng.
（7）大家下课后 把 作业本 交 给 班长。

Tóngxuémen de zuòyè dōu jiāo shanglai le ma?
（8）同学们 的 作业 都 交 上来 了吗？

nǐ de zuòyè jiāo le ma?
（9）××，你的 作业 交 了吗？

Hái yǒu rén méi jiāo zuòyè ma?
（10）还 有 人没 交 作业 吗？

Shàng jié kè de zuòyè búyòng jiāo, yíhuìr wǒmen zài kètáng shang jiǎngpíng.
（11）上 节课的作业 不用 交，一会儿我们 在 课堂 上 讲评。

3. 检查口头作业

Zuótiān wǒmen liúle yí gè kǒutóu zuòyè, dàjiā zhǔnbèi hǎo le ma?
（1）昨天 我们 留了一个 口头 作业，大家 准备 好了吗？

Zuótiān hái yǒu yí gè kǒutóu zuòyè, dàjiā hái jìde ma?
（2）昨天 还 有一 个 口头 作业，大家还记得吗？

Xiànzài wǒ lái jiǎnchá zuótiān de zuòyè.
（3）现在 我来 检查 昨天 的作业。

Zuótiān de zuòyè dàjiā zhǔnbèi hǎo le ma? Shéi lái shuō yi shuō?
（4）昨天 的作业大家 准备 好了吗？谁 来 说 一 说？

五、开启新课语

简单地问候、上课、点名、交作业后，教师开始正式授课。开启新课的课堂用语指转入正式授课前的过渡语言，目的是再一次提醒学生集中注意力，准备复习前一课的内容并接受新的知识。

【例句】

Zuòyè jiǎngpíng wán le, wǒmen jìnrù jīntiān de xuéxí.
（1）作业 讲评 完了，我们 进入今天 的学习。

Zuòyè rúguǒ hái yǒu wèntí, wǒmen xià kè zài jiǎng, xiànzài kāishǐ jīntiān de xuéxí.
（2）作业 如果 还 有 问题，我们 下课 再 讲，现在 开始 今天 的 学习。

Jiē xialai, ràng wǒmen kànkan jīntiān yào xuéxí shénme.
（3）接下来，让 我们 看看 今天 要 学习 什么。

Xiàmiàn wǒmen kāishǐ xuéxí xīn kè.
（4）下面 我们 开始 学习 新课。

Qǐng náchū kèběn, wǒmen kāishǐ shàng kè.
（5）请 拿出 课本，我们 开始 上 课。

Náchū kèběn, fāndào yè, wǒmen lái shàng kè.
（6）拿出 课本，翻到 76 页，我们 来 上 课。

Xiàmiàn wǒmen yìqǐ huíyì shàng jié kè xuéxíle shénme, ránhòu xuéxí xīn de nèiróng.
（7）下面 我们一起回忆 上 节课学习了 什么，然后 学习 新 的 内容。

第二节 复习环节课堂用语

“温故而知新”，不同流派的学习理论都曾提出过建立新旧知识之间的衔接，也都强调过复习的作用。在实际的课堂操作中，无论哪种课型，时间或短或长，都会涉及复习的环节。

复习环节对于教师和学生都十分重要。复习环节的目的在于引导学生回忆、运用已有的知识，并以此为基础教授新的内容，帮助学生逐步搭建一个完整的知识体系，并通过教学情境的创设帮助学生实现知识到能力的转化，从死记硬背过渡到灵活运用。通过学生在复习环节中的表现，教师可以了解学生对已学内容的掌握情况，据此设计下一步的教学重点，进一步讲解教学难点。

不同课型在复习的具体内容上有很大的差异，为了使复习环节的课堂用语具有一定的普遍性，本节提供一些通用的课堂用语，不涉及具体的课型内容。

具体要求——

- 以引导为主，辅助学生调动已有知识。
- 设置具体情境，回忆知识、运用知识。
- 以前一课的知识为重点，同时综合应用以往知识，建立知识体系。
- 以旧带新逐步引入新课内容，激发学生对新知识的思考。

分类——

- 引导回忆语
- 共同复习语
- 知识检查语
- 综合运用语

一、引导回忆语

在复习阶段，教师可以自己直接阐述学过的内容，也可以引导学生来回忆，之后共同复习。相比较而言，如果有时间的话，后者更利于学生的自主学习，也将帮助学生养成及时复习的习惯。

【例句】

Dàjiā zuótiān fùxí le ma?
（1）大家 昨天 复习 了 吗？

Dàjiā zuótiān fùxí le ba?
（2）大家 昨天 复习 了 吧？

Shàng jié kè wǒmen xuéxíle shénme nèiróng?
（3）上 节 课 我们 学习了 什么 内容？

Shàng jié kè wǒmen xuéxíle···, shéi hái jìde?
（4）上 节 课 我们 学习了……，谁 还 记得？

Shàng jié kè wǒmen xuéxíle···, shéi lái shuō yi shuō?
（5）上 节 课 我们 学习了……，谁 来 说 一 说？

Shàng jié kè wǒmen xuéxíle···, xiànzài liǎng gè tóngxué yì zǔ, yìqǐ shuōshuo shàng jié kè de nèiróng.
（6）上 节 课 我们 学习了……，现在 两 个 同学 一 组，一起 说说 上 节 课 的 内容。

shuō de búcuò! Hái yǒu ma?
（7）×× 说 得 不错！还 有 吗？

Měi cì xià kè yǐhòu dōu yào hǎohāor fùxí, rènzhēn yùxí.
（8）每 次 下 课 以后 都 要 好好儿 复习、认真 预习。

二、共同复习语

汉语教学的目的在于培养学生的语言能力，促进语言技能的发展。在共同复习过程中，教师可以从看、听、读、说、写五个方面入手，对学生的各项技能进行训练。

【例句】

Xiànzài wǒmen yìqǐ fùxí zuótiān de nèiróng.
（1）现在 我们 一起 复习 昨天 的 内容。

Zuótiān wǒmen xuéxíle··· [kěnéng bǔyǔ], qǐng kàn hēibǎn.
（2）昨天 我们 学习了……[如：可能 补语]，请 看 黑板。（教师简单讲解复习）

Qǐng dàjiā zài kàn yí biàn wǒmen zuótiān xuéguo de nèiróng, yíhuìr wǒ jiǎnchá.
（3）请 大家 再 看 一 遍 我们 昨天 学过 的 内容，一会儿 我 检查。

Qǐng dàjiā zài tīng yí biàn kèwén de lùyīn.
（4）请 大家 再 听 一 遍 课文 的 录音。

Xiànzài, wǒ zài dú yí biàn kèwén, qǐng dàjiā rènzhēn tīng, tīngwán huídá wèntí.
（5）现在，我 再 读 一 遍 课文，请 大家 认真 听，听完 回答 问题。

Qǐng dàjiā dǎkāi shū dì yè, wǒmen yìqǐ dú yí biàn kèwén.
（6）请 大家 打开 书 第 76 页，我们 一起 读 一 遍 课文。

Qǐng dàjiā dǎkāi shū dì yè, wǒmen cóng dì-yī duàn kāishǐ dú, dúdào dì-sì duàn.
（7）请 大家 打开 书 第 130 页，我们 从 第一 段 开始 读，读到 第四 段。

Wǒ dú yí jù, dàjiā dú yí jù, zhùyì fāyīn.
（8）我读一句，大家读一句，注意发音。

Dàjiā qǐng kàn hēibǎn, zhè shì wǒmen shàng jié kè xué de… [zhòngdiǎncí / hànyǔgē], qǐng gēn wǒ dú / chàng.
（9）大家请看黑板，这是我们上节课学的……[如：重点词 / 汉语歌]，请跟我读 / 唱。

Qǐng dàjiā xiān tīng wǒ dú yí biàn, ránhòu dàjiā yìqǐ tǎolùn.
（10）请大家先听我读一遍，然后大家一起讨论。

Shàng jié kè wǒmen yígòng xuéle sān gè… [chéngyǔ gùshi], wǒmen yìqǐ shuō yí biàn.
（11）上节课我们一共学了三个……[如：成语故事]，我们一起说一遍。

Wǒmen yìqǐ xiě yí biàn…
（12）我们一起写一遍……

Qǐng dàjiā dǎkāi shū dì yè, wǒmen yìqǐ zuò liànxí yī.
（13）请大家打开书第 82 页，我们一起做练习一。

三、知识检查语

教学中，许多知识需要学生记忆，通过记忆内化到学生自己的知识体系中。知识检查常用的方法主要有口头背诵、口头回答问题、笔头听写与练习。在知识检查中，教师要对学生的表现进行反馈，指出错误的地方，提出需要注意的方面。知识检查可以是教师检查学生，也鼓励开展同学之间的互查，以及学生的自我检查。

【例句】

1. 口头背诵

Shàng jié kè, wǒmen xuéxíle… [kèwén yī], wǒmen yìqǐ bèi yí biàn.
（1）上节课，我们学习了……[如：课文一]，我们一起背一遍。

Dàjiā bèi de hěn hǎo, yǒu yí gè dìfang wǒmen yào zhùyì yíxià,…
（2）大家背得很好，有一个地方我们要注意一下，……

Wǒmen zài bèi yí biàn… [kèwén yī], zhùyì gāngcái bèicuò de dìfang.
（3）我们再背一遍……[如：课文一]，注意刚才背错的地方。

nǐ lái bèi yí biàn.
（4）××，你来背一遍。

Wǒmen měi gè rén bèi yí jù, cóng kāishǐ.
（5）我们每个人背一句，从××开始。

2. 口头回答问题

Xiànzài tíwèn.
（1）现在提问。

Qǐng huídá wǒ de wèntí.
（2）请回答我的问题。

Kàn túpiàn huídá wǒ de wèntí.
（3）看图片回答我的问题。

Qǐng huídá kèwén zhōng de wèntí.
（4）请 回答 课文 中 的问题。

Qǐng dàjiā búyào kàn shū, huídá wǒ de wèntí.
（5）请 大家不要 看 书，回答我的问题。

Xiànzài dàjiā búyào kàn shū, gēnjù wǒmen xuéguo de nèiróng, kǒutóu huídá wèntí.
（6）现在 大家不要 看 书，根据我们 学过 的 内容，口头 回答 问题。

Qǐng dàjiā kàn wǒ shǒu zhōng de kǎpiàn, huídá kǎpiàn shang de wèntí.
（7）请 大家看 我 手 中 的卡片，回答卡片 上 的问题。

Xiàmiàn wǒmen jìnxíng yí gè bǐsài, kuàisù huídá wèntí, kàn shéi zuì kuài.
（8）下面 我们 进行一个比赛，快速 回答问题，看 谁 最 快。

Xiàmiàn wǒmen jìnxíng yí gè bǐsài, kàn nǎ zǔ shuō de yòu kuài yòu hǎo.
（9）下面 我们 进行一个比赛，看哪组 说 得 又 快 又 好。

Xiànzài liǎng gè rén yì zǔ, hùxiāng tíwèn shàng cì kè xuéguo de nèiróng.
（10）现在 两 个人一组，互相 提问 上 次课 学过 的内容。

3. 笔头听写与练习

Xiànzài tīngxiě.
（1）现在 听写。

Xiànzài kāishǐ tīngxiě, shéi dào hēibǎn shang lái xiě?
（2）现在 开始 听写，谁 到 黑板 上 来写？

Qǐng dàjiā bǎ běnzi ná chulai, xiànzài tīngxiě. Yí gè jùzi wǒ niàn sān biàn.
（3）请 大家把本子拿出来，现在 听写。一个句子我 念 三 遍。

Qǐng dàjiā mòxiě shàng jié kè xuéguo de… [tángshī]
（4）请 大家默写 上 节课 学过 的……[如：唐诗]

Xiàmiàn, qǐng yí wèi tóngxué zài hēibǎn shang xiě…, qítā tóngxué zài zìjǐ de běnzi shang xiě.
（5）下面，请一位 同学 在黑板 上 写……，其他同学 在自己的本子 上 写。

Xiànzài, gěi dàjiā fā yí fèn liànxí cáiliào, qǐng dàjiā zài wǔ fēnzhōng nèi wánchéng.
（6）现在，给大家发一份 练习 材料，请 大家在五 分钟 内 完成。

Gěi dàjiā shí fēnzhōng shíjiān, wánchéng liànxí.
（7）给 大家十 分钟 时间，完成 练习。

Wǒmen yìqǐ lái kàn yíxià dàjiā dōu xiěduì le ma.
（8）我们 一起来看 一下大家都 写对了吗。

Xiànzài liǎng gè tóngxué yì zǔ, jiāohuàn běnzi, hùxiāng kàn yi kàn yǒu méiyǒu cuò de dìfang.
（9）现在 两 个 同学 一组，交换 本子，互相 看一看 有 没有 错 的地方。

Xiànzài qǐng dàjiā dǎkāi shū, zìjǐ jiǎnchá yíxià xiě de duì bu duì.
（10）现在 请大家打开书，自己 检查一下写 得 对不 对。

Xiěcuò de dìfang qǐng dàjiā yòng hóngbǐ huà xialai.
（11）写错 的 地方 请 大家 用 红笔 画 下来。

Xiěcuò de dìfang huí jiā zài xiě yí biàn.
（12）写错 的 地方 回家再 写一 遍。

Jīntiān de dì-yī gè zuòyè shì bǎ xiěcuò de dìfang zài xiě yí biàn.
（13）今天 的第一个 作业 是把写错 的 地方 再写 一 遍。

四、综合运用语

学习的目的不仅在于某一堂课知识的记忆，更在于整体知识体系的构建，以及知识的运用。教师可以引导学生把之前所学过的内容通过归纳、演绎、比较等方法联系起来，并在可能的情况下与学生的生活相联系。

【例句】

Wǒmen hái xuéguo nǎxiē hé… [yǎnghuà] yǒuguān de nèiróng?
（1）我们还学过哪些和……[如：氧化] 有关的内容？

Dào xiànzài, wǒmen yígòng xuéle jǐ zhǒng… [zhìbèi qīngqì de fāngfǎ] ? Wǒmen yìqǐ huíyì yíxià.
（2）到现在，我们一共学了几种……[如：制备氢气的方法]？我们一起回忆一下。

Wǒmen hái xuéxíguo nǎxiē yǒu “sāndiǎnshuǐ”de Hànzì? Wǒmen yìqǐ huíyì yíxià.
（3）我们还学习过哪些有“三点水”的汉字？我们一起回忆一下。

Wǒmen hái xuéguo nǎxiē hé… [rén de xīnlǐ huódòng] yǒuguān de cíyǔ? Qǐng dàjiā xiě zài zìjǐ de běnzi shang, yíhuìr yìqǐ lái shuō yi shuō.
（4）我们还学过哪些和……[如：人的心理活动] 有关的词语？请大家写在自己的本子上，一会儿一起来说一说。

Shàng jié kè wǒmen xuéxíle… [chéngyǔ gùshi “huàshé-tiānzú”], xiàmiàn wǒ qǐng sān gè tóngxué dào qiánmiàn lái biǎoyǎn.
（5）上节课我们学习了……[如：成语故事“画蛇添足”]，下面我请三个同学到前面来表演。

Shàng jié kè wǒ qǐng wǔ wèi tóngxué yì zǔ, duì… [běn qū de zhíwù zhǒnglèi] jìnxíng diàochá, xiàmiàn qǐng gè zǔ huìbào diàochá jiéguǒ.
（6）上节课我请五位同学一组，对……[如：本区的植物种类] 进行调查，下面请各组汇报调查结果。

Kèwén li, zuòzhě xiěle zìjǐ xiǎoshíhou de gùshi, xiànzài qǐng jiǎng yi jiǎng zìjǐ xiǎoshíhou de gùshi, zhùyì yào shǐyòng hēibǎn shang de zhòngdiǎncí hé jùxíng.
（7）课文里，作者写了自己小时候的故事，现在请讲一讲自己小时候的故事，注意要使用黑板上的重点词和句型。

Shàng jié kè, wǒmen xuéle… [rè zhàng lěng suō yuánlǐ], zài wǒmen de shēnghuó zhōng yǒu nǎxiē dìfang néng shǐyòng dào zhè yì zhīshi?
（8）上节课，我们学了……[如：热胀冷缩原理]，在我们的生活中有哪些地方能使用到这一知识？

Shàngxuéqī wǒmen xuéxíle… [běibànqiú de qìhòu tèdiǎn], shàng jié kè xuéxíle … [nánbànqiú de qìhòu tèdiǎn], … [nán-běibànqiú de qìhòu tèdiǎn] yǒu hěn duō xiāngtóng zhī chù, yě yǒu hěn duō bù tóng de dìfang, qǐng tóngxuémen bǐjiào yíxià.
（9）上学期我们学习了……[如：北半球的气候特点]，上节课学习了……[如：南半球的气候特点]，……[如：南北半球的气候特点] 有很多相同之处，也有很多不同的地方，请同学们比较一下。

Dì-yī zhāng de nèiróng shì…, qǐng tóngxuémen gàikuò shuōmíng zhè yì zhāng de nèiróng,
（10）第一 章 的 内容 是……，请 同学们 概括 说明 这一 章 的内容，
bù néng chāoguò zì.
不 能 超过 200 字。

第三节 导入环节课堂用语

“导”为引导，“入”为进入，导入环节的目的在于引导学生饶有兴趣地快速进入新的学习内容，为展开环节的具体讲解与练习做好知识上的准备以及心理上的铺垫。按照导入方法的不同，本节将分为五个部分，分别介绍直接导入语、实物导入语、问题导入语、情境导入语、承上启下导入语。

“教学有法，教无定法，贵在得法。”课程的导入并非只能使用某一种方法，导入没有固定的模式。不同的导入方法适用于不同的教学目的、教授对象、课程内容，在实际的教学中，更多的时候是多种方法的搭配组合。适合学生特点、符合教学需要的方法是最好的方法。

具体要求——

- 激发学生兴趣，引起学生对新知识的注意。
- 启迪学生思路，启发学生对新知识的思考。
- 与学生特点、兴趣相结合，活跃课堂气氛。
- 简要阐明本课学习内容，确立学习目标。

分类——

- 直接导入语
- 实物导入语
- 问题导入语
- 情境导入语
- 承上启下导入语

一、直接导入语

直接导入语简单、明确，开门见山，直接指明本课的教学内容与计划，帮助学生在上课伊始明确学习内容和目标。

【例句】

Xiànzài wǒmen xuéxí xīn kè.
（1）现在 我们 学习 新课。

Zhè jié kè wǒmen xuéxí…
（2）这 节课 我们 学习……

Zhè jié kè wǒmen yào xuéxí…
（3）这 节课 我们 要 学习……

Jīntiān wǒmen xuéxí…
（4）今天 我们 学习……

Jīntiān de kè wǒmen zhǔyào jiǎng…
（5）今天 的 课 我们 主要 讲……

Jīntiān wǒmen bǎ… [dì-sān kè] xuéwán.
（6）今天 我们 把……[如：第三 课] 学完。

Xiànzài wǒmen jìnrù xīn kè de xuéxí, jīntiān de xuéxí nèiróng shì…
（7）现在 我们 进入新课的学习，今天的学习 内容 是……

Qǐng bǎ shū fāndào dì yè, wǒmen xuéxí…
（8）请 把书 翻到 第 40 页，我们 学习……

Qǐng bǎ shū fāndào dì yè, wǒmen yìqǐ lái xuéxí…
（9）请 把书 翻到 第 67 页，我们 一起来 学习……

Jīntiān wǒmen xuéxí de nèiróng zài shū shang dì yè.
（10）今天 我们 学习 的 内容 在 书 上 第 180 页。

Qǐng fānkāi shū, kàn dì yè, wǒmen yìqǐ lái xuéxí dì-shíwǔ kè.
（11）请 翻开 书，看 第 282 页，我们 一起来 学习 第十五 课。

Zhè jié kè wǒmen xuéxí dì-liù kè, zhè yí kè jiāng jièshào…, qǐng dàjiā zhùyì…
（12）这 节 课 我们 学习 第六 课，这一 课 将 介绍……，请 大家 注意……

Zhè jié kè wǒmen xiān xuéxí shēngcí, zài fēnxī kèwén, ránhòu zuò shū hòu de liànxí, rúguǒ
（13）这 节 课 我们 先 学习 生词，再 分析 课文，然后 做 书 后 的 练习，如果
yǒu shíjiān wǒmen tīng yí duàn lùyīn.
有 时间 我们 听 一 段 录音。

Xiànzài wǒmen xiān xuéxí shēngcí.
（14）现在 我们 先 学习 生词。

Jīntiān wǒmen xiě zuòwén.
（15）今天 我们 写 作文。

Jīntiān wǒmen zuò shíyàn.
（16）今天 我们 做 实验。

Jīntiān wǒmen fùxí cóng dì-yī kè dào dì-wǔ kè de nèiróng.
（17）今天 我们 复习 从 第一 课 到 第五 课 的 内容。

Jīntiān wǒmen kǎoshì, qǐng dàjiā ānjìng zuòhǎo, xiànzài fā juànzi.
（18）今天 我们 考试，请 大家 安静 坐好，现在 发 卷子。

Jīntiān wǒmen jiǎngpíng shìjuàn.
（19）今天 我们 讲评 试卷。

Jīntiān wǒmen jìnxíng biànlùnsài.
（20）今天 我们 进行 辩论赛。

Jīntiān qǐng tóngxuémen fābiǎo zìjǐ de diàochá bàogào.
（21）今天 请 同学们 发表自己的 调查 报告。

二、实物导入语

实物导入在各种课型中均可以使用，这种导入方法直观、形象，能激发学生的好奇心，推动学生对新知识的探索。在教学中，教师常用的实物主要包括：真实的物体、幻灯片、PPT 中的图片、教学挂图、录像、录音、教材中的插图、教师自己制作的各种实物等。展示实物导入时，实物不要求多么漂亮、多么丰富，重要的是与本课的教学内容密切结合，切实起到辅助教学的作用。

【例句】

Qǐng dàjiā kàn wǒ shǒu shang de dōngxi.
（1）请 大家看 我 手 上 的东西。

Qǐng dàjiā kàn huàndēngpiàn.
（2）请 大家看 幻灯片。

Qǐng dàjiā kàn shang de túpiàn.
（3）请 大家看 PPT 上 的 图片。

Qǐng kàn hēibǎn shang de guàtú.
（4）请 看 黑板 上 的挂图。

Qǐng dàjiā kàn yí duàn lùxiàng.
（5）请 大家看 一 段 录像。

Qǐng dàjiā tīng yí duàn yīnyuè.
（6）请 大家 听 一 段 音乐。

Qǐng dàjiā kàn shū shang dì yè de túpiàn.
（7）请 大家看 书 上 第 80 页的 图片。

Zhè shì shénme? Duì, zhè shì rénmínbì, jīntiān wǒmen lái xuéxí rénmínbì de dúfǎ.
（8）这 是 什么？对，这 是 人民币，今天 我们 来学习 人民币 的读法。

Dàjiā zhīdao zhèxiē shuǐguǒ de míngzi ma? Xiànzài wǒmen xuéxí zhèxiē shuǐguǒ de míngchēng.
（9）大家知道 这些 水果 的 名字 吗？现在 我们 学习 这些 水果 的 名称。

Qǐng kàn zhè fú tú, zhè shì wǒmen de shēntǐ, zhè jié kè wǒmen xuéxí guānyú shēntǐ bùwèi de cíyǔ.
（10）请 看 这幅图，这 是 我们 的 身体，这 节课 我们 学习 关于 身体 部位 的词语。

Dàjiā cānguānguo Rénmín Yīngxióng Jìniànbēi ma? Zhèli yǒu yì zhāng Rénmín Yīngxióng Jìniànbēi de túpiàn. Jīntiān wǒmen xuéxí 《Rénmín Yīngxióng Jìniànbēi》 zhè yí kè.
（11）大家 参观过 人民 英雄 纪念碑 吗？这里 有 一 张 人民 英雄 纪念碑 的 图片。今天 我们 学习《人民 英雄 纪念碑》这一课。

Xiànzài qǐng dàjiā kàn yí duàn lùxiàng, qǐng zhùyì lǐmiàn de rénwù zěnme dǎ zhāohu, zhè shì
（12）现在 请 大家看 一 段 录像，请 注意里面 的人物 怎么 打 招呼，这 是

wǒmen jīntiān yào xuéxí de nèiróng.
我们 今天 要学习的 内容。

Dàjiā kàndào de jiǎnzhǐ shì Zhōngguó de yì mén chuántǒng yìshù, jīntiān wǒmen yìqǐ lái jiǎn
（13）大家看到 的 剪纸 是 中国 的一门 传统 艺术，今天 我们 一起来剪
xǐ zì.
喜字。

Zhè shì yì fú guóhuà, … Jīntiān wǒmen xuéxí rúhé xīnshǎng guóhuà.
（14）这 是一幅 国画，……今天 我们 学习如何 欣赏 国画。

Xiànzài qǐng dàjiā tīng yí duàn yīnyuè, tīng de shíhou sīkǎo zhè duàn yīnyuè shì yóu nǎxiē yuè-
（15）现在 请 大家 听 一 段 音乐，听 的 时候 思考 这 段 音乐 是 由 哪些 乐
qì yǎnzòu de.
器 演奏 的。

Gāngcái dàjiā tīngdào de shì《Wǔshíliù Gè Mínzú Wǔshíliù Duǒ Huā》, xiànzài wǒmen yìqǐ
（16）刚才 大家 听到 的 是《五十六 个 民族 五十六 朵 花》，现在 我们 一起
lái xué chàng.
来 学 唱。

Jīntiān, lǎoshī zhǔnbèile xiàngjiāobàng, bōlibàng, sīchóu hé suì zhǐxiè, wǒmen yìqǐ tànsuǒ
（17）今天，老师 准备了 橡胶棒、玻璃棒、丝绸 和 碎 纸屑，我们 一起 探索
mócā jìngdiàn de xiànxiàng.
摩擦 静电 的 现象。

Wǒ zài hēibǎn shang guàle yuánsù zhōuqībiǎo, jīntiān wǒmen yìqǐ bèisòng yuánsù zhōuqībiǎo
（18）我 在 黑板 上 挂了 元素 周期表，今天 我们 一起 背诵 元素 周期表
zhōng de qián zhǒng yuánsù, zhòngdiǎn xuéxí qízhōng de liǎng zhǒng yuánsù.
中 的 前 20 种 元素，重点 学习 其中 的 两 种 元素。

Gàngshàng yùndòng kěyǐ fēnwéi dāngàng hé shuānggàng, jīntiān wǒmen jìnxíng shuānggàng
（19）杠上 运动 可以 分为 单杠 和 双杠，今天 我们 进行 双杠
de liànxí.
的 练习。

Tóngxuémen, zhè zhāng guàtú nǐmen yǐqián jiànguo ma? Shì《Zhōngguó Mínzú Fēnbù Tú》.
（20）同学们，这 张 挂图 你们 以前 见过 吗？是《中国 民族 分布 图》。

Tóngxuémen, nǐmen jiànguo zhè zhāng guàtú ma? Zhè shì《Zhōngguó Mínzú Fēnbù Tú》, wǒ-
（21）同学们，你们 见过 这 张 挂图吗？这 是《中国 民族 分布 图》，我
men guójiā yǒu gè mínzú, jīntiān wǒmen yìqǐ lái xuéxí.
们 国家 有 56 个 民族，今天 我们 一起 来 学习。

Zhè shì… [húdié] de biāoběn, jīntiān wǒmen xuéxí biāoběn de zhìzuò.
（22）这 是……[如：蝴蝶]的 标本，今天 我们 学习 标本 的 制作。

Dàjiā kàndào le ma? Jiǎngtái shang fàng de shíyàn yòngpǐn shì wǒmen jīntiān shàng kè yào
（23）大家 看到 了吗？ 讲台 上 放 的 实验 用品 是 我们 今天 上 课 要
yòng de, jīntiān wǒmen shàng shíyànkè.
用 的，今天 我们 上 实验课。

三、问题导入语

思考常常源于问题，问题常常给予学生更大的学习动力，引发学生的自主探索与学习。问题导入语以问题为驱动，提出本课的教学内容。教师在设计问题时，要紧扣教学内容，悬念设置适中，忌离题跑题。语言表达要中肯，忌过分夸张。

【例句】

Dàjiā kàn hēibǎn, cāi yi cāi zhège piānpáng biǎoshì shénme yìsi.
（1）大家看 黑板，猜一猜 这个 偏旁 表示 什么意思。

Dàjiā zhīdao zhè jǐ gè shùzì zěnme dú ma? Jīntiān wǒmen xuéxí hàomǎ de dúfǎ.
（2）大家 知道 这几个数字 怎么读吗？今天 我们 学习 号码 的读法。

Rúguǒ yào gěi yí wèi péngyou xiě xìn, yīnggāi zěnme xiě ne? Jīntiān wǒmen xuéxí zěnyàng xiě xìn.
（3）如果 要 给一位 朋友 写信，应该 怎么 写呢？今天 我们 学习 怎样 写信。

Yǒu yí gè gùshi, shuō yí gè lǎotóur yào bānzǒu yí zuò shān, nǐmen juéde kěnéng ma? Jīntiān wǒmen xuéxí 《Yúgōng Yí Shān》 zhè piān kèwén.
（4）有 一个故事，说 一个老头儿要 搬走 一座 山，你们 觉得 可能 吗？今天 我们 学习《愚公 移 山》这 篇 课文。

Dàjiā xiǎng zhīdao dào Hànzúrén jiāli zuò kè, yīnggāi zěnme hé zhǔrén shuō huà ma? Jīntiān de kèwén jiù néng gàosu dàjiā.
（5）大家 想 知道 到 汉族人 家里 做客，应该 怎么 和 主人 说 话吗？今天 的课文就 能 告诉大家。

Rúguǒ nǐ zài lǚxíng shí yùshang máfan le, yīnggāi zěnme bàn ne? Tīngwán jīntiān de zhè duàn tīnglì cáiliào dàjiā jiù zhīdao le.
（6）如果 你在 旅行 时 遇上 麻烦了，应该 怎么 办 呢？听完 今天 的 这 段 听力材料 大家就 知道了。

Rúguǒ xiǎng quàn péngyou bié zuò shénme shìqing, wǒmen kěyǐ yǒu jǐ zhǒng shuōfa? Jīntiān de fùxíkè wǒmen yìqǐ zǒngjié yíxià rúhé quàndǎo tārén.
（7）如果 想 劝 朋友 别 做 什么 事情，我们 可以 有几 种 说法？今天 的复习课 我们 一起 总结 一下 如何 劝导 他人。

Dàjiā xiǎng shàng wǔtái biǎoyǎn ma? Xià gè yuè xuéxiào yǒu yí gè wǎnhuì, wǒmen bān chū yí gè jiémù hǎo bu hǎo? Biǎoyǎn de nèiróng jiù shì wǒmen jīntiān xuéxí de kèwén.
（8）大家 想 上 舞台 表演 吗？下 个 月 学校 有 一个 晚会，我们 班 出 一个 节目 好 不 好？ 表演 的 内容 就是 我们 今天 学习 的 课文。

Shàng jié kè wǒ gěi dàjiā jiǎngle yí gè gùshi, dànshì gùshi méiyǒu jiǎngwán, gùshi de hòumiàn huì shì shénmeyàng ne? Wǒmen yìqǐ lái cāi yi cāi, kànkan wǒmen cāi de hé kèwén yíyàng bù yíyàng.
（9）上 节课 我 给 大家 讲了 一个 故事，但是 故事 没有 讲完，故事 的 后面 会 是 什么样 呢？我们 一起 来 猜一猜，看看 我们 猜的 和 课文 一样 不 一样。

Dàjiā zhīdao xióng zài dōngtiān yào dōngmián, xiǎng yi xiǎng hái yǒu nǎxiē dòngwù dōngtiān
（10）大家 知道 熊 在 冬天 要 冬眠，想 一 想 还有 哪些 动物 冬天

yào dōngmián ne? … Jīntiān wǒmen zhè jié kè jiù gěi dàjiā jièshào yìxiē dōngmián de bǔrǔ dòngwù.
要 冬眠 呢?……今天 我们 这节课就给大家介绍一些 冬眠 的哺乳动物。

Qǐng kàn píngmù, zhèli yǒu hěn duō xiǎo dòngwù de jiǎoyìn, nǐmen zhīdao nǎge jiǎoyìn shì
(11)请 看 屏幕,这里有 很 多 小 动物 的 脚印, 你们 知道 哪个 脚印 是

nǎge dòngwù de ma? Jīntiān lǎoshī jiāo nǐmen rènshi bù tóng dòngwù de jiǎoyìn.
哪个 动物 的 吗? 今天 老师 教 你们 认识 不 同 动物 的 脚印。

Shàng cì kè de shíyàn wǒmen shǐyòng de shì yǎngqì, jīntiān wǒmen huànchéng dànqì, kànkan
(12)上 次课的 实验 我们 使用 的是 氧气,今天 我们 换成 氮气,看看

huì fāshēng shénme.
会 发生 什么。

Wǒmen zài shuǐ li jiā jǐ dī yóu huì chūxiàn shénme qíngkuàng ne? … Yīnwei shuǐ hé yóu
(13)我们 在 水里加几滴油 会 出现 什么 情况 呢?……因为 水 和 油

de mìdù bù tóng. Jīntiān wǒmen jiǎng mìdù.
的密度不 同。今天 我们 讲 密度。

Dàjiā dōu zhīdao Bǐsà Xiétǎ de gùshi, dànshì nǐmen zhīdao wèi shénme huì chūxiàn nàyàng
(14)大家都 知道比萨斜塔的故事,但是 你们 知道 为 什么 会 出现 那样

de jiéguǒ ma? Jīntiān wǒ jiù lái jiǎng yi jiǎng.
的结果 吗? 今天 我就来 讲 一 讲。

Xià yǔ de shíhou shì xiān dǎ léi háishi xiān shǎndiàn? Wèi shénme ne? Jīntiān wǒmen yìqǐ lái
(15)下 雨的 时候 是 先 打雷还是 先 闪电? 为 什么呢?今天 我们一起来

yánjiū yánjiū.
研究 研究。

Shàng cì tǐyùkè, dàjiā fā de qiú chángcháng guò xiàn, wèi shénme ne? Jīntiān wǒmen jìn-
(16)上 次体育课,大家发的球 常常 过 线,为 什么 呢?今天 我们 进

yíbù xuéxí fā qiú de jìqiǎo.
一步学习发球的技巧。

四、情境导入语

情境导入指利用语言、环境、活动等各种手段，制造一种符合教学需要的情境和氛围，以激发学生已有的与该情境有关的知识，诱发思考，达到新旧知识之间的联结。

叙述情境时，语言要简单、清楚、可懂。情境的具体内容要从教学内容出发，符合教学需要，同时要与学生的年龄特点、语言水平、兴趣爱好以及以往的生活、学习相关。熟悉的情境更容易引发学生的共鸣，推动教学的顺利进行。此外，在使用情境进行导入时，我们可以与问题导入的方法相结合，提供情境的同时，提出问题，引发思考。

【例句】

Běijīng de xuésheng měi tiān zǎoshang qī diǎn duō dào xuéxiào, Xīnjiāng de xuésheng ne? Wǎn-
(1)北京 的 学生 每 天 早上 七点 多 到 学校,新疆 的 学生 呢?晚

shang bā diǎn, Běijīng de tiān yǐjīng hēi le, kě Xīnjiāng de tiān hái chángcháng liàngzhe. Zhè shì yīnwei wǒ-
上 八点，北京的天已经黑了，可新疆的天还常常亮着。这是因为我

men zhī jiān yǒu shíchā. Jīntiān wǒmen yìqǐ lái tàntǎo shíchā de wèntí.
们之间有时差。今天我们一起来探讨时差的问题。

Shàngxīngqī, wǒ tīng dàjiā yǎnchàngle《Wǔshíliù Gè Mínzú Wǔshíliù Duǒ Huā》, chàng de tè-
（2）上星期，我听大家演唱了《五十六个民族五十六朵花》，唱得特

bié hǎo. Wǒmen guójiā yǒu wǔshíliù gè mínzú, tāmen dōu jiào shénme míngzi? Dàjiā kàn , wǒ-
别好。我们国家有五十六个民族，他们都叫什么名字？大家看PPT，我

men yìqǐ lái dú yíxià.
们一起来读一下。

Tóngxuémen, wǒmen lái zuò yí gè juésè bànyǎn, nǐ zài jiē shang mí lù le, xiǎng huí jiā, nǐ gāi
（3）同学们，我们来做一个角色扮演，你在街上迷路了，想回家，你该

zěnme bàn? Wǒ qǐng liǎng wèi tóngxué shàng tái lái biǎoyǎn. … Jīntiān wǒmen xuéxí rúhé wèn lù.
怎么办？我请两位同学上台来表演。……今天我们学习如何问路。

Kuài fàng jià le, nǐmen xiǎng qù lǚyóu ma? Zěnme qù ne? Zuò huǒchē! Zěnme mǎi huǒchēpiào
（4）快放假了，你们想去旅游吗？怎么去呢？坐火车！怎么买火车票

ne? Xiàmiàn wǒmen xuéxí rúhé mǎi piào.
呢？下面我们学习如何买票。

Gāngcái wǒmen zài xiǎomàibù kàndào biéren mǎi dōngxi, nǐmen hái jìde tāmen zěnme shuō
（5）刚才我们在小卖部看到别人买东西，你们还记得他们怎么说

de ma?
的吗？

Yí gè wàiguórén zài yóujú li, tā bù zhīdao zěnme jì bāoguǒ, dànshì zuìhòu tā de bāoguǒ jì-
（6）一个外国人在邮局里，他不知道怎么寄包裹，但是最后他的包裹寄

zǒu le. Xiàmiàn wǒmen lái tīngting zhè duàn duǎnwén, kànkan zhège rén zěnme jìchū bāoguǒ de.
走了。下面我们来听听这段短文，看看这个人怎么寄出包裹的。

Dàjiā zhīdao wǒmen guójiā yǒu nǎxiē jiérì ma? Qǐng shuōshuo nǐ zhīdao de jiérì. …
（7）大家知道我们国家有哪些节日吗？请说说你知道的节日。……

Hǎole, xiànzài wǒmen jiù lái jiǎngjiang Zhōngguó de jiérì.
好了，现在我们就来讲讲中国的节日。

Xiànzài wǒ gěi dàjiā huà yì fú huàr, zhè fú huàr shì … [yí gè fángjiān], dàjiā
（8）现在我给大家画一幅画儿，这幅画儿是……[如：一个房间]，大家

xiǎng yi xiǎng, nǐ de fángjiān li dōu yǒu shénme?
想一想，你的房间里都有什么？

Xiànzài wǒ gěi dàjiā biàn gè móshù. … Gāngcái de móshù jiù shì wǒmen jīntiān yào xuéxí de
（9）现在我给大家变个魔术。……刚才的魔术就是我们今天要学习的

xiǎokǒng chéngxiàng yuánlǐ.
小孔成像原理。

“Gěi wǒ yí gè zhīdiǎn, wǒ jiù néng bǎ dìqiú qiào qilai.” Zhè jù míngyán dàjiā dōu zhīdao. Tā
（10）“给我一个支点，我就能把地球撬起来。”这句名言大家都知道。它

shíjìshang jiù shì lìyòngle gànggǎn de yuánlǐ. Xiànzài wǒmen jiù lái xuéxí.
实际上 就是 利用了 杠杆 的 原理。现在 我们 就来 学习。

Xiànzài wǒ gěi dàjiā zuò yí gè shíyàn. Dàjiā kàndào le ma? Shìguǎn li de diǎn méiyǒu le, huī-
(11)现在 我 给大家 做一个 实验。大家 看到 了吗? 试管 里的 碘 没有 了, 挥
fā le. Jīntiān wǒ jiù gěi dàjiā jièshào yìxiē jùyǒu huīfāxìng de wùzhì.
发了。今天 我就 给大家 介绍 一些 具有 挥发性 的 物质。

"Èryǎnghuàměng lǜsuānjiǎ, hùnhé jūnyún bǎ rè jiā, zhì yǎng zhuāngzhì yǒu tèdiǎn, dǐ gāo
(12)"二氧化锰 氯酸钾, 混合 均匀 把热加, 制 氧 装置 有 特点, 底高
kǒu dī lüè qīngxié." Wǒmen yìqǐ yǎnshì yíxià zhège zhìqǔ yǎngqì de kǒujué.
口 低略 倾斜。" 我们 一起 演示 一下 这个 制取 氧气 的 口诀。

Dàjiā jiànguo dàhǎi ma? Gěi lǎoshī jiǎngjiang, nǐmen xīn zhōng de dàhǎi shì shénmeyàng de?…
(13)大家 见过 大海吗? 给 老师 讲讲, 你们 心 中 的大海是 什么样 的?……
Hǎo de, dàjiā shuō de hěn hǎo, jīntiān wǒmen xuéxí 《Dàhǎi》 zhè shǒu gē, tīngting gē lǐmian shì zěnme
好 的, 大家 说 得 很 好, 今天 我们 学习《大海》这 首 歌, 听听 歌里面 是 怎么
xíngróng dàhǎi de.
形容 大海的。

Gāngcái gěi dàjiā kàn de yí duàn lùxiàng jiù shì guānyú jìfēng de, xiànzài wǒmen lái jiǎngjiang
(14)刚才 给大家 看 的一 段 录像 就是 关于 季风 的, 现在 我们 来 讲讲
jìfēng.
季风。

Tóngxuémen zhīdao wǒmen rén de hūxī xìtǒng zhōng yǒu nǎxiē qìguān ma? Wǒmen yìqǐ lái
(15)同学们 知道 我们 人的 呼吸 系统 中 有 哪些 器官 吗? 我们 一起来
kànkan zhège fēnjiě móxíng. Zhè shì fèi, zhè shì qìguǎn…. Hǎo, xiànzài wǒmen lái yí gè yí gè
看看 这个 分解 模型。这 是 肺, 这 是 气管……。好, 现在 我们 来 一个 一个
jiǎngjiě.
讲解。

五、承上启下导入语

"承上"指简要总结讲授过的内容,"启下"即揭晓下一步的学习内容。承上启下的导入语在短短几句话中帮助学生在新知识和旧知识之间建立了联系,以旧带新。在使用承上启下的导入语时要注意,对旧知识的复习应该具有概括性,注意时间的分配和把握。

【例句】

Zuótiān wǒmen jiǎngwánle kèwén, jīntiān wǒmen lái zuò liànxí.
(1)昨天 我们 讲完了 课文, 今天 我们 来 做 练习。

Shàng jié kè wǒmen xuéle rúhé wèn lù, jīntiān wǒmen lái shíjì cāozuò.
(2)上 节课 我们 学了 如何 问 路, 今天 我们 来 实际 操作。

Fēngshí de zuòyòng wǒmen hái méiyǒu jiǎngwán, jīntiān wǒmen jìxù jiǎng.
(3)风蚀 的 作用 我们 还 没有 讲完, 今天 我们 继续 讲。

Shàng jié kè wǒmen xuéxíle bǔrǔ dòngwù, jīntiān wǒmen lái liǎojiě yíxià páxíng dòngwù.
（4）上 节课我们学习了哺乳动物，今天我们来了解一下爬行动物。

Shàng jié kè wǒmen tīngle zhège gùshi de qián yí bùfen, jīntiān wǒmen lái tīngting hòumiàn yí bùfen.
（5）上 节课我们听了这个故事的前一部分，今天我们来听听后面一部分。

Shàng jié kè wǒmen jiǎngle Dōngběi dìqū, jīntiān wǒmen lái liǎojiě liǎojiě Dōngběi dìqū de línjū Huáběi dìqū.
（6）上 节课我们讲了东北地区，今天我们来了解了解东北地区的邻居华北地区。

Shàng cì kè wǒmen xuéxíle… [Wéiwú'ěrzú hé Měnggǔzú], jīntiān wǒmen jìxù xuéxí wǒmen guójiā qítā de shǎoshù mínzú.
（7）上 次课我们学习了……[如：维吾尔族和蒙古族]，今天我们继续学习我们国家其他的少数民族。

Shàng jié kè, wǒmen xuéxíle cǎozìtóu de Hànzì, cǎozìtóu de Hànzì dōu hé cǎo yǒuguān. Nàme, shénmeyàng de piānpáng hé shùmù yǒuguān ne? Jīntiān wǒmen lái xuéxí mùzìpáng de Hànzì.
（8）上 节课，我们学习了草字头的汉字，草字头的汉字都和草有关。那么，什么样的偏旁和树木有关呢？今天我们来学习木字旁的汉字。

Qián jǐ tiān wǒmen xuéle chéngdù bǔyǔ, bǐrú "tā de Hànyǔ hǎo de hěn". Nàme "wǒ tīng de dǒng tā de Hànyǔ" shì shénme yìsi ne? Zhè shì kěnéng bǔyǔ, xiànzài wǒmen lái xuéxí.
（9）前几天我们学了程度补语，比如“他的汉语好得很”。那么“我听得懂他的汉语”是什么意思呢？这是可能补语，现在我们来学习。

Shàng jié kè wǒmen dúle yì piān wénzhāng, jièshàole Zhōngguó de yǐnshí wénhuà, jīntiān wǒmen lái dú lìng yì piān wénzhāng, yě hé yǐnshí yǒu guānxi,《Zhōngguó De Jiǔ Wénhuà》.
（10）上 节课我们读了一篇文章，介绍了中国的饮食文化，今天我们来读另一篇文章，也和饮食有关系，《中国的酒文化》。

Dàjiā jìde wǒmen zuótiān tīng de huàtí ma? Duì, tán tiānqì. Jīntiān wǒmen háishi tīng hé biérén tánhuà de jùzi, dànshì jīntiān tán shíjiān.
（11）大家记得我们昨天听的话题吗？对，谈天气。今天我们还是听和别人谈话的句子，但是今天谈时间。？

Xiànzài wǒ qǐng yí wèi tóngxué yòng "ma" lái tíwèn. Hěn hǎo! Rúguǒ wǒmen shuō "Nǐ hǎo ba?", zhè shì shénme yìsi ne? Zhè jié kè wǒmen xué yòng "ba" de wènjù.
（12）现在我请一位同学用“吗”来提问。（一个同学说：“你好吗？”）很好！如果我们说“你好吧？”，这是什么意思呢？这节课我们学用“吧”的问句。

Zuótiān wǒmen dúle yì piān guānyú de wénzhāng, jīntiān wǒmen yào dú de wénzhāng réngrán hé yǒuguān, wénzhāng de tímù shì…
（13）昨天我们读了一篇关于××的文章，今天我们要读的文章仍然和××有关，文章的题目是……

Shàngxīngqī, wǒ jiāo dàjiā huàle cìwei, tóngxuémen hái jìde zěnme huà ma? … Duì, nǐ
（14）上星期，我教大家画了刺猬，同学们还记得怎么画吗？……对，你
huà de hěn hǎo! Jīntiān wǒ hái yào jiāo dàjiā huà lìng yí gè kě'ài de xiǎo dòngwù.
画得很好！今天我还要教大家画另一个可爱的小动物。

Dàjiā hái jìde ma? Shàngxīngqī wǒ qǐng dàjiā xīnshǎngle yí duàn “chūn” de yīnyuè, xiànzài
（15）大家还记得吗？上星期我请大家欣赏了一段“春”的音乐，现在
wǒ qǐng dàjiā zài xīnshǎng yí duàn yīnyuè, tīngting tā xiǎng biǎoxiàn de shì nǎge jìjié.
我请大家再欣赏一段音乐，听听它想表现的是哪个季节。

第四节　展开环节课堂用语

课堂教学的流程一般分为组织课堂教学环节、复习环节、展开环节以及结束环节。在这四个环节中，展开环节所占教学时间最长，是课程的主体部分，是课堂教学的中心环节。课堂教学能否达到教学目标，在很大程度上取决于展开环节是否合理、有效。在展开环节中，教师通过发出指令、提出问题、回答问题、组织课堂活动、对学生做出评价等传授知识，培养能力。

根据展开环节中的教师行为，我们将该环节的课堂用语分为指令语、发问语、评价语、课堂活动语、应答语、过渡语，力求展现该环节课堂用语的全貌。

一、指令语

指令语是教师在课堂上对学生的行为提出要求、发出指令，并要求学生遵照执行的语言。在课堂教学中，指令语就像一个指挥棒，指导学生的学习，推进教学的进程。指令语既针对课堂常规行为，也针对一般的学习行为，还针对具体学习内容。所以，指令语的作用不仅是告诉学生们做什么，而且还担负着规范学生的行为、培养学生良好学习习惯的任务。不同的课程、教师，在指令语上具有相同之处，同时也会因为在具体教学内容、教学方法上的差异体现出不同的特点。指令语的有效使用将推进课堂的节奏，提高教学的效率，指引学生更快、更好地掌握教学内容，体现出师生之间的密切配合。

具体要求——

- 内容明确、清晰、具体、简洁。
- 对象具体。
- 符合学生水平，学生可以理解。
- 祈使句居多。

- 口语表达与体态语配合使用。
- 反复使用，形成体系。
- 引导学生了解学习步骤，帮助学生建立学习习惯。

分类——

- 课堂常规行为指令语
- 一般学习行为指令语
- 提示重点难点指令语

（一）课堂常规行为指令语

虽然教师们教授的课程不同，但课堂行为的指令语是通用的。简短、明确的课堂常规行为指令语起到了组织课堂教学、指引学生行为的作用，是教学中必不可少的，也是使用频率最高的课堂用语。

在学生刚接触汉语时，教师可以和学生一起朗读这些课堂常规指令语，让学生了解这些指令语的意思，之后在课堂教学中不断重复，加深学生的印象。这些课堂常规行为指令语的熟练使用将推进教学的顺利进行，提高课堂的教学效率。

【例句】

Shàng kè.
（1）上　课。

Qǐng zuò.
（2）请　坐。

Qǐng zuòxia.
（3）请　坐下。

Kāishǐ.
（4）开始。

Hǎo! Tíng!
（5）好！停！

Qǐng ānjìng!
（6）请　安静！

Qǐng kàn hēibǎn.
（7）请　看 黑板。

Qǐng kàn zhèr.
（8）请　看 这儿。

Qǐng kàn wǒ xiě.
（9）请　看 我 写。

Qǐng tīng wǒ dú.
（10）请　听 我 读。

Qǐng xiān tīng wǒ shuō.
（11）请 先 听 我 说。

Qǐng dǎkāi shū.
（12）请 打开 书。

Qǐng héshang shū.
（13）请 合上 书。

Qǐng náchū zuòyèběn.
（14）请 拿出 作业本。

Qǐng jǔ shǒu huídá.
（15）请 举 手 回答。

Qǐng dào jiǎngtái shang lái.
（16）请 到 讲台 上 来。

Qǐng lái wǒ bàngōngshì.
（17）请 来我 办公室。

Qǐng bié shuō huà.
（18）请 别 说 话。

Qǐng shuō Hànyǔ.
（19）请 说 汉语。

Qǐng bǎ… [shǒujī] shōu qilai.
（20）请 把……[如：手机] 收 起来。

qǐng bǎ màozi zhāi xialai, hǎo ma?
（21）××，请 把 帽子 摘 下来，好 吗？

（二）一般学习行为指令语

为了让学生更好地接受知识、形成学习能力，教师在教学过程中通过学习行为指令语对学生提出具体要求，传达如何学习的信息，逐步培养学生良好的学习习惯。

【例句】

Qǐng dàjiā gēn wǒ yìqǐ dú / xiě / chàng.
（1）请 大家 跟 我 一起 读 / 写 / 唱。

Dàjiā dǎkāi shū dì yè, wǒmen yìqǐ dú / xiě / tīng / chàng…
（2）大家 打开 书 第21 页，我们 一起 读 / 写 / 听 / 唱……

Dàjiā de shēngyīn yào dà yìdiǎnr.
（3）大家 的 声音 要 大一点儿。

Wǒmen zài dú / xiě / tīng / chàng / liànxí yí biàn.
（4）我们 再 读 / 写 / 听 / 唱 / 练习 一 遍。

Qǐng dàjiā kàn dì yè de dì duàn.
（5）请 大家 看 第108 页 的 第 3 段。

Qǐng dàjiā zhùyì kàn… [mùtàn huányuán yǎnghuàtóng shíyàn] de bùzhòu.
（6）请 大家 注意 看……[如：木炭 还原 氧化铜 实验] 的 步骤。

Qǐng huídá wǒ de wèntí.
（7）请 回答我的问题。

Qǐng dàjiā sīkǎo yí gè wèntí：…
（8）请 大家思考一个问题：……

Xiànzài liǎng rén yì zǔ, liànxí… [duìhuà yī]
（9）现在 两 人一组，练习……[如：对话一]

Xiànzài wǒ shuō, dàjiā zuò, kěyǐ yìbiān zuò, yìbiān shuō.
（10）现在 我 说，大家做，可以一边做，一边 说。

Qǐng dàjiā zuò hēibǎn shang de liànxí, zài hēibǎn shang zuò.
（11）请 大家做 黑板 上 的练习，××在 黑板 上 做。

Xiěwán de tóngxué zài jiǎnchá yí biàn.
（12）写完 的 同学 再检查一遍。

Qǐng dàjiā gēn wǒ yìqǐ jì bǐjì.
（13）请 大家跟我一起记笔记。

Qǐng zài zhèli zuò gè jìhao.
（14）请 在这里做个记号。

Qǐng bǎ… [zìjǐ zào de jùzi] xiě zài… [zuòyèběn shang]
（15）请 把……[如：自己造的句子]写在……[如：作业本 上]

Jīntiān de zuòyè shì…
（16）今天 的作业是……

Qǐng bǎ… [zhè jié kè xuéxí de fēnzǐshì] bèi xialai, xià jié kè jiǎnchá.
（17）请 把……[如：这节课学习的分子式]背下来，下节课检查。

Zhè shǒu shīgē huíqu mòxiě liǎng biàn.
（18）这 首 诗歌回去默写两 遍。

Qǐng bǎ zuòcuò de tímù xiě zài cuòtíběn shang.
（19）请 把做错的题目写在错题本 上。

Bié wàngle huí jiā yào fùxí… [zhè yí kè de kèwén hé yǔfǎ], bìng yùxí…
（20）别 忘了回家要复习……[如：这一课的课文和语法]，并预习……

[dì-liù kè de shēngcí]
[如：第六课的 生词]

Qǐng jiāzhǎng zài… [juànzi shang] qiān zì.
（21）请 家长 在……[如：卷子 上]签字。

（三）提示重点难点指令语

每一堂课都有教学的重点与难点，也是学生需要注意的地方。提示重点难点的指令语用于集中学生的注意力，使之关注接下来的内容。

【例句】

Qǐng zhùyì wǒ de kǒuxíng, shēngdiào.
（1）请 注意我的口型、 声调。

Qǐng zhùyì zhège zì de bǐhuà.
（2）请 注意这个字的笔画。

Dàjiā zài tīng yí biàn, zhùyì de qūbié.
（3）大家再听一遍，注意 b-p、d-t、g-k 的区别。

Kàn zhè liǎng gè zì “mǎi” hé “mài”, shénme dìfang bù yíyàng?
（4）看 这 两 个字“买”和“卖”，什么 地方 不 一样？

Zhùyì! Zhè piān cáiliào yǒu wǔ chù yǔfǎ cuòwù, qǐng zài liǎng fēnzhōng zhī nèi zhǎo chulai.
（5）注意！这 篇 材料 有 五 处 语法错误，请 在 两 分钟 之 内 找 出来。

Qǐng dàjiā zài kàn yí biàn zhège shíyàn, zhùyì shíyàn de qiánhòu yǒu shénme qūbié.
（6）请 大家再看一 遍 这个 实验，注意 实验 的 前后 有 什么 区别。

Zhè jǐ jù huà fēicháng zhòngyào, qǐng dàjiā huà xialai.
（7）这几句话 非常 重要，请 大家画 下来。

Zhè duàn nèiróng fēicháng zhòngyào, dàjiā yào zhùyì.
（8）这 段 内容 非常 重要，大家 要 注意。

Qǐng dàjiā yídìng jìzhù: …
（9）请 大家 一定 记住：……

Qǐng dàjiā bǎ zhè jǐ gè gōngshì chāo zài bǐjìběn shang.
（10）请 大家把 这 几个 公式 抄 在笔记本 上。

Tóngxuémen cháng fàn de cuòwù zhǔyào yǒu yǐxià jǐ zhǒng: …
（11）同学们 常 犯 的 错误 主要 有 以下几 种：……

Xiàmiàn, wǒmen zǒngjié yíxià jīntiān de nèiróng.
（12）下面，我们 总结 一下 今天 的 内容。

Wǒ zài chóngfù yí biàn, qǐng dàjiā zhùyì tīng.
（13）我 再 重复 一 遍，请 大家注意 听。

Wǒ zài shuō yí biàn jīntiān de zuòyè.
（14）我 再 说 一 遍 今天 的 作业。

Míngtiān jiǎnchá… [kèwén de bèisòng qíngkuàng], bié wàng le!
（15）明天 检查……[如：课文 的 背诵 情况]，别 忘 了！

二、发问语

在不同课程中或同一课程的不同环节中，都会出现发问语，课堂教学的展开很多时候是在问题的驱动下进行的。发问语可以分为不同的类型，有时需要学生作答，有时旨在引发学生的思考。课堂教学在不同类型的发问语中顺利展开、步步深入，同时学生也可以通过发问语逐步了解、掌握思考问题、解决问题的思路。因此，在备课时，教师应当着意准备一些有效的、关键的、有引导性的发问语，帮助学生在解决问题的过程中探索新的内容。此外，教师应当对学生可能的回答做出预测，做到心中有数。

不同的课型、不同的阶段、不同的教学目的可以使用不同的发问语。按照不同的分类标准，发问语可以有不同的划分。

从认知水平的角度，提问可分为知识水平的提问、理解水平的提问、应用水平的提问、分析水平的提问、综合水平的提问、评价水平的提问。

从信息交流的角度，可以分为特指、泛指、重复、反诘、自答。

从问题的内部结构的角度，可以分为总分式、台阶式、连环式、插入式。

从提问的具体方式的角度，可以分为直问、曲问、正问、逆问、单问、复问、快问、慢问。

从提问的语言形式、语气特征的角度，可以分为设问、商问和反问。

从提问的目的和回答的内容的角度，可以分为强调性提问、矫正性提问和发展性提问。

课堂教学以学生为中心，本部分按照学生对于发问语的回答将其分为提问语、询问语、追问语和设问语。

具体要求——

- 激发学生兴趣，引发学生思考。
- 突出教学重点，帮助学生理解。
- 检查理解程度，进行反馈调控。
- 引发学生注意，调节监控教学。
- 符合学生水平，搭建学习支架。
- 提问方式多变，问题具体明了。
- 师生共同探讨，形成良性互动。
- 提供参与机会，发展表达能力。

分类——

- 提问语
- 询问语
- 追问语
- 设问语

（一）提问语

提问语是教学过程中使用得最广泛、最普遍的课堂用语之一，提问语的功能在于引发学生的思考、了解学生对知识的掌握情况。它与之前课堂导入环节中的问题导入语不同。问题导入语的目的在于引导学生进入学习内容，对于问题学生可以不回答，而展开环节的提问语通常需要学生在思考后给出答案。提问语的问句形式可以是特指问句、一般问句或选择问句。

【例句】

Xiàmiàn nǎ yí gè dá'àn shì zhèngquè de? háishi ?
（1）下面 哪一个答案是 正确 的？A、B、C 还是 D？

Zài guānyú… [Nán-Běi Zhànzhēng] de xiàliè xùshù zhōng, nǎ yí gè shì bú zhèngquè de?
（2）在关于……[如：南北战争]的下列叙述中，哪一个是不正确的？

Qǐng bǐjiào yíxià… [zhè fú zuòpǐn] hé… [nà fú zuòpǐn], tāmen yǒu nǎxiē xiāngtóng zhī chù? Yòu yǒu nǎxiē bù tóng?
（3）请比较一下……[如：这幅作品]和……[如：那幅作品]，它们有哪些相同之处？又有哪些不同？

… [Xīnjiāng] de zhǔyào… [dìlǐ] tèzhēng shì shénme?
（4）……[如：新疆]的主要……[如：地理]特征是什么？

Cáiliào yī shuōmíngle shénme wèntí? … yǒu nǎxiē tèdiǎn?
（5）材料一说明了什么问题？……有哪些特点？

Nǐ cóng zhè duàn xùshù zhōng huòdéle nǎxiē xìnxī? Zhè duàn huà shuōmíngle shénme wèntí?
（6）你从这段叙述中获得了哪些信息？这段话说明了什么问题？

Yǐshàng cáiliào fǎnyìngle nǎxiē … [huánjìng] wèntí? Zhèxiē wèntí chǎnshēng de yuányīn shì shénme?
（7）以上材料反映了哪些……[如：环境]问题？这些问题产生的原因是什么？

… [Cháng Jiāng de shuǐ liàng zhème dà], yǔ nǎxiē yīnsù yǒuguān?
（8）……[如：长江的水量这么大]，与哪些因素有关？

Wǒmen hái xuéguo hé zhège cí yìsi xiāngjìn de cí ma?
（9）我们还学过和这个词意思相近的词吗？

Kèwén li shuō "… [wǒ de nèixīn shìjiè qǐle jùdà de bōlán]", zhè jù huà shì shénme yìsi?
（10）课文里说"……[如：我的内心世界起了巨大的波澜]"，这句话是什么意思？

Zài gāngcái tīngdào de duìhuà zhōng, nán de yào biǎodá shénme yìsi?
（11）在刚才听到的对话中，男的要表达什么意思？

Kànwán shàngmiàn de shíyàn, jiéhé wǒmen yǐwǎng xuéguo de zhīshi, shéi néng shuōshuo wèi shénme huì chǎnshēng yǐshàng de xiànxiàng?
（12）看完上面的实验，结合我们以往学过的知识，谁能说说为什么会产生以上的现象？

Xiàmiàn de jǐ zhāng tú wéi… [zhíwù xìbāo fēnliè tú], ànzhào… [fēnliè de guòchéng] jìnxíng páiliè, tāmen de shùnxù yīnggāi shì shénme?
（13）下面的几张图为……[如：植物细胞分裂图]，按照……[如：分裂的过程]进行排列，它们的顺序应该是什么？

（二）询问语

与提问语不同，询问语一般不针对具体的教学内容，而旨在了解学生的学习状况，如学习态度、知识是否掌握等。询问语有时是有疑而问，有时则是明知故问，希望达到了解学生情况、提醒学生注意、推动教学进程、增进师生互动的目的。

【例句】

Dàjiā yùxí le ma?
（1）大家预习了吗？

Zuótiān de zuòyè nán bu nán? Hái yǒu shénme wèntí ma?
（2）昨天 的作业 难不难？还有 什么 问题吗？

Zuòyè dōu jiāo shanglai le ma?
（3）作业 都 交 上来 了吗？

Zuótiān wǒmen xuéxíle shénme nèiróng?
（4）昨天 我们 学习了 什么 内容？

Jīntiān wǒmen gāi xuéxí dì-jǐ kè le?
（5）今天 我们 该学习第几课 了？

Jīntiān gāi shéi zuò bàogào le?
（6）今天 该 谁 作 报告 了？

Gāi shéi huídá wèntí le?
（7）该 谁 回答 问题了？

Nǎ wèi tóngxué xiǎng chulai le? Dàdǎn shuō chulai!
（8）哪 位 同学 想 出来了？大胆 说 出来！

Zhè dào tí de dá'àn shì shénme?
（9）这 道 题的答案 是 什么？

Nǐ juéde duì ma?
（10）你觉得 对 吗？

nǐ tóngyì tā de kànfa ma? Nǐ de kànfa shì shénme?
（11）××，你 同意 他的看法吗？你的看法是 什么？

Shéi hái yào bǔchōng?
（12）谁 还要 补充？

Dàjiā dōu míngbai le ma? Rúguǒ hái yǒu bù míngbai de dìfang, xià kè hòu suíshí lái zhǎo wǒ.
（13）大家都 明白 了吗？如果 还 有 不 明白 的 地方，下课 后 随时 来 找 我。

Lúndào shéi le?
（14）轮到 谁 了？

Dàjiā juéde zhè cì kǎoshì zěnmeyàng?
（15）大家觉得 这次考试 怎么样？

Liànxí zuòwán le ma? Zài gěi dàjiā yì fēnzhōng de shíjiān.
（16）练习 做完 了吗？再 给大家一 分钟 的 时间。

Hòumiàn de tóngxué kàn de qīngchu ma?
（17）后面 的 同学 看 得 清楚 吗？

Zhè shì shéi de zuòyè? Méiyǒu xiě míngzi.
（18）这 是 谁 的 作业？没有 写 名字。

Gāngcái de nèiróng dàjiā dōu qīngchu le ma?
（19）刚才 的 内容 大家 都 清楚 了吗？

Hái yǒu méiyǒu tóngxué yǒu bù tóng de yìjian?
（20）还 有 没有 同学 有 不 同 的意见？

Nǐ gāngcái shuō shénme? Néng bu néng zài chóngfù yí biàn?
（21）你 刚才 说 什么？ 能 不 能 再 重复 一 遍？

Xūyào zài chóngfù yí biàn ma?
（22）需要 再 重复 一 遍 吗？

Zhè dào tí dàjiā xuǎn shénme?
（23）这 道 题 大家 选 什么？

Zhè dào tí shéi zuò chulai le?
（24）这 道题 谁 做 出来了？

Nǎ wèi tóngxué lái hēibǎn shang zuò zhè dào tí?
（25）哪 位 同学 来 黑板 上 做 这 道 题？

（三）追问语

追问语是学生回答完教师的提问后，教师针对学生的回答的进一步发问。追问语可以引发学生在原有回答的基础上进一步思考。追问语也可以是成体系的，具有逻辑性的连续追问将帮助学生形成思考问题、解决问题的思路。除此之外，追问语也可用于婉转地提示学生出现的错误，辅助学生自主思考与改正。

【例句】

Hái yǒu bǔchōng ma?
（1）还 有 补充 吗？

Zhè jù huà hái kěyǐ zěnme shuō?
（2）这 句 话 还 可以 怎么 说？

huídá de búcuò, qítā tóngxué zěnme xiǎng de?
（3）××回答得不错，其他 同学 怎么 想 的？

（4）连续追问：

Kèwén li de zhǔréngōng shì shéi?
课文 里的 主人公 是 谁？

Gùshi fāshēng zài shénme shíjiān?
故事 发生 在 什么 时间？

Fāshēng zài shénme dìfang?
发生 在 什么 地方？

Zhǔréngōng yùdàole shénme shìqing?
主人公 遇到了 什么 事情？

Hòulái ne?
后来 呢？

Jiéguǒ rúhé?
结果 如何？

Kànwán zhè piān kèwén nǐ yǒu shénme gǎnxiǎng?
看完 这 篇 课文 你 有 什么 感想？

（5）连续追问：

… [Táng] cháo shì shénme shíhou jiànlì de?
……[如：唐] 朝 是 什么 时候 建立的？

Tā jiànlì de lìshǐ bèijǐng shì shénme?
它建立的历史 背景 是 什么？

Tā zài zhèngzhì shang yǒu shénme zhǔyào de chéngjiù?
它在 政治 上 有 什么 主要 的 成就？

Jīngjì, wénhuà, wàijiāo shang ne?
经济、文化、外交 上 呢？

Tā shì shénme shíhou mièwáng de?
它是 什么 时候 灭亡 的？

Mièwáng de zhǔyào yuányīn shì shénme?
灭亡 的 主要 原因 是 什么？

Zài xiǎngxiang?
（6）再 想想？

Shì zhèyàng ma?
（7）是 这样 吗？

Hái yǒu méiyǒu qítā de dá'àn?
（8）还 有 没有 其他的答案？

Hái yǒu gèng hǎo de dá'àn ma?
（9）还 有 更 好 的答案吗？

Zài kànkan, fāxiàn wèntí le ma?
（10）再 看看，发现 问题 了吗？

Zhège zì nǐ dú sān shēng, duì bu duì?
（11）这个 字你 读 三 声，对 不 对？

Hǎohāor xiǎngxiang, yíhuìr zài shuō yí biàn, hǎo ma?
（12）好好儿 想想，一会儿再 说 一 遍，好 吗？

（四）设问语

设问语指在教学过程中教师的自问自答。问的目的是引发思考，然后通过答给出答案、强调重点。问与答之间需要等待，给学生留出思考和回答的时间。当学生无法回答时，教师可以逐步引导，直至给出答案；当学生可以回答时，教师要给出积极的反馈并进一步重复或补充。设问句可以服务于不同课型的具体教学内容，也可以用于培养学生的思维习惯与学习习惯。

【例句】

Zhèyàng shuō duì ma? … Yīnggāi shuō…
（1）这样 说 对 吗？……应该 说……

Zhēn de shì zhèyàng de yìsi ma? … Wǒmen zài kàn yí biàn zhè jù huà.
（2）真 的 是 这样 的意思吗？……我们 再 看 一 遍 这句 话。

Zhè jù huà shì bu shì yǒu qíyì ne? ··· Shì de.
（3）这句话是不是有歧义呢？……是的。

Qùdiào zhège cí yìsi biàn le ma? ··· Biàn le.
（4）去掉这个词意思变了吗？……变了。

Zhè yí duàn de zhōngxīn sīxiǎng shì shénme ne? ··· Wǒmen lái dú yi dú.
（5）这一段的中心思想是什么呢？……我们来读一读。

Kèwén li jǐngchá shuōle xiē shénme ne? ··· Xiàmiàn wǒmen kàn kèwén.
（6）课文里警察说了些什么呢？……下面我们看课文。

Zhège zì de zhè yì diǎn kěyǐ xiě zài xiàmiàn ma? Bù kěyǐ, yīnwei xiě zài xiàmiàn yìsi jiù biàn le.
（7）这个字的这一点可以写在下面吗？不可以，因为写在下面意思就变了。

Xiě yì piān yìlùnwén yīnggāi bāokuò nǎxiē bùfen ne? ··· Hǎo! Lùndiǎn. Hái yǒu ne? ···
（8）写一篇议论文应该包括哪些部分呢？……好！论点。还有呢？……

Duì! Lùnjù. Hái yǒu? ··· Lùnzhèng.
对！论据。还有？……论证。

Gǔdài de zhèxiē wéirén zhī dào zài dāngdài shèhuì hái yǒu yòng ma?··· Méi cuò, wǒ yě tóng-
（9）古代的这些为人之道在当代社会还有用吗？……没错，我也同

yì dàjiā de kànfa.
意大家的看法。

Nándào zhēn de yǒu suǒwèi de "guǐhuǒ" ma? ··· Shìshí shang méiyǒu, zhè shì yì zhǒng
（10）难道真的有所谓的"鬼火"吗？……事实上没有，这是一种

jiào "zìrán" de xiànxiàng.
叫"自燃"的现象。

Tóng wèi shénme biànhēi le ne? Zhè shì yīnwei fāshēngle yǎnghuà fǎnyìng, biànchéngle yǎng-
（11）铜为什么变黑了呢？这是因为发生了氧化反应，变成了氧

huàtóng.
化铜。

Dōu yǒu nǎxiē dòngwù shǔyú jiézhī dòngwù ne? ··· Hái yǒu ma? ··· Hǎo, wǒmen yìqǐ
（12）都有哪些动物属于节肢动物呢？……还有吗？……好，我们一起

lái kàn
来看 PPT。

Dàjiā kàn, yì qiāo xīgài jiǎo jiù zìdòng tái qilai le, wèi shénme ne? Zhè jiù shì xītiào fǎnshè.
（13）大家看，一敲膝盖脚就自动抬起来了，为什么呢？这就是膝跳反射。

《Méngnàlìshā》shì shéi de zuòpǐn ne? ··· Duì, Dá Fēnqí. Hái jìde tā shì nǎ guó rén
（14）《蒙娜丽莎》是谁的作品呢？……对，达·芬奇。还记得他是哪国人

ma?··· Yìdàlì. Tā shì Yìdàlì Wényì Fùxīng shíqī de zhùmíng huàjiā, zài qítā de kèchéng li
吗？……意大利。他是意大利文艺复兴时期的著名画家，在其他的课程里

wǒmen yě dúguo Dá Fēnqí de gùshi.
我们也读过达·芬奇的故事。

Gāngcái de zhège qiú wèi shénme méi fā guoqu?··· Fā qiú shí de zīshì búduì.
（15）刚才的这个球为什么没发过去？……发球时的姿势不对。

Míngtiān wǒmen xuéxí dì-jǐ kè?… Duì! Huí jiā yǐhòu wǒmen yīnggāi… Fēicháng hǎo!
（16）明天 我们 学习第几课？……对！回 家以后 我们 应该…… 非常 好！
Fùxí hé Yùxí. Xià kè!
复习 和预习。下 课！

三、评价语

评价语指教师对学生回答问题的情况、学习行为等做出恰如其分的判断的课堂用语。教师的评价语要为学生提供明确的指导，此外要给予学生心理上的激励。评价语有时是面向全班学生的，有时是面向一部分或者单个学生的。学生通常都十分关注教师对自己的评价，教师应当善用评价语，在给予学生指导的同时，让评价语成为他们学习上的推进器。

具体要求——

- 简洁明确，客观公正。
- 点明问题，提出希望。
- 适时适度，鼓励为主。
- 了解学生心理，尊重个体差异。

分类——

- 表扬语
- 委婉语
- 直评语

（一）表扬语

表扬语是教师在课堂教学过程中对学生群体或者个体表现出来的言语、行为给予肯定的课堂用语。表扬语简短而富有鼓励性，它可以帮助学生树立信心，还会在学生中树立榜样，激励大家共同进步。

【例句】

Hǎo!
（1）好！

Búcuò!
（2）不错！

Hěn hǎo!
（3）很 好！

Fēicháng hǎo!
（4）非常 好！

Hǎojí le!
（5）好极了！

Zhēn búcuò!
（6）真　不错！

huídá de hěn hǎo!
（7）× × 回答得很 好！

Dàjiā huídá de dōu hěn hǎo!
（8）大家回答得 都 很 好！

Zhè cì dàjiā xiě de dōu hěn hǎo!
（9）这 次大家写得 都 很 好！

Zhè cì dàjiā dōu yǒu hěn dà de jìnbù!
（10）这 次大家都 有 很大的进步！

Dàjiā zuò de yòu kuài yòu hǎo!
（11）大家做 得又 快 又 好！

Dàjiā de chéngjì yuè lái yuè hǎo le.
（12）大家的 成绩 越来 越 好 了。

Dàjiā de Hànzì yuè xiě yuè piàoliang le!
（13）大家的汉字 越 写 越 漂亮 了！

Dàjiā de fǎnyìng dōu fēicháng kuài!
（14）大家的 反应 都 非常 快！

Fēicháng hǎo! Wǒmen jìxù nǔlì!
（15）非常 好！我们 继续 努力！

Wǒ wèi nǐmen gǎndào jiāo'ào!
（16）我 为 你们 感到 骄傲！

Dàjiā biǎoxiàn de dōu hěn hǎo! Xiàmiàn wǒ gōngbù huò jiǎng míngdān. Dì-yī míng…, dì-èr míng…, dì-sān míng…, qítā de tóngxué huòdé jìniànjiǎng.
（17）大家表现 得都 很 好！下面 我 公布 获 奖 名单。第一 名……，第二 名……，第三 名……，其他的 同学 获得 纪念奖。

（二）委婉语

当学生回答正确、表现出色时，要给予充分的肯定；当出现问题时，要给予正确的指导。委婉语用于后一种情况，婉转地指出学生存在的问题，引导学生进一步思索。在使用委婉语时，教师可以运用“是不是”“是否”“似乎”等词语，带有商榷的语气，能为学生提供一个对比、衡量、鉴别的思考过程。

【例句】

Zhèyàng shuō duì ma?
（1）这样　说 对 吗？

Hái yǒu méiyǒu qítā de dá'àn?
（2）还 有 没有其他的 答案？

Shì zhèyàng ma? Zài xiǎng yi xiǎng.
（3）是 这样 吗？再 想 一 想。

Zài xiǎng yi xiǎng? Tīngting biéren zěnme shuō.
（4）再想一想？听听别人怎么说。

Qiánmiàn dōu duì le, zhè dào tí hǎoxiàng yǒu diǎnr wèntí.
（5）前面都对了，这道题好像有点儿问题。

Wǒmen zài tīngting bié de tóngxué de dá'àn.
（6）我们再听听别的同学的答案。

Zhèyàng shuō shì bu shì gèng hǎo ne?
（7）这样说是不是更好呢？

Xiǎng yi xiǎng wǒmen zhīqián jiǎng de…
（8）想一想我们之前讲的……

Wǒ gāngcái shuō…, hái jìde ma?
（9）我刚才说……，还记得吗？

Shuō de hái kěyǐ, qǐng dàjiā xiǎng yi xiǎng, zài shuō yí biàn, zhùyì…
（10）说得还可以，请大家想一想，再说一遍，注意……

Shuō de búcuò, dàn kěyǐ zài quánmiàn yìdiǎnr.
（11）说得不错，但可以再全面一点儿。

Dàjiā de shēngyīn zài dà yìdiǎnr jiù hǎo le.
（12）大家的声音再大一点儿就好了。

Nǐ de yìsi shì bu shì…? Gāngcái shuō de búcuò, búguò yīnggāi zài zhǔnquè yìdiǎnr.
（13）你的意思是不是……？刚才说得不错，不过应该再准确一点儿。

Rúguǒ bǎ… huànchéng… shìfǒu hǎo yìdiǎnr ne?
（14）如果把……换成……是否好一点儿呢？

Rúguǒ nǐ néng gèng duō de gēn Hànzú tóngxué jiēchù, liáo tiānr, nǐ de kǒuyǔ biǎodá huì gèng liúlì xiē.
（15）如果你能更多地跟汉族同学接触、聊天儿，你的口语表达会更流利些。

Qǐng dàjiā zài dú yí biàn tímù, zhùyì…
（16）请大家再读一遍题目，注意……

Jīnhòu tóngxuémen shěn tí shí kě yào géwài zhùyì! Yí zì zhī chā, miù yǐ qiān lǐ.
（17）今后同学们审题时可要格外注意！一字之差，谬以千里。

Jiǎrú nǐ shì duì de, nà wǒ zhè dào tí jiù děi gǎi yíxià, nǐ zhīdao zěnme gǎi ma?
（18）假如你是对的，那我这道题就得改一下，你知道怎么改吗？

Cóng nǐ de zuòwén zhōng kěyǐ kàndào, nǐ shì gè shēnghuó zhōng de yǒuxīnrén. Dàn lǎoshī cūlüè yuèdú, fāxiàn hái yǒu diǎnr měi zhōng bù zú. Rúguǒ nǐ néng zài yòng cí shang gèng jiǎngjiu yìxiē, huì gèng hǎo.
（19）从你的作文中可以看到，你是个生活中的有心人。但老师粗略阅读，发现还有点儿美中不足。如果你能在用词上更讲究一些，会更好。

（三）直评语

在时间紧张或者师生感情非常融洽时，教师也常常使用直评语对学生的回答等做出直接肯定或否定的评价。直评语只针对学生的回答等，而不针对学生个人。此外，虽然直接，但是仍然要以鼓励为主，避免伤害学生的自尊心。

【例句】

Duì le.
（1）对 了。

Dōu duì le.
（2）都 对了。

Duì, jiù shì zhèyàng.
（3）对，就是 这样。

Búduì.
（4）不对。

Cuò le.
（5）错 了。

Bùxíng.
（6）不行。

Bù kěyǐ.
（7）不可以。

Bú tài hǎo.
（8）不 太 好。

Bú zhèyàng shuō.
（9）不 这样 说。

Bú zhèyàng yòng.
（10）不 这样 用。

Wǒ bú zhèyàng rènwéi.
（11）我 不 这样 认为。

Wǒ juéde… búduì.
（12）我 觉得……不对。

Wǒ juéde… shì duì de.
（13）我 觉得……是 对 的。

Wǒ bú tài tóngyì… de kànfa.
（14）我 不太 同意……的看法。

Zhè shì jìxùwén tǐcái de zuòwén tímù, nǐ xiěchéngle yìlùnwén, pǎo tí le, xià cì zhùyì.
（15）这 是记叙文体裁的 作文 题目，你 写成了 议论文，跑题了，下次 注意。

四、应答语

应答语指教师在教学过程中对学生所提出问题的回答。学生提出的问题有不同的种类，有的与教学内容相关，有的则与教学内容关系不大，有的问题可以马上应答，有的问题则需要深入思考，或者进一步查阅文献。对于学生提出的不同类型的问题，教师应当采取不同的方式积极回应。根据应答方式的不同，本部分将应答语分为常规性应答语、启发性应答语和应变性应答语三种。

具体要求——

- 积极应答、鼓励思考。尊重学生的问题，鼓励学生提问。根据学生的具体问题，或简单作答，或启发全体思考。
- 思路清晰、深入浅出。照顾全体学生，引导大家共同探讨、解决问题。
- 启发思考、触类旁通。教师的应答要有一定的引导性和启发性，避免直接说出答案。
- 灵活从容、诚实作答。知之为知之，不知为不知，善于总结、学习。

分类——

- 常规性应答语
- 启发性应答语
- 应变性应答语

（一）常规性应答语

常规性应答语是指教师对学生提出的在正常课堂教学范围内的问题的回答和反应。其中，对于学生提出的较为简单的、不是很重要的问题，教师可只做简单应答。如果学生提出的问题比较有难度，或者比较重要，教师应答时要讲究方式方法。对每个学生的问题教师都应当做出积极的反应，同时对于好的问题要给予充分的肯定。

【例句】

Duì!
（1）对！

Hǎo!
（2）好！

Ǹg!
（3）嗯！

Xíng!
（4）行！

Shì!
（5）是！

Shì de!
（6）是 的！

Hǎo de!
（7）好 的！

Méi cuòr!
（8）没 错儿！

Shuō de duì!
（9）说 得对！

Duì, nǐ shuō de hěn hǎo!
（10）对，你 说 得 很 好！

Duì, jiù shì zhèyàng.
（11）对，就是 这样。

Zhège dá'àn jiù duì le!
（12）这个 答案 就 对 了！

Wǒ yě yǒu zhèyàng de tǐhuì.
（13）我 也 有 这样 的体会。

Zhège wèntí wèn de hěn hǎo, shì zhèyàng de, …
（14）这个 问题 问 得 很 好，是 这样 的，……

Wèn de hǎo, wǒ jiǎndān jiěshì yíxià, …
（15）问 得 好，我 简单 解释 一下，……

de xiǎngfa wǒ shífēn zàntóng, wǒ yě rènwéi…
（16）××的 想法 我 十分 赞同，我 也 认为……

Wǒ yě xiǎngguo xiāngshì de wèntí, wǒ mùqián xiǎngdào yǐxià jǐ diǎn, …
（17）我 也 想过 相似 的问题，我 目前 想到 以下几点，……

（二）启发性应答语

当学生的提问十分有价值时，教师可以从学生的问题出发，启发大家共同探讨，从学生中来，到学生中去。很多时候，由于学生本身的知识水平不够、考虑不充分，学生提出的问题存在漏洞，这时教师也可以采用启发性应答语，提示学生思考的方向。当然，在有限的时间内，是很难给出完美的答案的，所以教师在启发学生时要注意时间的把控，确保原有教学进度的完成。

【例句】

Zhège wèntí wèn de fēicháng hǎo, dàjiā yǒu shénme kànfa?
（1）这个 问题 问 得 非常 好，大家 有 什么 看法？

Gāngcái wèn de wèntí shì…, yǒu tóngxué néng huídá ma?
（2）刚才 ×× 问 的 问题 是……，有 同学 能 回答 吗？

Dàjiā bǐ yǐqián yǒule hěn dà de jìnbù, hái yǒu méiyǒu kěyǐ bǔchōng de ne? Hái néng xiǎng-dào shénme?
（3）大家 比 以前 有了 很 大 的 进步，还 有 没有 可以 补充 的 呢？还 能 想到 什么？

tóngxué, nǐ tí de wèntí hěn hǎo, xiànzài wǒ qǐng dàjiā yìqǐ lái xiǎngxiang zěnme huídá zhège wèntí.
（4）××同学，你 提 的 问题 很 好，现在 我 请 大家 一起 来 想想 怎么 回答 这个 问题。

Zhè shì yí gè hǎo wèntí, wǒmen xiànzài yìqǐ lái kànkan, wèi shénme huì shì zhèyàng de.
（5）这 是 一 个 好 问题，我们 现在 一起 来 看看，为 什么 会 是 这样 的。

Dá'àn wèi shénme búduì? Dá'àn zhōng shuō…, zhège duì ma?
（6）答案 A 为 什么 不对？答案 A 中 说……，这个 对 吗？

Nǐ de dá'àn shì duì de, dànshì hái bú tài quánmiàn, xiǎng yi xiǎng hái yīnggāi yǒu nǎxiē yīnsù?
（7）你的答案是对的，但是还不太 全面， 想 一 想 还 应该 有哪些因素？

Nǐ xiě de hěn hǎo, dànshì wǒmen de tímù shì shénme? Nǐ xiě de shì bu shì yǒudiǎnr pǎo tí?
（8）你写得很 好，但是 我们 的题目是 什么？你写的是不是 有点儿跑题？

Dāngrán, zhèyàng shuō yě búcuò, búguò hái yǒu méiyǒu gèng hǎo de dá'àn?
（9）当然， 这样 说 也不错，不过 还 有 没有 更 好的答案？

Ǹg, búcuò, dànshì wǒmen hái kěyǐ huàn gè jiǎodù lái xiǎng.
（10）嗯，不错，但是 我们 还可以 换 个 角度来 想。

Ǹg, zhèyàng jiěshì bú tài hǎo, hái yǒu gèng hǎo de jiěshì ma?
（11）嗯，这样 解释不太 好，还 有 更 好 的解释吗？

Ò, nǐ shuō de zhǐ shì qízhōng de yì fāngmiàn, lìngwài yì fāngmiàn ne?
（12）哦，你 说 的只 是 其中 的一 方面， 另外 一 方面 呢？

Duì, nǐ huídá de hěn hǎo, búguò, wǒmen rúguǒ huànchéng··· shì bu shì huì gèng hǎo ne?
（13）对，你回答得 很 好，不过，我们 如果 换成……是不是 会 更 好 呢？

（三）应变性应答语

在教学过程中，学生常会提出很突然的问题，其中有的问题是教师在备课时没有想到的，这时教师应该采用应变性应答语给予回答。教师不是万能的，不能马上回答学生的问题是很自然的，如果草率回答，是教师不负责的表现。因此，遇到棘手的问题时，教师应当充满自信、沉着冷静、坦诚相待，先简单应答，下课后查阅资料、请教专家再做详细解释。

【例句】

Hěn hǎo. Nàme, nǐ zìjǐ zěnme xiǎng de ne?
（1）很 好。那么，你自己怎么 想 的呢？

Zhège wèntí hěn yǒu yìsi, wǒ hái zhēn méiyǒu xiǎngguo, nǐ zìjǐ zěnme rènwéi?
（2）这个 问题 很 有意思，我 还 真 没有 想过，你自己 怎么 认为？

Zhège wèntí yǒu hěn duō dá'àn, yǒude rènwéi···, yǒude rènwéi···
（3）这个 问题 有 很 多 答案，有的 认为……，有的 认为……

Zhège wèntí méiyǒu yídìng de dá'àn, dàjiā yǒu shénme xiǎngfa ma?
（4）这个 问题 没有 一定 的 答案，大家 有 什么 想法 吗？

Zhège wèntí hěn hǎo, yě bǎ wǒ nánzhù le, xià kè wǒ hé qítā lǎoshī tǎolùn tǎolùn, zài gàosu dàjiā.
（5）这个 问题 很 好，也把 我 难住 了，下 课 我 和 其他 老师 讨论 讨论，再 告诉 大家。

Zhège zì wǒ yě bù zhīdao dú shénme, xià kè hòu wǒmen chácha zìdiǎn, xià jié kè wǒmen yìqǐ gōngbù dá'àn
（6）这个字我也不 知道 读 什么，下 课 后 我们 查查 字典，下 节 课 我们 一起 公布 答案。

Xièxie nǐ de tíxǐng, zhège zì hǎoxiàng shì xiěcuò le, wǒ huíqu chácha zìdiǎn. Xià cì tóngxué-
（7）谢谢你的提醒，这个字 好像 是 写错 了，我回去 查查 字典。下次 同学

men fāxiàn lǎoshī de wèntí, yào mǎshàng zhǐ chulai, wǒmen gòngtóng xuéxí.
们 发现 老师 的 问题，要 马上 指 出来，我们 共同 学习。

Bù hǎoyìsi, shēngwù fāngmiàn de wèntí wǒ hái zhēn bù dǒng, xià kè hòu nǐmen xiàng shēngwù
（8）不好意思，生物 方面 的 问题 我 还 真 不 懂，下 课 后 你们 向 生物

lǎoshī qǐngjiào yíxià, ránhòu gàosu wǒ dá'àn ba.
老师 请教 一下，然后 告诉 我 答案 吧。

Zhège wèntí hěn hǎo, jīntiān shàng kè shíjiān yǒudiǎnr jǐn, xià kè yǐhòu huòzhě xià cì shàng kè
（9）这个 问题 很 好，今天 上 课 时间 有点儿 紧，下 课 以后 或者 下 次 上 课

shí dàjiā yìqǐ tàntǎo.
时 大家 一起 探讨。

Xièxie nǐ gěi wǒ tí de yìjian, xià kè yǐhòu zánmen liáoliao tiānr?
（10）谢谢 你 给 我 提 的 意见，下 课 以后 咱们 聊聊 天儿？

Nǐ shuō de fēicháng hǎo, búguò yíhuìr zánmen bān hái yǒu kè, wǒmen xià jié kè yìqǐ tǎolùn.
（11）你 说 得 非常 好，不过 一会儿 咱们 班 还 有 课，我们 下 节 课 一起 讨论。

Gāngcái ná de nà tiáo fǎngzhēn shé bǎ wǒmen xiàle yí tiào, dàjiā shuō tā xiàng bu xiàng
（12）刚才 ×× 拿 的 那 条 仿真 蛇 把 我们 吓了 一 跳，大家 说 它 像 不 像

zhēn shé? Duì, zhè tiáo shé xiàng zhēn de yíyàng.
真 蛇？对，这 条 蛇 像 真 的 一样。（配合语法“像……一样”）

Jīntiān shì wǒ cūxīn, bǎ "mài" xiěchéng "mǎi" le, nǐmen kě bù néng xiàng lǎoshī zhèyàng
（13）今天 是 我 粗心，把 “卖” 写成 “买” 了，你们 可 不 能 像 老师 这样

cūxīn na!
粗心 哪！

Qù cǎopíng shang shàng kè? Shì gè hǎo zhǔyi, búguò xiàmiàn zánmen yào xiě zuòwén, hǎo-
（14）去 草坪 上 上 课？是 个 好 主意，不过 下面 咱们 要 写 作文，好

xiàng bú tài fāngbiàn. Xià cì liànxí kǒuyǔ de shíhou, dàjiā bié wàngle tíxǐng wǒ, zánmen qù cǎopíng shang
像 不 太 方便。下 次 练习 口语 的 时候，大家 别 忘了 提醒 我，咱们 去 草坪 上

liànxí.
练习。

shì bu shì bèi kèwén li de kǒujì
（15）（××同学情不自禁地模拟了鸟的叫声）×× 是 不 是 被 课文 里 的 口技

gǎnrǎn le a? Xiàmiàn wǒmen háishi yào xīnshǎng kèwén zhōng de kǒujì biǎoyǎn.
感染 了 啊？下面 我们 还是 要 欣赏 课文 中 的 口技 表演。

五、过渡语

每一堂课是一个整体，同时又是由不同的教学内容组合而成的，过渡语的作用是把不同的教学内容通过语言连接在一起，使之成为一个完整的体系。“承上启下”是过渡语最重要的特点，过渡语应简单小结上一环节的教学内容，同时引入下一部分的内容，体现教学的层次性和系统性，帮助学生明确教学目标，抓住学习重点。

具体要求——

- 阐明各环节的逻辑关系。
- 简单归纳所讲内容。
- 自然转入下一环节。

【例句】

Zhè shì yì fāngmiàn, lìng yì fāngmiàn shì···
（1）这 是一 方面，另一 方面 是……

Shàngmiàn wǒmen shuō de shì···, xiàmiàn wǒmen jiēzhe jiǎng···
（2）上面 我们 说 的是……，下面 我们 接着 讲……

Zhège wèntí yígòng yǒu sān gè fāngmiàn, xiàmiàn wǒmen tǎolùn dì-èr gè fāngmiàn.
（3）这个 问题 一共 有 三 个 方面，下面 我们 讨论 第二个 方面。

Dì-yī duàn de nèiróng dàjiā dōu lǐjiě le, xiànzài wǒmen lái kàn dì-èr duàn.
（4）第一 段 的 内容 大家 都 理解了，现在 我们 来 看 第二 段。

Gāngcái wǒmen jiǎngshùle··· děng fāngmiàn de nèiróng, xiàmiàn dàjiā yìqǐ zǒngjié yíxià.
（5）刚才 我们 讲述了……等 方面 的 内容，下面 大家 一起 总结 一下。

Gāngcái wǒmen jiǎngle···, xiànzài wǒmen lái zuò xiāngguān de liànxí, qǐng dàjiā dǎkāi shū dì yè.
（6）刚才 我们 讲了……，现在 我们 来 做 相关 的 练习，请 大家 打开 书 第 180 页。

Shàng jié kè jiǎngle···, zhè jié kè jiǎngle···, xiànzài zuò liànxí.
（7）上 节课 讲了……，这 节课 讲了……，现在 做 练习。

Wǒmen jiǎngjiěle···, xiàmiàn wǒmen lái zuò yí gè kètáng huódòng.
（8）我们 讲解了……，下面 我们 来 做 一个 课堂 活动。

Yǐshàng jiù shì··· lǐlùn de nèiróng, xiàmiàn wǒmen tántan zhè yì lǐlùn zài shēnghuó zhōng de yìngyòng.
（9）以上 就是……理论 的 内容，下面 我们 谈谈 这 一 理论 在 生活 中 的 应用。

Gāngcái wǒmen zuòle yí gè shíyàn, xiàmiàn dàjiā yìqǐ huíyì shíyàn zhōng de xiànxiàng bìng sīkǎo qízhōng de yuánlǐ.
（10）刚才 我们 做了一个 实验，下面 大家 一起 回忆 实验 中 的 现象 并 思考 其中 的 原理。

Zhè shì wǒ··· [huà de huā niǎo tú], xiànzài tóngxuémen zìjǐ··· [huà yì fú]
（11）这 是 我……[如：画 的 花 鸟 图]，现在 同学们 自己……[如：画 一幅]

Dàjiā xīnshǎngle··· [《Huá Chuán Qǔ》], xiàmiàn wǒmen lái xué chàng zhè shǒu gē.
（12）大家 欣赏了……[如：《划 船 曲》]，下面 我们 来 学 唱 这 首 歌。

Gāngcái wǒmen jiǎngle zhège jùzi de dì-yī céng yìsi, jiē xialai wǒmen yìqǐ lái kànkan dì-èr céng yìsi shì shénme.
（13）刚才 我们 讲了 这个 句子 的 第一 层 意思，接下来 我们 一起 来 看看 第二 层 意思 是 什么。

Tóngxuémen rènzhēn yuèdúle… [《Èrshíyī Shìjì Háizimen De Jiātíng Zuòyè》] zhè
（14）同学们 认真 阅读了……[如:《二十一世纪孩子们 的 家庭 作业》] 这
piān kèwén, nàme… [èrshíyī shìjì háizimen de jiātíng zuòyè dōu yǒu nǎxiē] ne? Xiàmiàn wǒ-
篇 课文，那么……[如：二十一世纪孩子们的家庭 作业 都 有 哪些] 呢？下面 我
men yí duàn yí duàn de kàn.
们 一 段 一 段 地 看。

六、课堂活动用语

课堂活动已经日趋成为各种课程不可缺少的一部分，思考充分、组织有序的课堂活动可以增强学生的学习动力，让他们在活动中掌握知识、培养能力。课堂活动的具体内容课本中常常没有，具有很大的灵活性，因此教师的引导十分关键。课堂活动用语即指教师用来布置、指导、反馈课堂活动的用语，按照活动的步骤可分为活动前用语、活动中用语和活动后用语。

具体要求——

- 要求明确。简单、明确地指出活动内容、规则。
- 促进思考。引导学生在活动中思考问题。
- 全员参与。调动学生积极参与，增加互动。
- 积极评价。评价活动效果，总结问题，激励学生思考，并适时给予点拨、指导。

分类——

- 活动前用语
- 活动中用语
- 活动后用语

（一）活动前用语

组织课堂活动前，教师要做好充分的准备，包括活动的目标、活动的规则、活动的场所、活动中的人员分配、活动所需的物资、活动中可能出现的问题等等。活动前用语指在活动正式展开之前教师的课堂用语，需要教师将之前准备的内容转换成简单、明确、易懂的语言形式，让学生知道为什么要做，要做什么，以及怎么做，完成后如何评估等。

【例句】

Wǒmen xiànzài zǔzhī yí gè huódòng.
（1）我们 现在 组织一个 活动。

Xiàmiàn wǒmen zuò yí gè shíyàn.
（2）下面 我们 做一个 实验。

Xiàmiàn wǒmen jìnxíng yí gè bǐsài.
（3）下面 我们 进行一个比赛。

Zài huódòng zhōng, tóngxuémen yào gòngtóng wánchéng zhèyàng yí gè rènwu, … [gēnjù kèwén nèiróng páiyǎn yí gè xiǎo huàjù]
（4）在 活动 中，同学们 要 共同 完成 这样 一个 任务，……[如：根据课文 内容 排演一个 小 话剧]

Zài shíyàn zhōng wǒmen jiāng… [shǐyòng xiǎnwēijìng guānchá yángcōng biǎopí xìbāo]
（5）在 实验 中 我们 将……[如：使用 显微镜 观察 洋葱 表皮细胞]

Bǐsài de nèiróng shì… [bèi tángshī]
（6）比赛的 内容 是……[如：背 唐诗]

Sān gè rén yì zǔ, gòng yǒu shí gè xiǎozǔ.
（7）三 个人一组，共 有 十 个 小组。

Měi wǔ gè rén yí tào shíyàn shèbèi.
（8）每 五个人一套 实验 设备。

Wǒmen yǐ xiǎozǔ wéi dānwèi jìnxíng bǐsài.
（9）我们 以小组 为 单位 进行 比赛。

Xiàmiàn wǒ shuō yíxià wǒmen yào zuò shénme, qǐng dàjiā zhùyì tīng.
（10）下面 我 说 一下我们 要 做 什么，请 大家注意 听。

Qǐng dàjiā tīnghǎo huódòng de guīzé, …
（11）请 大家 听好 活动 的 规则，……

Wǒ zài chóngfù yí biàn, …
（12）我 再 重复 一 遍，……

… [Zuò shíyàn] de tóngshí, qǐng dàjiā sīkǎo yí gè wèntí: …
（13）……[如：做 实验]的 同时，请 大家思考一个问题：……

Zhǔnbèi huàjù de shíhou dàjiā yào zhùyì fāyīn hé shēngdiào.
（14）准备 话剧 的时候 大家要 注意发音和 声调。

Zhùyì, dàjiā zài zhǔnbèi de shíhou zhǐ néng shuō Hànyǔ, bù néng shuō Wéiwú'ěryǔ.
（15）注意，大家在 准备 的 时候 只 能 说 汉语，不 能 说 维吾尔语。

Dàjiā zài shíyàn zhōng yào zhèngquè shǐyòng shíyàn qìcái.
（16）大家在 实验 中 要 正确 使用 实验 器材。

Dàjiā tīng qīngchu le? Hái yǒu méiyǒu wèntí?
（17）大家听 清楚 了？还 有 没有 问题？

Xīwàng dàjiā jījí cānyù, yǒu wèntí de shíhou suíshí jǔ shǒu.
（18）希望 大家积极参与，有 问题的 时候 随时举手。

Wǒ gěi dàjiā fēnzhōng de shíjiān wánchéng shíyàn.
（19）我 给大家 20 分钟 的 时间 完成 实验。

Wǒmen yǒu fēnzhōng de zhǔnbèi shíjiān, yíhuìr qǐng tóngxuémen shàng tái biǎoyǎn.
（20）我们 有 10 分钟 的 准备 时间，一会儿 请 同学们 上 台 表演。

Hǎo, wǒmen kāishǐ!
（21）好，我们 开始！

（二）活动中用语

活动的目的不仅在于活动的完成，过程同样重要。在活动的过程中，教师通过活动中用语对学生进行实时指导，控制活动的进程，调节学生的参与程度，提示大家可能出现的问题，出现问题时及时解决。必要时活动可以先暂停一下，重申或者补充需要注意的地方。

【例句】

Nǐmen jìnxíng dào nǎ yí bù le?
（1）你们 进行 到 哪一步 了？

nǐ zěnme xiūxi la? Jiākuài sùdù.
（2）××，你 怎么休息啦？ 加快 速度。

wǒ gāngcái shuō shénme láizhe? … [Zhǐ néng shuō Hànyǔ.]
（3）××，我 刚才 说 什么 来着？……[如：只 能 说 汉语。]

Tíxǐng dàjiā yíxià, …
（4）提醒 大家一下，……

Dàjiā shāowēi tíng yíxià, gāngcái wǒ fāxiànle jǐ gè wèntí…, qǐng dàjiā zhùyì. Hǎo, wǒmen jìxù.
（5）大家 稍微 停 一下，刚才 我 发现了几个问题……，请 大家注意。好，我们 继续。

Dàjiā de sùdù kěyǐ kuài yìdiǎnr.
（6）大家的速度可以 快 一点儿。

Wǒmen hái yǒu liǎng fēnzhōng de shíjiān.
（7）我们 还 有 两 分钟 的 时间。

Dàjiā dōu zuòwán shíyàn le ma?
（8）大家都 做完 实验了吗？

Dàjiā dōu zhǔnbèi hǎo le ma?
（9）大家 都 准备 好 了吗？

Zuòwán de xiǎozǔ qǐng jǔ shǒu.
（10）做完 的 小组 请 举 手。

Nǎ yì zǔ xiān lái biǎoyǎn?
（11）哪一组 先 来 表演？

Zuòwán shíyàn de tóngxué xiě dì yè de shíyàn bàogào.
（12）做完 实验 的 同学 写第 75 页的 实验 报告。

Qǐng dàjiā bǎ shíyàn de yíqì fànghuí yuán chù.
（13）请 大家把 实验 的仪器 放回 原 处。

（三）活动后用语

活动中学生常常十分兴奋，课堂气氛也非常活跃，但这并不代表活动就是成功的。成功的活动应当有头有尾，在主体活动结束后，教师需要对活动进行总结。活动后用语在内容上包括教师对活动的小结、对学生表现的点评、对活动中的亮点以及问题的回顾，也包括活动给予我们的启示以及留给我们的后续思考。

【例句】

Gāngcái dàjiā shuō de dōu fēicháng hǎo!
（1）刚才 大家 说 得都 非常 好！

Dàjiā duì zìjǐ de biǎoxiàn mǎnyì ma?
（2）大家对自己的 表现 满意 吗？

Dàjiā de Hànyǔ yuè lái yuè hǎo le, yě yuè lái yuè gǎn shuō le.
（3）大家的 汉语 越 来 越 好 了，也 越 来 越 敢 说 了。

Dàjiā shuō de hěn hǎo, dàn yǒu jǐ gè cí, wǒmen yìqǐ zài lái dú yíxià.
（4）大家 说 得很 好，但 有几个词，我们 一起 再来 读一下。

Gāngcái hǎojǐ gè tóngxué dōu shuō… [náng bǐ bāozi yǒudiǎnr guì], zhè jù huà duì ma?
（5）刚才 好几个 同学 都 说……[如：馕 比包子有点儿贵]，这句话 对 吗？

Dàjiā zài shíyàn zhōng guānchá dào le nǎxiē xiànxiàng?
（6）大家在 实验 中 观察 到了哪些 现象？

Wǒmen yìqǐ zǒngjié yíxià gāngcái shíyàn de jiéguǒ.
（7）我们 一起 总结 一下 刚才 实验 的 结果。

Tóngxuémen zài shíyàn zhōng guānchá dào de xiànxiàng hé kèběn zhōng miáoshù de xiāngtóng ma?
（8）同学们 在 实验 中 观察 到 的 现象 和 课本 中 描述 的 相同 吗？

Shíyàn zhōng tóngxuémen hái fāxiànle yìxiē kèběn zhōng méiyǒu miáoshù de nèiróng, fēicháng yǒu yìyì.
（9）实验 中 同学们 还 发现了一些 课本 中 没有 描述 的 内容，非常 有意义。

Xiāngxìn tōngguò qīnshǒu zuò shíyàn, dàjiā duì kèběn shang de lǐlùn yǒule gèng shēn de rènshi.
（10）相信 通过 亲手 做 实验，大家对 课本 上 的理论 有了 更 深 的 认识。

Shíyàn zhōng de xiànxiàng zài shēnghuó zhōng chángcháng chūxiàn, zhǐyào wǒmen liúxīn guānchá, huì fāxiàn hěn duō dàzìrán de àomì.
（11）实验 中 的 现象 在 生活 中 常常 出现，只要 我们 留心 观察，会 发现 很 多 大自然的 奥秘。

Gāngcái yǒude tóngxué de shíyàn bú tài chénggōng, shì shénme wèntí zàochéng de?
（12）刚才 有的 同学 的 实验 不太 成功，是 什么 问题 造成 的？

Gāngcái de bǐsài, zǔ tóngxué huòdéle guànjūn, yǒu shénme jīngyàn ma? Wǒmen yìqǐ fēnxiǎng yíxià.
（13）刚才 的比赛，A 组 同学 获得了 冠军，有 什么 经验 吗？我们 一起 分享 一下。

Jīntiān de bǐsài dào cǐ jiéshù, yǐhòu wǒmen hái huì kāizhǎn gè zhǒng gè yàng de bǐsài, xīwàng tóngxuémen zàijiē-zàilì.
（14）今天 的比赛 到 此 结束，以后 我们 还 会 开展 各 种 各 样 的比赛，希望 同学们 再接再厉。

第五节 课堂管理课堂用语

在教学中，每位教师都会遇到课堂管理的问题。课堂管理有广义、狭义两种概念范畴。广义的课堂管理指教师通过对自身、学生、环境、规则等诸多影响教学的因素的管理，保证教学有序、顺利、高效地进行，实现促进学生语言能力及综合能力发展的目标。狭义的课堂管理常常与“纪律”联系到一起，主要指对课堂中问题行为的处理。本章中的课堂管理主要指后者。

课堂管理的根本目的不在于“让学生听老师的话”，而在于师生共同达成应当遵守的课堂规则，并将这些规则付诸实施，最终达到学生的“自我管理”。

在实施自我管理的过程中，学生出现问题在所难免，问题行为存在于每节课之中，尤其是中小学的课堂。无论使用的是什么样的课堂管理用语，处理问题时教师的心态是最重要的。教师应当保持一种宽容的心态，允许学生犯错误，帮助他们成长。在处理学生问题行为的具体操作上，教师应遵循干预最小化原则，也就是说当问题出现时，教师应当采取最简单的、干扰性最小的方法帮助学生意识到自己的问题，如使用态势语等。当然，如果教师的温和方式不奏效，处理方式将逐步升级。按照教师行为干预程度的不同等级，本部分介绍六种课堂管理方面的课堂用语——态势语、表扬语、幽默语、提醒语、劝导语、批评语。需要注意的是，一些课堂管理用语不仅可以用于课上，而且也可以在课下使用，使课上、课下成为一个整体，共同帮助学生健康成长。

具体要求——

- 与学生共同讨论，制定客观、公正的课堂规则。
- 及时表扬，善于鼓励，树立榜样。
- 出现问题行为，引导为主，不能改正时，干预逐步升级。
- 引导学生分析自我行为，实现自我管理。

分类——

- 态势语
- 表扬语
- 幽默语
- 提醒语
- 劝导语
- 批评语

一、态势语

为了避免打断教学，保证全班教学有序、顺利、高效地展开，当课堂中出现问题行为时，教师可采用态势语提醒学生，暗示并告诫学生目前的行为有失妥当。

常用的态势语有：微笑、眼神、手势、面部表情、走到学生面前、凝视学生、向学生摇头示意、轻拍学生的肩膀或课桌等。当全班同学都有些倦怠时，教师可以暂停几秒钟，以示注意，之后自然地继续教授课程。

二、表扬语

无论多么令人烦恼的学生，都不是一无是处，教育心理学的研究也表明，表扬与鼓励更能感染学生，成为学生前进的动力，学生出现问题时同样如此。表扬语指学生出现问题时先肯定他以往的表现，然后暗示或指出目前的不足的课堂用语。

【例句】

zuìjìn yǒu fēicháng dà de jìnbù, wǒmen yídìng yào jiānchí ya!
（1）××最近有非常大的进步，我们一定要坚持呀！

Zánmen bān měi cì shàng kè de shíhou dōu fēicháng jījí, jīntiān shì bu shì yǒudiǎnr lèi ya?
（2）咱们班每次上课的时候都非常积极，今天是不是有点儿累呀？

Dàjiā dōu hěn rènzhēn, yǒude tóngxué yào zhùyì yo!
（3）大家都很认真，有的同学要注意哟！

hé yídìng shì fēicháng hǎo de péngyou, nǐmen xià kè zài liáo ba.
（4）××和××一定是非常好的朋友，你们下课再聊吧。

wǒ kànguo nǐ de huàr, huà de zhēn hǎo! Nǐ de zuòyè yídìng huì xiàng nǐ huà de huàr yíyàng piàoliang de, duì bu duì?
（5）××，我看过你的画儿，画得真好！你的作业一定会像你画的画儿一样漂亮的，对不对？

Huà de zhēn hǎo, búguò zài yǔwénkè shang huà huàr hǎo ma?
（6）画得真好，不过在语文课上画画儿好吗？

Yuànyi kàn kèwàishū hěn hǎo, wǒ shàng xué de shíhou yě fēicháng xǐhuan kàn, búguò shàng kè de shíhou wǒ méiyǒu kànguo.
（7）愿意看课外书很好，我上学的时候也非常喜欢看，不过上课的时候我没有看过。

Nǐ yǐqián de zuòyè dōu fēicháng hǎo, zuótiān de zuòyè zěnme la? Shì bu shì zháo jí kàn qiúsài la?
（8）你以前的作业都非常好，昨天的作业怎么啦？是不是着急看球赛啦？

Zhè jǐ tiān nǐ shàng kè de shíhou biǎoxiàn de dōu hěn hǎo, wǒmen yīnggāi yìzhí zhèyàng.
（9）这几天你上课的时候表现得都很好，我们应该一直这样。

Lǎoshī méiyǒu bǎ nǐmen liǎng gè tiáokāi, yīnwei wǒ xiāngxìn nǐmen shàng kè bú huì shuōhuà,
（10）老师没有把你们两个调开，因为我相信你们上课不会说话，

zhè jǐ tiān nǐmen zuò de dōu hěn hǎo, jīntiān shì bu shì rěn bu zhù la?
这几天你们做得都很好，今天是不是忍不住啦？

Wǒ xiǎng nǐmen shì zài xiǎo shēng de tǎolùn lǎoshī gāngcái jiǎng de nèiróng ba, búguò xiànzài xiān tīng lǎoshī shuō.
（11）我想你们是在小声地讨论老师刚才讲的内容吧，不过现在先听老师说。

三、幽默语

幽默能让人放松，幽默能化解矛盾，课堂上同样需要幽默。幽默语指教师以开放的心态、幽默诙谐的手段提醒学生注意的课堂用语。使用幽默语既维护了学生的尊严，又指出了学生的问题。

【例句】

nǐ de shǒujī zhēn búcuò, jiè gěi wǒ kànkan.
（1）××，你的手机真不错，借给我看看。（学生一直在玩儿手机）

Míngtiān rúguǒ hái yǒu tóngxué chídào dehuà, wǒmen jiù qǐng tā chàng shǒu gē, rúguǒ zài chídào, jiù děi tiào wǔ le.
（2）明天如果还有同学迟到的话，我们就请他唱首歌，如果再迟到，就得跳舞了。

nǐ de nàozhōng jīntiān shuì lǎn jiào le ba?
（3）××，你的闹钟今天睡懒觉了吧？

nǐ hé shì shuāngbāotāi ba? Nǐmen liǎ de zuòyè yě shì yìmú-yíyàng.
（4）××，你和××是双胞胎吧？你们俩的作业也是一模一样。

Dàjiā dú kèwén de shēngyīn yǒudiǎnr xiǎo, wǒ dōu yào shuìzháo le.
（5）大家读课文的声音有点儿小，我都要睡着了。

Zhùyì! Dàjiā yào kàn zìjǐ de juànzi, biérén de dá'àn bù yídìng shì duì de.
（6）（考试时）注意！大家要看自己的卷子，别人的答案不一定是对的。

zuì xǐhuan tīng dàjiā dú kèwén le, wǒmen yìqǐ dú kèwén bǎ tā jiàoxǐng, hǎo bu hǎo?
（7）××最喜欢听大家读课文了，我们一起读课文把他叫醒，好不好？

Hái méi liú zuòyè ne, jiù bǎ shū shōu qilai le?
（8）（笑着说）还没留作业呢，就把书收起来了？（学生提前收拾东西）

zhèngzài chī shénme ne? Yě qǐng dàjiā pǐncháng pǐncháng ba.
（9）××正在吃什么呢？也请大家品尝品尝吧。

nǐ de shēngyīn zhème hǎo, xià kè gěi wǒmen chàng zhī gē ba!
（10）××，你的声音这么好，下课给我们唱支歌吧！（学生上课说话）

Wǒ shuō xià kè le ma? Xiànzài bǎ shū ná chulai, wǒ shuō yíxià jīntiān de zuòyè.
（11）（笑着说）我说下课了吗？现在把书拿出来，我说一下今天的作业。

shì zài shuō qiāoqiāohuà ba? Shì jiǎng xiàohua ma? Shuō chulai dàjiā yìqǐ lè yi lè, hǎo ma?
（12）××是在说悄悄话吧？是讲笑话吗？说出来大家一起乐一乐，好吗？

nǐ jiǎng shénme zhème huìshēng-huìsè? Xià kè yě jiǎng gěi wǒ tīngting ba!
（13）××，你 讲 什么 这么 绘声绘色？ 下课 也 讲 给 我 听听 吧！

Měihuà xiàoyuán shì yīnggāi de, kěshì zhèyàng "měihuà kèzhuō" sìhū bú tài duì ba!
（14）美化 校园 是 应该 的，可是 这样 "美化 课桌"似乎不太 对 吧！

Dùzi jiào le ba? Dànshì wǒmen hái méiyǒu xià kè, xiān chī diǎnr jīngshén shíliáng ba!
（15）肚子叫了吧？但是 我们 还 没有 下课，先 吃 点儿 精神 食粮 吧！

四、提醒语

提醒语指当教师遇到问题行为时，简单、明确、友好地提醒学生什么是正确的、什么是不妥当的，引起学生注意，规范学生的行为的课堂用语。

【例句】

Xiànzài jǐ diǎn le?
（1）现在 几点 了？（学生迟到）

Xià cì bié chídào!
（2）下 次 别 迟到！

Hái méi xià kè ne.
（3）还 没 下课呢。（学生提前收拾东西）

Qǐng tīng wǒ shuō.
（4）请 听 我 说。

nǐ xiǎng shénme ne?
（5）××，你 想 什么 呢？

Yǒu wèntí qǐng jǔ shǒu.
（6）有 问题 请 举 手。

Guān mén yào qīng diǎnr.
（7）关 门 要 轻 点儿。

Xū! Búyào shuō huà.
（8）嘘！不要 说 话。（提醒不要说话）

Zhùyì, xiàmiàn wǒ yào jiǎng…
（9）注意，下面 我 要 讲……（提高音量引起学生注意）

Yīnggāi zǎo shuì zǎo qǐ, duì ma?
（10）应该 早 睡 早起，对 吗？

Wǒ zài shuō yí biàn, wǒmen shì bā diǎn shàng kè.
（11）我 再 说 一 遍，我们 是 八 点 上 课。

Yǒu shì yào qǐng jià, búyào wúgù kuàng kè.
（12）有 事 要 请 假，不要 无故 旷 课。

Yǒu wèntí qǐng wèn lǎoshī, qǐng búyào suíbiàn shuō huà.
（13）有 问题 请 问 老师，请 不要 随便 说 话。

Shàng kè bù néng chī dōngxi, yǐhòu shàng kè qián duō chī diǎnr.
（14）上 课 不 能 吃 东西，以后 上 课 前 多 吃 点儿。

Qǐng rènzhēn tīng, yíhuìr wǒ yào wèn dàjiā jǐ gè wèntí.
（15）请 认真 听，一会儿我 要 问 大家几个问题。

hái jìde zánmen xuéxiào de guīdìng ma?
（16）××，还记得咱们 学校 的 规定 吗？

五、劝导语

劝导语指教师劝导学生接受教师的观点，认识到自己的问题，并在之后改正错误的课堂用语。劝导学生时教师要耐心，帮助学生分析问题时，要以理服人、以情动人。简单的劝导语可在课上使用，如果问题比较复杂，劝导语也常在课下使用。

【例句】

nǐmen xià kè zài shuō, hǎo ma?
（1）××、××，你们 下 课 再 说，好 吗？

Zhīdao cuò le jiù gǎi, hái shì hǎo xuésheng.
（2）知道 错 了 就 改，还 是 好 学生。

Gàosu lǎoshī yǐhòu nǐ zài yě bù chídào le, hǎo ma?
（3）告诉 老师 以后 你 再 也 不 迟到 了，好 吗？

Nǐ xiànzài xiǎng qīngchu le ma? Yǐhòu shàng kè bié zhèyàng zuò, hǎo ma?
（4）你 现在 想 清楚 了 吗？以后 上 课 别 这样 做，好 吗？

Kǎoshì yào kǎochū zìjǐ de zhēnshí chéngjì, qǐng búyào kàn biérén de.
（5）考试 要 考出 自己 的 真实 成绩，请 不要 看 别人 的。

Qíshí, jīntiān lǎoshī yě hěn lèi, kěshì yí kàndào dàjiā wǒ jiù hěn gāoxìng. Wǒmen yìqǐ jiānchí yíxià, hǎo ma?
（6）其实，今天 老师 也 很 累，可是 一 看到 大家 我 就 很 高兴。我们 一起 坚持 一下，好 吗？

Jīntiān kànjiàn nǐ zuò bì, lǎoshī xīnli tèbié nánshòu, nǐ yídìng shì xiǎng kǎochū hǎo de chéngjì cái zhèyàng zuò de, shì bu shì? Xià cì wǒ péi nǐ fùxí, yídìng kào zìjǐ de nǔlì kǎochū yí gè hǎo chéngjì, hǎo bu hǎo?
（7）今天 看见 你 作弊，老师 心里 特别 难受，你 一定 是 想 考出 好 的 成绩 才 这样 做 的，是 不 是？下 次 我 陪 你 复习，一定 靠 自己 的 努力 考出 一 个 好 成绩，好 不 好？

Qíshí, nǐ bù jiāo zuòyè, lǎoshī shì bu shì qīngsōng la? Dàn lǎoshī xīwàng bāngzhù měi yí wèi tóngxué fāxiàn wèntí, yě xīwàng bāngzhù nǐ. Míngtiān bǎ zuòyè jiāo gěi wǒ, hǎo ma?
（8）其实，你 不 交 作业，老师 是 不 是 轻松 啦？但 老师 希望 帮助 每 一 位 同学 发现 问题，也 希望 帮助 你。明天 把 作业 交 给 我，好 吗？

Gāngcái gěi nǐ jiǎngle zhème duō, nǐ néng lǐjiě lǎoshī de xīnqíng ma?
（9）刚才 给 你 讲了 这么 多，你 能 理解 老师 的 心情 吗？

Lǎoshī gěi nǐ shuō de dōu dǒng le ma? Lǎoshī xiāngxìn nǐ yǐhòu bú huì zài fàn, duì ba?
（10）老师 给 你 说 的 都 懂 了 吗？老师 相信 你 以后 不 会 再 犯，对 吧？

Jīntiān wǒmen tánle hěn duō, lǎoshī xiāngxìn nǐ yídìng dōu dǒng le, wǒmen huíqu dōu xiǎng
（11）今天 我们 谈了 很 多，老师 相信 你 一定 都 懂 了，我们 回去 都 想

yi xiǎng, míngtiān kāikāixīnxīn lái shàng xué, hǎo bu hǎo?
一想，明天开开心心来上学，好不好？

Zhège gùshi shuōmíngle bù néng chǎo jià de dàolǐ, nǐmen liǎ yǐhòu hái chǎo ma?
（12）这个故事说明了不能吵架的道理，你们俩以后还吵吗？

"Jǐ suǒ bú yù, wù shī yú rén", nǐ duì biérén zhèyàng, biérén yě huì zhèyàng duì nǐ de, shì bu shì?
（13）"己所不欲，勿施于人"，你对别人这样，别人也会这样对你的，是不是？

Shàng wǎng shíjiān zhème cháng, jì bú lì yú xuéxí, yě bú lì yú shēntǐ ya.
（14）上网时间这么长，既不利于学习，也不利于身体呀。

Wǎnshang "xuéxí", báitiān shàng kè shuì jiào, bú shì bái jiāo xuéfèi le?
（15）晚上"学习"，白天上课睡觉，不是白交学费了？

Māma gěi wǒmen mǎi shǒujī shì xīwàng néng suíshí liánxì dào wǒmen, rúguǒ tā zhīdao wǒmen yòng tā shàng kè wánr yóuxì, tā yídìng huì fēicháng nánguò de.
（16）妈妈给我们买手机是希望能随时联系到我们，如果她知道我们用它上课玩儿游戏，她一定会非常难过的。

六、批评语

批评语指教师直接指出学生的错误，责令改正的课堂用语。批评语的内容应当只针对学生的问题行为，而不针对学生本身。课堂上的批评语应尽量简短，点到为止。遇到较为棘手的问题或学生时，批评语适于与劝导语等共同使用，课上指出问题，课下进行劝导，帮助学生自己认识到问题，自己改正错误。

【例句】

bù néng zài chídào le!
（1）××，不能再迟到了！

zhèyàng zuò kě bùxíng!
（2）××，这样做可不行！

nǐ zǒngshì zhèyàng kě bùxíng!
（3）××，你总是这样可不行！

bié shuō huà le!
（4）××，别说话了！

shǒujī shōu qilai!
（5）××，手机收起来！

xiān bǎ shū gěi wǒ.
（6）××，先把书给我。

Zhùyì kàn zìjǐ de juànzi.
（7）注意看自己的卷子。

Búyào zuò hé shàng kè wúguān de shìqing.
（8）不要做和上课无关的事情。

Shàng kè bù néng dǎ shǒujī.
（9）上 课不 能 打手机。

Shàng kè bù néng kàn kèwàishū.
（10）上 课不 能 看 课外书。

xià kè qǐng děng wǒ yíhuìr, wǒ yǒu huà gēn nǐ shuō.
（11）××，下课 请 等 我一会儿，我 有 话 跟你 说。

Wǒ gǎndào hěn tòngxīn, yīnwei nǐ…
（12）我 感到 很 痛心，因为 你……

Wǒ kàndàole nǐ zài kèzhuō xià… [wánr shǒujī yóuxì], zhè shì wéifǎn xiàoguī de.
（13）我 看到了你在 课桌 下……[如：玩儿手机游戏]，这是 违反 校规 的。

Lǎoshī duì nǐ jīntiān de zuòfǎ hěn bù mǎnyì.
（14）老师 对你 今天 的做法 很不 满意。

Jīntiān yǒu xiē tóngxué xiàng wǒ fǎnyìng, shuō nǐ yǐngxiǎng dàjiā zhèngcháng tīng kè.
（15）今天 有 些 同学 向 我反映，说 你 影响 大家 正常 听 课。

第六节　结束环节课堂用语

从课堂教学的环节来说，一堂出色的课程应当有始有终；从学生知识获得的角度来说，教师应当对一堂课的内容进行总结，并为后续课程做好铺垫，这些正是结束环节承载的重要内容。教师成功地使用课堂用语，将使结束环节成为一堂课的点睛之笔，并使学生对下一节课充满期待，而不是草草结尾。

结束环节的课堂用语主要分为课程结束语、课程预告语、布置作业语、补充说明语、下课语和告别语。

具体要求——

- 简明扼要，提纲挈领。
- 体现要点，突出重点。
- 整理思路，形成系统。
- 布置作业，明确任务。
- 启发思考，激发热情。

分类——

- 课程结束语
- 课程预告语
- 布置作业语
- 补充说明语

- 下课语
- 告别语

一、课程结束语

结束语是在教学结束环节中教师使用的课堂用语，用于引导学生及时地对所学知识进行总结、梳理、强化，使教学完美结束。结束语的语言应当提纲挈领、精练透彻，以便学生快速了解并加深印象。

【例句】

Zhè jié kè wǒmen xuéxíle…
（1）这 节课 我们 学习了……

Xiànzài wǒmen zǒngjié yíxià jīntiān de xuéxí nèiróng.
（2）现在 我们 总结 一下今天 的学习 内容。

Xiànzài dàjiā kàn hēibǎn, wǒ lái zǒngjié yíxià jīntiān jiǎng de nèiróng…
（3）现在 大家看 黑板，我来 总结 一下今天 讲 的 内容……

Tóngxuémen hé wǒ yìqǐ lái huíyì jīntiān de nèiróng.
（4）同学们 和 我一起来回忆今天 的 内容。

Jīntiān wǒmen xuéxíle nǎxiē nèiróng?
（5）今天 我们 学习了哪些 内容？（引导学生回答）

Shéi néng shuō yi shuō lǎoshī jīntiān dōu jiǎng shénme le?
（6）谁 能 说一 说 老师 今天 都 讲 什么 了？（引导学生回答）

… [Guīnàfǎ] shì shùxué zhōng de yì zhǒng zhòngyào fāngfǎ, yě shì shùxué chuàng-
（7）……[如：归纳法]是 数学 中 的一 种 重要 方法，也是 数学 创
zào de yí gè zhòngyào shǒuduàn.
造的一个 重要 手段。

Jīntiān wǒmen fēnxīle… [《Sūzhōu Yuánlín》] zhè piān kèwén, zhè piān kèwén…
（8）今天 我们 分析了……[如：《苏州 园林》] 这 篇 课文，这 篇 课文……
[jièshàole Sūzhōu yuánlín de tèdiǎn], shǐyòngle… [zǒng fēn jiéhé, cóng gàikuò dào jùtǐ]
[如：介绍了 苏州 园林 的 特点]，使用了……[如：总 分 结合、从 概括 到 具体]
de xiězuò fāngfǎ.
的写作 方法。

Jīntiān de shùxuékè, wǒmen xuéxíle… [gōugǔ dìnglǐ], … [gōugǔ dìnglǐ]
（9）今天 的 数学课，我们 学习了……[如：勾股 定理]，……[如：勾股 定理]
de nèiróng shì… [zhíjiǎo sānjiǎoxíng de liǎng tiáo zhíjiǎobiān de píngfāng hé děngyú xiébiān de
的 内容 是……[如：直角 三角形 的 两 条 直角边 的 平方 和 等于 斜边 的
píngfāng], tā de gōngshì shì…
平方]，它的 公式 是……[如：$a^2+b^2=c^2$]

Shàng jié kè hé zhè jié kè wǒmen jiǎngshùle … [Qíncháo de lìshǐ], fēnxī yí gè
（10）上 节课和这节课我们 讲述了……[如：秦朝 的历史]，分析一个

cháodài de lìshǐ kěyǐ cóng…　[　　tā de jiànlì,　tā zài zhèngzhì, jīngjì,　wénhuà děng fāngmiàn　de
朝代　的历史可以从……[如：它的建立，它在　政治、经济、文化　等　方面　的

gòngxiàn, yǐjí　tā de shuāibài] rùshǒu.
贡献，以及它的　衰败]入手。

Zhè jié kè wǒmen liǎojiěle…　[　　xìbāo] de tèdiǎn.　…　[　　Xìbāo] de tèdiǎn zhǔ-
（11）这　节课我们了解了……[如：细胞]的特点。……[如：细胞]的特点主

yào bāokuò yǐxià　jǐ gè fāngmiàn: Dì-yī… ;　　dì-èr… ;　　dì-sān…
要　包括以下几个　方面：第一……；第二……；第三……

Jīntiān wǒmen jiǎngwánle…　[　　《Zhōngguó De Dìlǐ Chāyì》], tōngguò zhè jǐ　cì　de
（12）今天　我们　讲完了……[如：《中国　的地理差异》]，通过　这几次的

kè, wǒmen liǎojiě dào…　[　　wǒguó fúyuán liáokuò, gè dì yǒu bù tóng de tèdiǎn],　jùtǐ lái shuō, …
课，我们了解　到……[如：我国　幅员　辽阔，各地有不　同　的特点]，具体来　说，……

Zài jīntiān de…　[　　sīxiǎng pǐndé] kè shang, wǒmen xuéxíle…　[　　《Xiāng Qīn
（13）在今天的……[如：思想　品德]课　上，　我们　学习了……[如：《相　亲

Xiāng Ài Yì Jiā Rén》] zhè yí kè. Tóngxuémen…　[　　yìqǐ　tánle　zìjǐ　de jiāzhǎng],　liǎojiěle…　[
相　爱一家　人》]　这一课。同学们……[如：一起谈了自己的　家长]，了解了……[如：

Zhōngguó zài jiātíng fāngmiàn de chuántǒng dàodé]. Wǒmen yīnggāi…　[　　tǐliàng fùmǔ, xiàojìng fùmǔ]
中国　在家庭　方面　的　传统　道德]。我们　应该……[如：体谅父母、孝敬　父母]

Jīntiān wǒmen xīnshǎngle　gēqǔ…　[　　《Ràng Wǒmen Dàngqǐ Shuāng Jiǎng》], bìng xué
（14）今天　我们　欣赏了　歌曲……[如：《让　我们　荡起　双　桨》]，并　学

chàngle zhè shǒu gē,　huí jiā yǐhòu dàjiā　kěyǐ chàng gěi bàba māma tīng.
唱了　这　首　歌，回家以后大家可以　唱　给爸爸　妈妈　听。

Jīntiān wǒmen huàle…　[　　"wǒ lǐxiǎng zhōng de xuéxiào"],　dàjiā de gòutú　hé sècǎi
（15）今天　我们　画了……[如："我理想　中　的学校"]，大家的构图　和色彩

shǐyòng de dōu fēicháng hǎo, zài nèiróng shang yě hěn yǒu chuàngyì.
使用　得都　非常　好，在内容　上也很有　创意。

二、课程预告语

简单总结本课教学内容后，教师应当提前告知学生下次课的学习内容，让学生对下次课程有一个初步的印象，并完成好课后的预习作业。课程预告语可以直接说明下次课的内容，也可以设置悬念，让学生们在思考中期待下一次的课程。

【例句】

Zhè jié kè wǒmen xuéxíle…,　　xià jié kè wǒmen xuéxí…
（1）这　节课　我们　学习了……，下节课　我们　学习……

Jīntiān jiù jiǎngdào　zhèr, qǐng dàjiā zhǔnbèi xià yí kè.
（2）今天　就　讲到　这儿，请　大家　准备　下一课。

Wǒmen xuéwánle …　hé…,　　jiē xialai wǒmen yào xuéxí…
（3）我们　学完了……和……，接下来　我们　要　学习……

Míngtiān wǒmen xuéxí…,　　qǐng dàjiā kè hòu yùxí.
（4）明天　我们　学习……，请大家课后　预习。

Xià jié kè wǒmen yào xué yǒuguān… fāngmiàn de nèiróng, qǐng dàjiā jìde dài…
（5）下节课我们要学有关……方面的内容，请大家记得带……

Huí jiā hòu, qǐng hé péngyou tǎolùn…, xià cì kè wǒ qǐng dàjiā fābiǎo zìjǐ de kànfa.
（6）回家后，请和朋友讨论……，下次课我请大家发表自己的看法。

Jīntiān dàjiā xué de dōu hěn hǎo. Xià cì kè wǒmen xué…, xīwàng nǐmen zàijiē-zàilì!
（7）今天大家学得都很好。下次课我们学……，希望你们再接再厉！

Jīntiān wǒmen jièshàole…, xià cì kè wǒmen yào jièshào…, qǐng dàjiā huíqu zhǔnbèi.
（8）今天我们介绍了……，下次课我们要介绍……，请大家回去准备。

Jīntiān tóngxuémen jìnxíngle xiězuò de liànxí, xià jié kè wǒmen yìqǐ lái fēnxī dàjiā de wénzhāng.
（9）今天同学们进行了写作的练习，下节课我们一起来分析大家的文章。

Dàjiā xiǎng bu xiǎng zhīdao…? Wǒmen xià jié kè jiēzhe jiǎng.
（10）大家想不想知道……？我们下节课接着讲。

Nǐmen xiǎng zhīdao… de jiéjú ma? Qǐng yuèdú xiàmiàn de kèwén.
（11）你们想知道……的结局吗？请阅读下面的课文。

… [Nánguō xiānsheng néng zài Qíwáng zhèr jìxù chuī yú ma]? Xiūxi yǐhòu tóngxuémen jiù zhīdao le.
（12）……[如：南郭先生能在齐王这儿继续吹竽吗]？休息以后同学们就知道了。

Qiánmiàn wǒmen jiǎngle … hé…, tāmen yǒu shénme bù tóng ne? Qǐng tóngxuémen zìjǐ bǐjiào yíxià, wǒmen xià cì kè yìqǐ tǎolùn.
（13）前面我们讲了……和……，它们有什么不同呢？请同学们自己比较一下，我们下次课一起讨论。

Wénzhāng de zhǔréngōng dàodǐ huì jīnglì shénmeyàng de shìqing ne? Wǒmen xià cì zài jiǎng.
（14）文章的主人公到底会经历什么样的事情呢？我们下次再讲。

Jīntiān de shíyànkè dào cǐ wéizhǐ, yěxǔ yǒu tóngxué wèn, rúguǒ bǎ cáiliào huànchéng bié de huì zěnmeyàng ne? Zhège wèntí liúdào xià cì kè jiǎng.
（15）今天的实验课到此为止，也许有同学问，如果把材料换成别的会怎么样呢？这个问题留到下次课讲。

Xiànzài xiǎopéngyǒumen dōu huì huà shānyáng le, qítā xiǎo dòngwù zěnme huà a? Xià cì jiēzhe jiāo dàjiā.
（16）现在小朋友们都会画山羊了，其他小动物怎么画啊？下次接着教大家。

三、布置作业语

作业是课堂教学的延续，它能帮助学生巩固本课内容，协助教师检查学生的掌握情况。因此，几乎每节课教师都会布置作业。布置作业语第一要说明作业的内容，第二要明确作业的要求。

【例句】

Xiàmiàn wǒ shuō yíxià jīntiān de zuòyè.
（1）下面我说一下今天的作业。

Xiànzài wǒ lái bùzhì jīntiān de jiātíng zuòyè.
（2）现在 我来布置今天的家庭 作业。

Jīntiān de zuòyè shì…
（3）今天 的 作业是……

Dì yè dì tí xiě zài shū shang, dì yè dì tí xiě zài běnzi shang.
（4）第76页第8题写在 书 上，第77页第9题写在本子 上。

Jīntiān de zuòyè shì yòng xiàliè cíyǔ zào jù.
（5）今天 的 作业是 用 下列词语造句。

Jīntiān de zuòyè shì bèisòng kèwén dì-yī duàn.
（6）今天 的作业是 背诵 课文第一 段。

Dàjiā huíqu hái yào jìxù dú kèwén, dà shēng dú sān biàn.
（7）大家回去还要继续读课文，大 声 读三 遍。

Qǐng dàjiā huíqu fùxí jīntiān suǒ xué de zhīshi, míngtiān shàng kè wǒmen tīngxiě jīntiān xué
（8）请 大家回去复习今天 所 学的知识，明天 上 课我们 听写 今天学

de shēngcí hé jùzi.
的生词 和句子。

Jīntiān de zuòyè shì bǎ kǎoshì zhōng zuòcuò de tímù zài zuò yí biàn, bìng qǐng jiāzhǎng zài
（9）今天 的作业是把考试 中 做错的题目再做一遍，并 请 家长 在

kǎoshì juànzi shang qiān zì.
考试 卷子 上 签字。

Jīntiān méiyǒu bǐtóu de zuòyè, dànshì yǒu yí dào sīkǎotí…, xià cì kè wǒmen tǎolùn.
（10）今天 没有笔头的作业，但是 有一道思考题……，下次课 我们 讨论。

Hái yǒu, wǒmen měi tiān dōu yào fùxí hé yùxí. Jīntiān fùxí…, yùxí…
（11）还 有，我们 每 天 都 要复习和预习。今天 复习……，预习……

Jīntiān de zuòyè jìzhù le ma? Wǒmen yìqǐ shuō yí biàn.
（12）今天 的作业记住了吗？我们 一起 说 一 遍。

Xià kè yǐhòu kèdàibiǎo bǎ zuòyè xiě zài hēibǎn shang.
（13）下课以后 课代表 把 作业 写 在 黑板 上。

四、补充说明语

除了日常的授课外，教师常常需要管理班级的各项事务。补充说明语主要用来在下课前补充说明课堂以外的内容，如学校的通知、班级的活动等。

【例句】

Wǒ zài qiángdiào yíxià, …
（1）我 再 强调 一下，……

Shùnbiàn shuō yíxià, …
（2）顺便 说 一下，……

Xiànzài shuō gè tōngzhī, …
（3）现在 说 个 通知，……

Wàngle tōngzhī dàjiā, …
（4）忘了 通知大家，……

Xià kè qián hái yǒu gè tōngzhī, qǐng dàjiā ānjìng yíxià.
（5）下课前还有个通知，请大家安静一下。

Hái yǒu yí jiàn shìqing yào gàosu dàjiā.
（6）还有一件事情要告诉大家。

Duìle, lái yíxià wǒ bàngōngshì.
（7）对了，××来一下我办公室。

Duìle, dàjiā bié wàngle…
（8）对了，大家别忘了……

Kuài xià kè le, yǒu jiàn shì xiǎng zhēngqiú yíxià dàjiā de yìjian…
（9）快下课了，有件事想征求一下大家的意见……

Wǒ wèn yíxià, shéi… [tīng jīntiān de tiānqì yùbào] le?
（10）我问一下，谁……[如：听今天的天气预报]了？

Wǒ zài wèn yíxià, hái yǒu méiyǒu tóngxué xiǎng… [cānjiā shùxué jìngsài] ?
（11）我再问一下，还有没有同学想……[如：参加数学竞赛]？

五、下课语

虽然上下课都会有铃声的提醒，但教师的下课语是课程正式结束的宣告。紧张了一节课，学生们都渴望行为和心理上的放松，所以教师的下课语要简单、明确。虽然可能只有短短的一句“下课”，但在语气上教师可以尝试体会学生的心态，让简短的下课语富有生机和活力，以得到学生的呼应。

【例句】

Xià kè ba!
（1）下课吧！

Hǎo! Xià kè le!
（2）好！下课了！

Hǎo, wǒmen xià kè!
（3）好，我们下课！

Shíjiān dào le. Xià kè.
（4）时间到了。下课。

Xià kè líng xiǎng le. Xià kè!
（5）下课铃响了。下课！

Hǎo de! Shíjiān dào! Xià kè!
（6）好的！时间到！下课！

Jīntiān jiù jiǎngdào zhèli, xià kè!
（7）今天就讲到这里，下课！

Jīntiān de kè jiù shàngdào zhèli, xià kè!
（8）今天的课就上到这里，下课！

Jīntiān de kè dào cǐ wéizhǐ, xià kè!
（9）今天 的课 到 此 为止，下 课！

Hǎo! Dàjiā xiūxi!
（10）好！大家休息！

Xiànzài xiūxi yíhuìr!
（11）现在 休息一会儿！

Xiànzài wǒmen xiūxi shí fēnzhōng!
（12）现在 我们 休息十 分钟！

Tóngxuémen hái yǒu wèntí ma? Rúguǒ méiyǒu, wǒmen xià kè!
（13）同学们 还有 问题 吗？如果 没有，我们 下课！

六、告别语

告别语指教学全部结束后，教师与学生的简单寒暄语。下课后教师一般都不会匆匆离开，而常常会对学生嘘寒问暖，有时是面向全体，有时是和部分同学聊天儿。这些简单的告别语不宜挤占教学时间，但在师生的磨合中起到非常重要的作用，温馨的告别语让学生感到老师对他们的关心与爱护。

【例句】

Dàjiā xià zhōu jiàn!
（1）大家下 周 见！

Dàjiā jīntiān biǎoxiàn hěn hǎo, wǒmen míngtiān jiàn!
（2）大家今天 表现 很 好，我们 明天 见！

Wǒ yíhuìr hái yǒu kè, dàjiā míngtiān jiàn!
（3）我一会儿还 有 课，大家 明天 见！

Jīntiān de kè dàjiā juéde zěnmeyàng a? Nán bu nán? Yǒu wèntí suíshí lái zhǎo wǒ.
（4）今天 的课大家觉得 怎么样 啊？难 不 难？有 问题 随时 来 找 我。

zuótiān nǐ méi lái, bìng le ma?
（5）××，昨天 你 没 来，病 了吗？

nǐ māma de bìng zěnmeyàng le?
（6）××，你 妈妈 的 病 怎么样 了？

Dàjiā zhōngwǔ dǎsuan chī shénme ya?
（7）大家 中午 打算 吃 什么 呀？

Jīntiān shì Mǔqīn Jié, zhù dàjiā de māma jiérì kuàilè!
（8）今天 是 母亲 节，祝大家的妈妈节日快乐！

Huí jiā lùshang qí chē xiǎoxīn yìdiǎnr.
（9）回 家 路上 骑 车 小心 一点儿。

Huí jiā de lùshang xiǎoxīn diǎnr, jīntiān xià yǔ lù huá!
（10）回 家的 路上 小心 点儿，今天 下雨 路滑！

Hǎo de! Zàijiàn!
（11）好 的！再见！（回答学生的招呼）

Zhù dàjiā zhōumò kuàilè!
（12）祝 大家 周末 快乐！

Zhù dàjiā jiàqī kuàilè!
（13）祝 大家假期快乐！

Zhù dàjiā shǔjià yúkuài! Xià gè xuéqī jiàn!
（14）祝 大家暑假 愉快！ 下 个学期 见！

Yùzhù dàjiā hánjià kuàilè! Xīnchūn yúkuài!
（15）预祝大家寒假 快乐！新春 愉快！

Yào fàng jià le, wǒ huì xiǎng nǐmen de.
（16）要 放假了，我会 想 你们 的。

Tīngshuō nǐmen yào qù lǚxíng, zhù nǐmen lǚtú yúkuài! Lùshang zhùyì ānquán!
（17）听说 你们 要去旅行，祝你们 旅途 愉快！路上 注意 安全！

第三章

汉语课课堂用语

在学生丰富多元的课程中，汉语课是十分重要的一门课。汉语课的教学不但关系到学生对汉语课程内容本身的掌握，同时也关系到对其他文理科课程内容的理解与运用，尤其是在大部分使用汉语进行教学的双语班中。

此外，语言是人类思维与交际的工具，个体对于不同语言的掌握情况将对其未来的发展产生相当程度的影响。汉语是中华民族的通用语言，将成为学生未来工作与生活的主要沟通工具，但对于少数民族学生来说，却接触得比较晚。因此，面向少数民族的汉语课也担负着帮助学生逐渐熟练使用汉语的责任。课堂用语是汉语课教学最重要的传播手段，可以说教师是通过汉语课的课堂用语引领学生进入汉语的世界。

对于汉语课的教学内容，可以有不同的划分方法，如按照学生的年级和水平划分、按照教学内容涉及的语言能力划分等，本章从后者出发，先从语言要素的视角进行综合性的论述，之后从语言技能的角度分别对听力、阅读、写作、口语教学的课堂用语进行介绍。

第一节　综合课教学课堂用语

汉语课的教学是一种综合性的教学，这里的“综合”是指，汉语课的教学内容涉及语音、词汇、语法、汉字等语言要素，以及听、说、读、写等语言技能，是对学生汉语能力的综合性培养。本节从语言要素的角度出发，同时融合不同教学阶段的特点，介绍语音、词汇、语法、汉字教学中的课堂用语。

具体要求——

- 精讲多练，以练为主。
- 注重语言的输出，以培养学生运用汉语进行交际的能力为目标。
- 教学内容以课本内容为依据，并结合学生特点，对语言能力进行综合培养。
- 教学方法多元化，符合学生的认知特点。

分类——

- 语音教学课堂用语

- 词汇教学课堂用语
- 语法教学课堂用语
- 汉字教学课堂用语

一、语音教学课堂用语

如果将汉语教学按照教学内容进行划分，可大致分为语音阶段、语法阶段和短文阶段。汉语教学始于语音阶段，语音阶段的教学内容主要包括声母、韵母、声韵拼合、基本声调、轻声、儿化、变调、汉语拼音及其书写规则等。语音阶段是学生接触汉语的开始，同时也是比较枯燥的阶段，教学时间大部分用于语音的反复操练与纠正，所以操练的形式应更为多元化。

与词汇、语法、汉字等其他语言要素相比，语音的标准化更难实现，学生的语音常常会受到其第一语言的影响，因此语音训练需要贯穿汉语教学的始终，让学生关注自己的发音，发现在发音上的问题，随时帮助学生纠音正调。语音教学对于汉语教师同样也是一个挑战，尤其是第一语言也并非汉语的少数民族教师，但少数民族教师也有明显的优势，即更加了解少数民族语言与汉语之间的差异，更有利于帮助学生有的放矢地进行语音训练。本部分在展现语音教学课堂用语的同时，也力图提供一些语音教学的方法与手段。

具体要求——

- 语音训练贯穿汉语教学始终，短期集中教学与长期严格要求相结合。
- 语音教学形象化，教学方法主要采用一看二听三模仿。
- 语素教学与语流教学相结合，并逐步过渡到以后者为主。
- 与学生第一语言相比较，着重练习难音。
- 注意对停顿、重音等韵律的教学。
- 尽力做到有错必纠。

分类——

- 声韵调及拼音的教学
- 语流教学
- 语音综合练习

（一）声韵调及拼音的教学

声母、韵母、声调的练习是语音训练的基础部分，教师要通过不断让学生听、看、模仿，掌握汉语的发音部位和方法。同时，教师根据教学对象第一语言的特点，设计一些针对性的练习，帮助学生打好语音基础。

【例句】

Qǐng dàjiā kàn shēngmǔbiǎo / yùnmǔbiǎo / pīnyīnbiǎo, gēn wǒ niàn.
（1）请 大家看 声母表 / 韵母表 / 拼音表，跟 我 念。

Qǐng dàjiā kàn wǒ de kǒuxíng, gēn wǒ dú… [dānyùnmǔ]
（2）请 大家看 我 的 口型，跟 我 读……[如：单韵母 a、o、e、i、u、ü]

Qǐng dàjiā kàn fāyīn bùwèi tú, sīkǎo fāyīn de bùwèi hé fāngfǎ.
（3）请 大家看发音部位图，思考发音的部位和 方法。

Qǐng dàjiā kàn wǒ de shǒushì, zhùyì… [juǎnshéyīn] de fāyīn bùwèi.
（4）请 大家看 我 的 手势，注意……[如：卷舌音 zh、ch、sh、r] 的发音部位。

Hànyǔ pīnyīn yòng de shì yīnsù biāoyīnfǎ, suīrán… dōu yǒu… ,
（5）汉语 拼音 用 的是音素标音法，虽然……[如：i、zi、zhi] 都 有……[如：

dànshì tāmen de fāyīn bù tóng.
i]，但是 它们 的发音不 同。

Qǐng zhùyì tīng wǒ de fāyīn, bǐjiào yíxià zìjǐ de fāyīn hé lǎoshī de yǒu shénme bù tóng.
（6）请 注意 听 我的发音，比较一下自己的发音和老师的有 什么 不 同。

Qǐng tóngxuémen dú xiàmiàn de jùzi, zhùyì… [qiánbíyīn] hé… [hòubí-
（7）请 同学们 读下面 的句子，注意……[如： 前鼻音]和……[如：后鼻

yīn] de qūbié.
音]的区别。

Kàn hēibǎn, zuò biànbié yùnmǔ liànxí, zhùyì hé , hé , hé .
（8）看 黑板，做 辨别 韵母 练习，注意 u 和 ü，an 和 ang，in 和 ing。

Kàn hēibǎn, zuò biànshēng liànxí, zhùyì sòngqìyīn hé búsòngqìyīn, juǎnshéyīn yǔ shémiànyīn.
（9）看 黑板，做 辨声 练习，注意 送气音和 不送气音、卷舌音 与 舌面音。

Dàjiā de shēngmǔ hé yùnmǔ fā de hěn hǎo, dànshì shēngdiào hái yǒu yìxiē wèntí, wǒmen
（10）大家的 声母 和 韵母发得很 好，但是 声调 还 有 一些 问题，我们

yìqǐ liànxí.
一起练习。

Qǐng dàjiā kàn wǒ de shǒushì, gēn wǒ yìqǐ chàng sì shēng, …
（11）请 大家看 我的 手势，跟 我一起 唱 四 声，……[如：ā、à、ǎ、á]

Hànyǔ yǒu sì gè shēngdiào, yīshēng, èrshēng, sānshēng hé sìshēng. Yīshēng de diàozhí shì
（12）汉语 有 四个 声调，一声、二声、 三声 和 四声。一声 的 调值 是

wǔ-wǔ, èrshēng shì sān-wǔ, sānshēng shì èr-yāo-sì, sìshēng shì wǔ-yāo.
55， 二声 是 35， 三声 是 214， 四声 是 51。

Qǐng dàjiā kàn wǔdù shēngdiào shìyìtú, gēn wǒ niàn.
（13）请 大家看 五度 声调 示意图，跟 我 念。

Xiàmiàn wǒmen xuéxí “yī” hé “bù” de biàndiào.
（14）下面 我们 学习“一”和“不”的 变调。

Qǐng tóngxuémen kàn wǒ xiě pīnyīn, zhùyì biāo diào de wèizhì.
（15）请 同学们 看 我 写 拼音，注意 标 调 的 位置。

Wǒ dú yīnjié, dàjiā xiě pīnyīn, měi gè yīnjié dú sān biàn.
（16）我 读音节，大家写 拼音，每 个 音节 读 三 遍。

（二）语流教学

在教学中我们常常发现这样的现象，学生每个词都读得很好，可是读句子时便有很多问题，缺少应有的抑扬顿挫，因此要注重语流教学，针对重音、停顿、语调进行训练。

【例句】

Wǒmen měi yí gè yīnjié dōu dú de hěn hǎo, dànshì fàngdào yìqǐ, biànchéng yí jù huà jiù bú tài hǎo le, wèi shénme ne? Dàjiā xiǎng yi xiǎng.
（1）我们 每一个音节 都 读得 很 好，但是 放到 一起，变成 一句话 就不太好了，为 什么 呢？大家 想 一 想。

Wǒmen yǒu kěndìngjù, fǒudìngjù hé yíwènjù děng bù tóng de jùshì, tāmen de yǔdiào yě bù tóng. Fǒudìngjù zhōng shénme yīnggāi dú de zhòng yìdiǎnr? Yíwènjù hòumiàn yīnggāi zěnme dú?
（2）我们 有 肯定句、否定句 和 疑问句 等 不 同 的 句式，它们 的 语调 也不同。否定句 中 什么 应该 读得 重 一点儿？疑问句 后面 应该 怎么 读？

Jīntiān wǒmen de kèwén tímù shì 《Wéiyī De Tīngzhòng》, wǒmen xiǎng qiángdiào “wéiyī” duì bu duì? Nà wǒmen zài dú “wéiyī” de shíhou jiù yīnggāi zhòng yìdiǎnr.
（3）今天 我们 的 课文 题目 是《唯一 的 听众》，我们 想 强调“唯一”对 不对？那 我们 在 读“唯一”的 时候 就 应该 重 一点儿。

Zhè jù huà shì yí gè yìbān yíwènjù, yíwènjù hòumiàn de “ma” dú de shíhou yǔdiào yào shēng shangqu.
（4）这 句话 是 一个 一般 疑问句，疑问句 后面 的“吗”读 的 时候 语调 要 升上去。

… [“Wǒ de línjū hánxīn-rúkǔ zhème duō nián, zhōngyú ràng zhè háizi shuō huà le, nǐ shuō zhè zěnme bú ràng rén jīdòng?”] zhè jù huà dàjiā gēn wǒ zài dú yí biàn, zhùyì zhòngyīn hé yǔdiào.
（5）……[如：“我 的 邻居 含辛茹苦 这么 多 年，终于 让 这孩子 说 话了，你说 这 怎么 不 让 人 激动？”] 这句 话 大家 跟 我 再 读 一 遍，注意 重音 和 语调。

… [“Tā pài rén dào Hóu Wànshān lǎojiā, jiēlái lièshì de qīzi hé yí duì gānggāng chūshēng de shuāngbāotāi”] zhè jù huà hěn cháng, wǒmen shì bu shì yīnggāi zài nǎli tíngdùn yíxià? Duì, zài… [“qīzi” hòumiàn] kěyǐ tíng yíxià.
（6）……[如：“他 派 人 到 侯 万山 老家，接来 烈士 的 妻子 和 一 对 刚刚出生 的 双胞胎”] 这句 话 很 长，我们 是不是 应该 在 哪里 停顿 一下？对，在……[如：“妻子”后面] 可以 停 一下。

Rúguǒ wǒmen shuō huà de shíhou měi gè zì dú de yíyàng zhòng, měi jù huà de yǔdiào yě dōu xiāngtóng, jùzi de zhōngjiān méiyǒu tíngdùn, nà tīng wǒmen shuō huà de rén huì bù zhīdao wǒmen xiǎng biǎodá shénme yìsi.
（7）如果 我们 说 话 的 时候 每 个 字 读得 一样 重，每 句 话 的 语调 也都 相同，句子 的 中间 没有 停顿，那 听 我们 说 话 的 人 会 不 知道 我们想 表达 什么 意思。

Qǐng dàjiā tīng yí duàn lǎngdú de lùyīn, zhùyì lùyīn zhōng de yǔdiào.
（8）请 大家 听 一 段 朗读 的 录音，注意 录音 中 的 语调。

Xiàmiàn wǒmen kàn yí duàn lùxiàng, qǐng dàjiā mófǎng lùxiàng zhōng rénwù de yǔdiào hé yǔqì.
（9）下面 我们 看一 段 录像，请 大家 模仿 录像 中 人物的 语调 和 语气。

Xià kè yǐhòu dàjiā kěyǐ duō kàn yi kàn Hànyǔ de jiémù, mófǎng lǐmiàn de shuō huà fāngshì.
（10）下课以后 大家 可以 多 看一 看 汉语 的 节目，模仿 里面 的 说 话 方式。

（三）语音综合练习

语音的练习比较枯燥，所以教师要想出一些方法，通过听、说、读、写等不同的方式练习语音。与语音训练有关的比赛、游戏等也可以有效地提高学生的兴趣。同时，学生对于语音的重视程度也对发音的准确性有一定的影响，因此教师需要指导学生关注自己的语音面貌，发现、了解自己在语言方面的问题，进行语音的自我训练。

【例句】

Měi tiān wǒmen dōu yào liànxí fāyīn, xiàmiàn wǒmen kāishǐ.
（1）每 天 我们 都 要 练习 发音，下面 我们 开始。

Hēibǎn shang de zhèxiē yīn shì wǒmen dú de bù zhǔn de, qǐng dàjiā gēn wǒ yìqǐ dú.
（2）黑板 上 的 这些 音 是 我们 读得 不 准 的，请 大家 跟 我 一起 读。

Hēibǎn shang de zhèxiē cí bāohánle bù tóng shēngdiào de dāpèi zǔhé, bǐrú, dì-yī háng shì yīshēng hé èrshēng, sānshēng, sìshēng, qīngshēng de zǔhé. Wǒmen yìqǐ lái dú. Dú de shíhou, zhùyì yíxià zìjǐ nǎ yí gè zǔhé fā de bù hǎo.
（3）黑板 上 的 这些 词 包含了 不 同 声调 的 搭配 组合，比如，第一 行 是 一声 和 二声、三声、四声、轻声 的 组合。我们 一起 来 读。读 的 时候，注意 一下 自己 哪 一 个 组合 发得 不 好。

Xiàmiàn wǒ dú yīnjié, dàjiā tiánkòng.
（4）下面 我 读 音节，大家 填空。（填声母、韵母、声调、音节、词语）

Xiàmiàn wǒ dú wǔ gè jùzi, qǐng dàjiā xiě Hànzì hé pīnyīn. nǐ zài hēibǎn shang xiě.
（5）下面 我 读 五 个 句子，请 大家 写 汉字 和 拼音。××，你 在 黑板 上 写。

Jīntiān, wǒmen jìnxíng yí gè bǐsài. Wǒmen fēnchéng liǎng gè zǔ, kànkan nǎgè zǔ zài pīnyīn tīngxiě zhōng cuò de zuì shǎo.
（6）今天，我们 进行 一 个 比赛。我们 分成 两 个 组，看看 哪个 组 在 拼音 听写 中 错 得 最 少。

Dàjiā juéde zài sì gè shēngdiào zhōng, zìjǐ nǎ yí gè shēngdiào fā de zuì bù hǎo? Zìjǐ yào zhuózhòng liànxí.
（7）大家 觉得 在 四 个 声调 中，自己 哪 一 个 声调 发得 最 不 好？自己 要 着重 练习。

Wéiwú'ěryǔ hé Hànyǔ zài fāyīn shang de zhǔyào qūbié yǒu nǎxiē ne? Xiàmiàn wǒmen yìqǐ lái shuō yi shuō.
（8）维吾尔语 和 汉语 在 发音 上 的 主要 区别 有 哪些 呢？下面 我们 一起 来 说 一 说。

Qǐng dàjiā yìqǐ dú xiàmiàn de ràokǒulìng.
（9）请 大家 一起 读 下面 的 绕口令。

Wǒmen yìqǐ lǎngdú xiàmiàn de érgē.
（10）我们 一起 朗读 下面 的儿歌。

Dàjiā de èrshēng hé sānshēng fā de bú tài hǎo, jīntiān de zuòyè shì bǎ kèwén zhōng yǒu èrshēng hé sānshēng de cí zhǎo chulai, zìjǐ liànxí fāyīn, míngtiān wǒmen yìqǐ dú.
（11）大家的 二声 和 三声 发得不太好，今天的作业是把课文 中 有二声 和 三声 的词找 出来，自己练习发音，明天 我们一起读。

xià kè yǐhòu qǐng dào wǒ bàngōngshì lái, jīntiān gāi nǐmen liànxí fāyīn le, nǐmen dú yí biàn kèwén, wǒ lái bāng nǐmen jiūzhèng fāyīn.
（12）××、××、××、××、××，下课以后 请 到 我 办公室 来，今天 该你们 练习发音了，你们 读一 遍 课文，我来 帮 你们 纠正 发音。

Qǐng tóngxuémen měi rén zhǔnbèi yí gè yǔyīn xiǎoběn, bǎ zìjǐ dú de bù hǎo de yīn xiě xialai.
（13）请 同学们 每 人 准备一个 语音 小本，把自己读得不 好 的 音 写下来。

Qǐng dàjiā shuō yi shuō zìjǐ nǎ yí gè yīn fā de bù hǎo.
（14）请 大家 说 一 说自己哪一个 音发得不 好。

zhè cì… zhège yīn fā de fēicháng hǎo, jìzhù gāngcái fāyīn de fāngfǎ, xià cì jiù zhème fā.
（15）××，这 次……[如：er] 这个 音 发得 非常 好，记住 刚才 发音的 方法，下次就 这么 发。

Dàjiā yǒu hěn duō Hànzú de péngyou, xià cì nǐmen zài yìqǐ shí, dàjiā yào jǐnliàng shǐyòng Hànyǔ.
（16）大家有 很 多 汉族的 朋友，下次你们 在一起时，大家要 尽量 使用汉语。

二、词汇教学课堂用语

无论是汉语的阅读还是口语交际，无论是简短的一句话还是一个语篇，都要依靠词汇按照一定的规则组合或聚合而成。掌握一定数量的汉语词汇是理解汉语、使用汉语的基础。

汉语词汇教学的任务是根据教学大纲的要求，在有关汉语词汇知识的指导下，让学生掌握一定数量的汉语词汇的音、义、形和基本用法，培养其在交际中对词汇的正确理解和运用能力。与之相配合，词汇教学的内容也主要包括识解词汇的字形、字音，理解词汇的含义，以及词汇的具体运用。以下按照词汇教学的主要步骤展示词汇教学的课堂用语。

具体要求——

- 在一定的语境中掌握词汇。
- 利用形象化手段，利用学生已经掌握的词汇。
- 利用词的聚合关系和组合关系掌握词汇。
- 加强词汇的重现和复习。

- 利用多种手段扩大学生的词汇量。

分类——

- 看字形
- 读字音
- 释词义
- 词汇运用

（一）看字形

词汇通过汉字来表示，词汇教学的第一步通常为看字形。字形展示可以通过传统的板书或者看书，教师也可以自己制作生词卡片、PPT 等。看字形通常与其他形式的学习相结合，如读字音、边看边写等。

【例句】

Xiànzài wǒmen lái xuéxí jīntiān de shēngcí, qǐng kàn hēibǎn shang de zhèxiē cí.
（1）现在 我们 来学习今天 的 生词，请 看 黑板 上 的这些词。

Qǐng kàn shū dì yè, wǒmen xuéxí dì-sān kè de shēngcí.
（2）请 看 书第 30 页，我们 学习 第三课的 生词。

Qǐng kàn kǎpiàn shang de shēngcí.
（3）请 看 卡片 上 的 生词。

Qǐng kàn shang de shēngcí.
（4）请 看 PPT 上 的 生词。

Dàjiā juéde nǎ yí gè shēngcí bǐjiào nán xiě?
（5）大家觉得哪一个 生词 比较 难 写？

Wǒmen yìqǐ kàn yíxià… [duànliàn] zhège cí, ránhòu yìqǐ xiě liǎng biàn.
（6）我们 一起看 一下……[如：锻炼] 这个词，然后一起 写 两 遍。

Zhè jǐ gè cí bǐjiào nán, qǐng dàjiā yìbiān kàn lǎoshī zài hēibǎn shang xiě, yìbiān gēnzhe xiě.
（7）这 几个词比较 难，请 大家一边 看 老师 在 黑板 上 写，一边 跟着 写。

Gěi dàjiā liǎng fēnzhōng shíjiān, zài kàn yi kàn jīntiān de shēngcí, yíhuìr wǒmen tīngxiě.
（8）给 大家 两 分钟 时间，再 看一看 今天 的 生词，一会儿 我们 听写。

（二）读字音

之前曾经介绍语音的教学要贯穿汉语教学的始终，“贯穿始终”的含义不仅包括在学习汉语的初级、中级、高级不同阶段都要重视发音，也包括在学习词汇、读课文等不同内容的教学中，都要对发音予以关注。在词汇教学中，教师要通过读字音的环节进一步纠音正调。

【例句】

Qǐng kàn hēibǎn shang de shēngcí, gēn wǒ dú.
（1）请 看 黑板 上 的 生词，跟 我读。

Qǐng kàn kǎpiàn shang de shēngcí, gēn wǒ dú.
（2）请 看 卡片 上 的 生词，跟 我 读。

Qǐng kàn shū shang de shēngcí, gēn wǒ dú.
（3）请 看 书 上 的 生词，跟 我 读。

Qǐng kàn shang de shēngcí, gēn wǒ dú.
（4）请 看 PPT 上 的 生词，跟 我 读。

Dàjiā gēn yìqǐ dú.
（5）大家 跟 ×× 一起读。

Qǐng dàjiā yìqǐ dú.
（6）请 大家一起读。

Wǒmen zài dú yí biàn.
（7）我们 再读一遍。

Qǐng tóngxuémen lúnliú rèn dú, cóng kāishǐ. Hǎo, jiēzhe dú.
（8）请 同学们 轮流 认 读，从 ×× 开始。（××读完）好，×× 接着 读。

Qǐng zuǒbian de tóngxué dú qián shí gè, yòubian de tóngxué dú hòu shí gè.
（9）请 左边 的 同学 读 前 十 个，右边 的 同学 读 后 十 个。

Qǐng tóngxué dú yíxià.
（10）请 ×× 同学 读一下。

Dú de hěn hǎo!
（11）读 得 很 好！

Zhège yīn fā de bù hǎo, dàjiā zài dú yí biàn.
（12）这个 音 发得 不 好，大家 再 读 一 遍。

Zhège yīn fā de bú tài zhǔn, kàn / gēn lǎoshī dú.
（13）这个 音 发得 不太 准，看 / 跟 老师 读。

（三）释词义

解释词义是词汇教学的重要部分，不同词性的词可以采用不同的方法来解释，同时要注重词汇的搭配，在搭配中实现词汇的第一步扩展。比如名词搭配什么量词，动词搭配什么宾语，形容词搭配什么名词，副词搭配什么动词等。

【例句】

Qǐng kàn kǎpiàn, shuōchū zhège cí de dúyīn hé yìsi.
（1）请 看 卡片，说出 这个词的读音和意思。

Qǐng kàn wǒ ná de dōngxi, kuàisù huídá tāmen jiào shénme.
（2）请 看 我拿的 东西，快速回答 它们 叫 什么。

Jīntiān wǒmen xuéxí yìxiē dòngcí, dàjiā kàn wǒ de dòngzuò, yìbiān kàn yìbiān shuōchū zhèxiē dòngcí.
（3）今天 我们 学习一些动词，大家 看 我 的 动作，一边 看 一边 说出 这些 动词。（如：拿、跳、踢等）

Dàjiā kànkan… [zìxué] zhège cí zěnme dú? Zhèli de… [zì] shì shénme
（4）大家 看看……[如：自学] 这个 词 怎么 读？这里的……[如：自] 是 什么

yìsi? … [Xué] shì shénme yìsi? Nàme… [zìxué] shì shénme yìsi?
意思？……[如：学]是 什么意思？那么……[如：自学]是 什么意思？

Qǐng shuōchū xiàliè cí de fǎnyìcí shì shénme. "Lái" de fǎnyìcí shì shénme? "Shàng" de fǎnyìcí shì shénme?
（5）请 说出 下列词的反义词是 什么。"来"的反义词是 什么？"上" 的反义词是 什么？

Qǐng bǎ zhèxiē cí fānyì chéng Wéiwú'ěryǔ.
（6）请 把这些词翻译 成 维吾尔语。

Dàjiā qīngchu le ma? Míngbai le ma?
（7）大家 清楚 了吗？ 明白 了吗？

Kàn zhèxiē cí, wǒmen qǐng tóngxué zhǎo yi zhǎo nǎxiē shì dòngcí, nǎxiē shì míngcí, nǎxiē shì xíngróngcí.
（8）看 这些词，我们 请 同学 找 一 找 哪些是 动词、哪些是名词、哪些是形容词。

Wǒ shuō yí gè míngcí, qǐng dàjiā shuōchū xiāngyìng de liàngcí.
（9）我 说 一个名词，请 大家 说出 相应 的 量词。

Wǒmen kàn… [hǎo] zhège cí yǒu jǐ gè yìsi, jǐ zhǒng cíxìng, jǐ zhǒng dúfǎ.
（10）我们 看……[如：好]这个词 有几个意思、几 种 词性、几 种 读法。

（四）词汇运用

了解了词汇的音、形、义后，要在使用中逐渐达到词汇的熟练运用。词汇扩展、造句等是词汇运用常见的方法，同时教师也可以从听、说、读、写四种技能的角度来思考，扩充更多的综合训练词汇的好方法。

【例句】

Xiàmiàn wǒ shuō yí gè cí, qǐng dàjiā zǔ cí, yuè duō yuè hǎo.
（1）下面 我 说 一个 词，请 大家组词，越 多 越 好。

Qǐng yòng xiàliè cíyǔ zào jù.
（2）请 用 下列 词语 造 句。

Gēnjù xiàmiàn de qíngjǐng, yòng zhǐdìng cíyǔ duìhuà.
（3）根据 下面 的 情景，用 指定 词语 对话。

Xiàmiàn yǒu shí gè cí, qǐng dàjiā yòng qízhōng zhìshǎo wǔ gè biān yí duàn huà.
（4）下面 有 十 个 词，请 大家 用 其中 至少 五 个 编 一 段 话。

Wǒmen yìqǐ yòng hēibǎn shang de cíhuì biān yí gè gùshi, měi gè tóngxué shuō yí jù huà.
（5）我们 一起 用 黑板 上 的词汇 编一个故事，每 个 同学 说一句话。

Xiànzài liǎng gè tóngxué yì zǔ, jìnxíng duìhuà, duìhuà de shíhou yào yòngshang hēibǎn shang de zhè shí gè cí.
（6）现在 两 个 同学 一组，进行 对话，对话 的 时候 要 用上 黑板 上 的 这 十 个 词。

Qǐng dàjiā yòng… yuè lái yuè zào jù, kànkan wǒmen néng zàochū duōshao gè jùzi.
（7）请 大家 用……[如：越来越]造 句，看看 我们 能 造出 多少 个 句子。

Xiàmiàn wǒ wèn dàjiā yìxiē wèntí, dàjiā yào yòng wǒmen jīntiān xuéxí de shēngcí lái huídá wèntí.
（8）下面我问大家一些问题，大家要用我们今天学习的生词来回答问题。

Qǐng dàjiā tīng yí duàn lùyīn, rúguǒ lùyīn zhōng chūxiàn hēibǎn shang de cíhuì, qǐng dàjiā kuàisù jǔ shǒu.
（9）请大家听一段录音，如果录音中出现黑板上的词汇，请大家快速举手。

Qǐng měi wèi tóngxué xiě yí gè xiǎo gùshi, gùshi li zhìshǎo yǒu wǒmen jīntiān xuéguo de wǔ gè cí.
（10）请每位同学写一个小故事，故事里至少有我们今天学过的五个词。

Qǐng dàjiā bǎ xuéguo de yī dào wǔ kè de cíhuì ànzhào cíxìng jìnxíng fēn lèi.
（11）请大家把学过的一到五课的词汇按照词性进行分类。

Qǐng dàjiā shuō yi shuō zìjǐ zuì xǐhuan de yí gè cí, bìng zào yí gè jùzi.
（12）请大家说一说自己最喜欢的一个词，并造一个句子。

Xiànzài wǒ fā gěi měi rén yì zhāng kǎpiàn, kǎpiàn shang yǒu yí gè cí, dàjiā yào qù xúnzhǎo yí gè tóngxué, nàge tóngxué kǎpiàn shang de cí, yào néng hé nǐ de cí dāpèi zài yìqǐ.
（13）现在我发给每人一张卡片，卡片上有一个词，大家要去寻找一个同学，那个同学卡片上的词，要能和你的词搭配在一起。

Xiàmiàn wǒmen zuò yí gè cāi cí yóuxì. Qǐng yí wèi tóngxué dào hēibǎn qiánmiàn, bèi duì hēibǎn zhànhǎo, wǒmen zhǐ hēibǎn shang de yí gè cí, tóngxuémen yào yòng yǔyán duì zhège cí jìnxíng miáoshù, dànshì bù néng shuōchū zhège cí zhōng de Hànzì, qǐng zhàn zài hēibǎn qián de tóngxué cāi yi cāi.
（14）下面我们做一个猜词游戏。请一位同学到黑板前面，背对黑板站好，我们指黑板上的一个词，同学们要用语言对这个词进行描述，但是不能说出这个词中的汉字，请站在黑板前的同学猜一猜。

三、语法教学课堂用语

语法教学一直处于汉语教学的中心地位。它是对汉语词组、句子及话语的组织规律的教学，用以指导言语技能训练并培养正确运用汉语进行交际的能力。在语法教学中，语法规则本身是固定的，但存在不同流派的教学方法。经过多年的探索，目前的语法教学更为注重实践性，多使用情境法。语言教学并非大量地讲解语言知识，而是通过创设情境，调动学生在该情境中使用所教语法结构的句子，在运用中掌握语法的含义与用法，构建学生内在的语法体系。在教学步骤上，语法教学主要包括引入、操练、归纳、综合运用四个部分，本部分也将以此为线索介绍语法教学的课堂用语。

具体要求——

- 提供有意义、贴近学生生活的情境，在真实的情境中操练语法。
- 将语言项目融于丰富的语言活动，突出语言的实践性、交际性。

- 在教师的辅助下，鼓励学生自我探索、总结、归纳语法结构。
- 讲解语言项目时，少用晦涩的语法术语。
- 通过语言对比，强调语法的重点和难点。
- 对学生的语法错误要进行分析、总结，对症下药。

分类——

- 语法引入
- 语法操练
- 语法结构总结
- 语法综合运用

（一）语法引入

“今天我们学习‘把’字句。”“上课前老师说什么了？对！‘请大家把作业本给我。’‘请大家把书打开。’这两个句子中都有什么字？”同样是语言的引入，后一种引入的方法或许更有利于带领学生开始“把”字句的学习。语法引入指教师将新的语言项目自然地介绍给学生，巧妙的语法引入将帮助学生快速初步了解语法的含义，常用的引入方法包括以旧带新、实物图片引入、情景引入等。

【例句】

Qǐng kàn wǒ shǒu li názhe shénme? Duì. Zhè shì yì běn shū. Zhè shì shéi de shū?
（1）请看我手里拿着什么？对。这是一本书。这是谁的书？(导入表领属的“的”）

Jīntiān, wǒmen yìqǐ lái “bǐ yi bǐ”. qǐng zhàn qilai yíxià, wǒmen liǎng gè lái bǐbi gèzi. Shì gāo háishi wǒ gāo? Wǒmen kěyǐ zěnme shuō? Duì, bǐ lǎoshī gāo.
（2）今天，我们一起来“比一比”。××请站起来一下，我们两个来比比个子。是××高还是我高？我们可以怎么说？对，××比老师高。

Wǒ shǒu li yǒu yí gè píngguǒ hé yí gè lí, píngguǒ wǔ kuài qián yì jīn, lí sì kuài qián yì jīn, wǒmen kěyǐ zěnme shuō?
（3）我手里有一个苹果和一个梨，苹果五块钱一斤，梨四块钱一斤，我们可以怎么说？（导入“比”字句中的“A 比 B+ 形容词”）

Qǐng dàjiā kàn wǒ shǒu li de zhàopiàn, lǐmiàn dōu shì zánmen bān de tóngxué, dàjiā shuō yi shuō, wǒmen “zhèngzài” zuò shénme? Xiān kàn dì-yī zhāng, wǒmen zhèngzài zuò shénme? Pá shān, wǒmen kěyǐ shuō “wǒmen zhèngzài pá shān”. Zài kàn dì-èr zhāng…
（4）请大家看我手里的照片，里面都是咱们班的同学，大家说一说，我们“正在”做什么？先看第一张，我们正在做什么？爬山，我们可以说（引导学生说）“我们正在爬山”。再看第二张……（导入“正在”）

shang de túpiàn shì shénme dìfang? Duì, Běijīng. Qǐng dàjiā tīng wǒ de wèntí, nǐmen “qù-
（5）PPT 上的图片是什么地方？对，北京。请大家听我的问题，你们“去

guo" Běijīng ma? Zài tīng wǒ shuō yí biàn, nǐmen "qùguo" Běijīng ma? À, wǒmen bān yǒu hěn duō rén
过”北京 吗？再 听 我 说 一 遍，你们“去过”北京 吗？啊，我们 班 有 很 多 人

qùguo, qùguo de tóngxué qǐng jǔ shǒu. Qùguo de tóngxué kěyǐ shuō… "wǒmen qùguo Běijīng", wǒmen
去过，去过的 同学 请 举 手。去过 的 同学 可以 说……“我们 去过 北京”，我们

zài shuō yí biàn, "wǒmen qùguo Běijīng". Kěyǐ shuō "lǎoshī méi qù-
再 说 一 遍，“我们 去过 北京”。（老师摆手暗示“没去过”）可以 说“老师 没 去

guo Běijīng". Hái yǒu tóngxué hé wǒ yíyàng, méi qùguo ma? À, yě méi qùguo. Wǒmen yǐqián xué-
过 北京”。还 有 同学 和 我 一样，没 去过 吗？啊，××也 没 去过。我们 以前 学

guo "yǒude… yǒude…", suǒyǐ wǒmen kěyǐ shuō… duì, "wǒmen bān yǒude tóngxué qùguo Běi-
过“有的……有的……”，所以 我们 可以 说……对，“我们 班 有的 同学 去过 北

jīng, yǒude tóngxué méi qùguo Běijīng".
京，有的 同学 没 去过 北京”。（导入“V+过”）

Shàng kè qián lǎoshī shuō shénme le? Duì! Qǐng dàjiā bǎ zuòyèběn gěi wǒ. Qǐng dàjiā bǎ shū
（6）上 课 前 老师 说 什么 了？对！请 大家 把 作业本 给 我。请 大家 把 书

dǎkāi. Zhè liǎng gè jùzi zhōng dōu yǒu shénme zì? "Bǎ", shì bu shì? Wǒmen jīntiān lái xuéxí shēnghuó
打开。这 两 个 句子 中 都 有 什么 字？“把”，是不是？我们 今天 来 学习 生活

zhōng chángcháng shǐyòng de "bǎ" zì jù. Qǐng dàjiā kàn wǒ de dòngzuò, shuōshuo wǒ zài zuò shénme.
中 常常 使用 的“把”字句。请 大家 看 我 的 动作，说说 我 在 做 什么。

Wǒ gāngcái zài zuò shénme? Lǎoshī, bǎ, bǎ shénme
（老师做出“把书放在桌子上”的动作）我 刚才 在 做 什么？老师，把，把 什么

dōngxi? Bǎ shū, bǎ shū fàng zài shénme dìfang le? Fàng zài zhuōzi shang le. Hǎo, gēn wǒ yìqǐ shuō, "lǎo-
东西？把 书，把 书 放 在 什么 地方 了？放 在 桌子 上 了。好，跟 我 一起 说，“老

shī bǎ shū fàng zài zhuōzi shang le", zài lái shuō yí biàn, "lǎoshī bǎ shū fàng zài zhuōzi shang le".
师 把 书 放 在 桌子 上 了”，再 来 说 一 遍，“老师 把 书 放 在 桌子 上 了”。××，

nǐ lái shuō yí biàn. nǐ shuō yí biàn. Hǎo, wǒmen quán bān yìqǐ shuō yí biàn.
你 来 说 一 遍。××，你 说 一 遍。好，我们 全 班 一起 说 一 遍。

Wǒmen gāngcái dúle zhè duàn huà, qǐng dàjiā huídá wǒ yí gè wèntí: "Kèwén lǐmiàn de 'wǒ'
（7）我们 刚才 读了 这 段 话，请 大家 回答 我 一 个 问题：“课文 里面 的‘我’

shì bu shì bú yuànyì gàosu lǎoshī yuányīn?" Duì! Bú shì. Nà wèi shénme méiyǒu gàosu lǎoshī ne? Duì!
是不是 不 愿意 告诉 老师 原因？”对！不 是。那 为 什么 没有 告诉 老师 呢？对！

Yīnwei "bù zhīdao zěnme shuō". Kèwén li zhè jù huà zěnme shuō de? Dàjiā yìqǐ dú yí biàn. "Wǒ gùyì
因为“不 知道 怎么 说”。课文 里 这 句 话 怎么 说 的？大家 一起 读 一 遍。“我 故意

bǎochí chénmò, bú shì bú yuànyì gàosu lǎoshī yuányīn, ér shì bù zhīdao zěnme shuō." Zhè lǐmiàn de "bú
保持 沉默，不 是 不 愿意 告诉 老师 原因，而 是 不 知道 怎么 说。”这 里面 的“不

shì… ér shì…" qǐng dàjiā huà xialai, shì zhè kè shū yí gè zhòngyào de yǔyán jiégòu.
是……而 是……”请 大家 画 下来，是 这 课 书 一 个 重要 的 语言 结构。

（二）语法操练

学生对于语法的掌握是练出来的，而不是教师讲出来的，所以让学生练得好是教师备课的核心。语言的操练应当有死有活，也就是说，翻译、句型替换等练习是必不可少的，但除此之外，也需要一些灵活的练习，让学生尽量多开口。

【例句】

Xiàmiàn shì jīntiān xué de jùxíng, qǐng zuò tìhuàn liànxí. Liǎng rén yì zǔ.
（1）下面　是今天　学的句型，请　做　替换　练习。两　人一组。

Zhè shì jùzi kuòzhǎn liànxí. Kàn lìjù, mófǎng lìjù zuò liànxí.
（2）这　是句子扩展　练习。看例句，模仿　例句做练习。

Qǐng bǎ zhè jù huà fānyì chéng Wéiwú'ěryǔ, zhùyì jù zhōng de yǔfǎ xiàngmù de yìfǎ.
（3）请　把这句话翻译　成　维吾尔语，注意句　中　的语法　项目　的译法。

Jiāng xiàliè chénshùjù biànchéng yíwènjù / fǒudìngjù.
（4）将　下列　陈述句　变成　疑问句/否定句。

Qǐng àn wǒ gěi de shíjiāncí shuō yí duàn huà.
（5）请　按我给的时间词　说　一　段　话。

Xiànzài liǎng gè tóngxué yì zǔ, yí gè tóngxué wèn lìng yí gè tóngxué huídá, ránhòu jiāohuàn.
（6）现在　两　个　同学　一组，一个　同学　问　另一个　同学　回答，然后　交换。

Wèn hé huídá de shíhou dōu yào yòngshang wǒmen gāngcái xué de… [Zhè shì shéi de…? Zhè shì… de…] jùshì.
问　和回答的　时候　都　要　用上　我们　刚才　学　的……[如：这　是　谁　的……？这是……的……]　句式。

Wǒ zài hēibǎn shang tiēle wǔ zhāng túpiàn, wǒmen yòng "bǐ" zì jù yìqǐ shuō yi shuō.
（7）我　在　黑板　上　贴了五　张　图片，我们　用"比"字句一起　说　一　说。

Gāngcái wǒmen yìqǐ shuōle zhàopiàn shang de rén zhèngzài zuò shénme, nà xiànzài wǒmen zài zuò shénme ne? Duì! Wǒmen zài shàng kè. Nǐmen de jiārén ne? Tāmen xiànzài zhèngzài zuò shénme? Shéi lái shuō yi shuō?
（8）刚才　我们一起说了　照片　上　的人　正在　做　什么，那现在　我们在　做　什么　呢？对！我们　在　上　课。你们的　家人呢？他们　现在　正在　做　什么？谁　来　说　一　说？

Wǒmen bān yǒude tóngxué qùguo Wūlǔmùqí, yǒude tóngxué méi qùguo. Nà wǒmen bān tóngxué dōu qùguo shénme dìfang ne? Wǒ xiān shuō, wǒ qùguo Kāshí hé Tǔlǔfān, nǐmen ne?
（9）我们　班　有的　同学　去过乌鲁木齐，有的　同学　没去过。那　我们　班　同学　都　去过　什么　地方　呢？我　先　说，我　去过　喀什和吐鲁番，你们　呢？

Xiànzài wǒ yào zài zuò jǐ gè dòngzuò, qǐng tóngxuémen lái shuō "bǎ" zì jù.
（10）现在　我要再做几个　动作，请　同学们　来　说"把"字句。

Qǐng dàjiā huídá wǒ de wèntí, huídá shí yòngshang yǔfǎdiǎn "bú shì… ér shì…". Jīntiān shì xīngqītiān ma? Xiànzài shì wǎnshang shí diǎn ma? Wǒmen shì yīniánjí de xuésheng ma?…
（11）请　大家回答我　的问题，回答时　用上　语法点"不是……而是……"。今天　是星期天　吗？现在是　晚上　十　点　吗？我们　是一年级的　学生　吗？……

Qǐng kàn zhè zhāng dìtú, wǒmen jiàoxuélóu zài xuéxiào de nǎge fāngxiàng?
（12）请　看　这　张　地图，我们　教学楼　在　学校　的哪个　方向？

Qǐng dàjiā kàn wǒ huà huàr, kàn zhè fú huàr shuō yí gè jùzi.
（13）请　大家看　我画　画儿，看　这幅画儿说一个句子。

Xiànzài lǎoshī shuō jùzi, nǐmen zuò dòngzuò. [Wǎng qián zǒu.]
（14）现在　老师　说句子，你们　做　动作。[如：往　前　走。]

Xiàmiàn shì yìxiē guānlián cíyǔ de liànxí, wǒ shuō qián bàn jù, nǐmen shuō hòu bàn jù.
（15）下面 是一些 关联 词语的练习，我 说 前 半句，你们 说 后 半句。

（三）语法结构总结

虽然我们一再强调情景创设、语法运用在语法教学中的重要性，但也不等于语法一点儿也不需要讲解。实际上，对于成人及青少年来说，语言结构的总结和适度讲解是十分必要的，能帮助学生对所学语法进行系统的梳理，从而对语法的结构、意义、功能有更明确的认识。需要强调的是，总结语法结构是语言教学的点睛之笔，总结时要精练，最好能引领学生自己去总结，教师总结时慎用晦涩的语法术语，避免加大语法接受的难度。如果学生的第一语言比较统一，比如都是维吾尔语，教师可以将其与汉语的语法相比较，帮助学生领会两种语言的不同之处。

【例句】

Zhè shì wǒmen jīntiān xué de yǔfǎ, qǐng dàjiā gēn wǒ dú yí biàn.
（1）这 是 我们 今天 学 的语法，请 大家 跟 我读一 遍。

Xiàmiàn wǒmen tīngxiě sān gè jùzi, zhùyì xuéguo de yǔfǎdiǎn.
（2）下面 我们 听写 三 个句子，注意 学过 的 语法点。

Jīntiān wǒmen xuéxí de yǔfǎ xiàngmù yǒu sān gè, wǒ lái guīnà yíxià.
（3）今天 我们 学习的语法 项目 有 三 个，我来 归纳一下。

Qǐng kàn Hànyǔ li dìdiǎn zhuàngyǔ de wèizhì, zhùyì huà hóngxiàn de bùfen.
（4）请 看 汉语里 地点 状语 的 位置，注意 画 红线 的 部分。

Jīntiān wǒmen jiǎng de yǔfǎ shì… ["bǎ" zì jù], qǐng kàn… ["bǎ" zì jù] de gōngshì.
（5）今天 我们 讲 的语法是……[如："把"字句]，请 看……[如："把"字句] 的 公式。

Jīntiān wǒmen jiǎng de yǔfǎ shì… [kěnéng bǔyǔ], wǒmen yìqǐ fēnxī yíxià zhège yǔfǎ de jiégòu: … [Kàn, tīng, shuō, dǎ, chū shì shénme cí? Duì, dòngcí. Kěndìngjù hòumiàn shì shénme? De. Fǒudìngjù ne? Bù. Wán, dǒng, kāi shì jiéguǒ bǔyǔ, lái shì qūxiàng bǔyǔ.]
（6）今天 我们 讲 的语法是……[如：可能 补语]，我们一起分析一下这个语法的结构：……[如：看、听、说、打、出是 什么 词？对，动词。肯定句 后面是 什么？得。否定句 呢？不。完、懂、开是 结果补语，来是 趋向 补语。]

Jīntiān wǒmen xuéxíle jǐ gè zhòngyào de yǔyán jiégòu? Xiànzài sì gè tóngxué yì zǔ, yìqǐ shuō yi shuō, ránhòu yòng jīntiān de jǐ gè yǔfǎ jiégòu gè shuō jǐ gè jùzi. Yíhuìr wǒmen kànkan nǎ zǔ shuō de zuì duō zuì hǎo!
（7）今天 我们 学习了几个 重要 的语言 结构？现在四个 同学 一组，一起说一说，然后 用 今天 的几个语法结构 各 说 几个句子。一会儿我们 看看 哪组 说得 最 多 最 好！

（四）语法综合运用

语法综合运用是指学生基本掌握了本课的语言结构后，教师通过创设情景等方式让学生活学活用，让所学的语言结构能够真正用在学生的交际中。所以，教师创设的情景、教师引导的话语要让学生有内容想说、有内容可说，而不是只为了练习语法而操练。除了口语以外，练习也可以是听、读、写等其他技能的综合练习。

【例句】

Xiàmiàn, liǎng gè rén yì zǔ, wǒ lái dú yí duàn huà, nǐmen bǎ wǒ shuō de huà kuàisù de jìlù xialai, ránhòu yìqǐ cóng zhè duàn huà zhōng zhǎochū jīntiān xué de yǔfǎdiǎn…, zhīhòu, liǎng gè rén zài yìqǐ bǎ wǒ dú de huà xiě xialai, kěyǐ hé wǒ shuō de bú tài yíyàng, dànshì yào yòng wǒmen jīntiān xué de yǔyándiǎn. Zuìhòu yìqǐ lái dú yi dú, dú de shíhou zhùyì fāyīn.

（1）下面，两个人一组，我来读一段话，你们把我说的话快速地记录下来，然后一起从这段话中找出今天学的语法点……，之后，两个人再一起把我读的话写下来，可以和我说的不太一样，但是要用我们今天学的语言点。最后一起来读一读，读的时候注意发音。

Xiàmiàn qǐng sì dào wǔ gè tóngxué yì zǔ, qízhōng de yí gè tóngxué zuò zhǔchírén, qítā rén shì jīntiān jiémù de jiābīn, yìqǐ zhǔnbèi yì qī diànshì jiémù, diànshì jiémù de míngzi jiào "nǐ qùguo nǎli". Zài jiémù li, dàjiā yào yòngdào wǒmen jīntiān xué de yǔfǎ. Cānjiā jiémù de jiābīn yào xiān jièshào yíxià zìjǐ, ránhòu zhǔchírén lái tíwèn, zhǔchírén de wèntí kěyǐ shì "nǐ qùguo nǎli" "nǐ chīguo shénme dōngxi" "nǐ cānguānguo nǎxiē jǐngdiǎn" děngděng. Yíhuìr měi gè zǔ dōu yào shàng tái lái biǎoyǎn.

（2）下面请四到五个同学一组，其中的一个同学做主持人，其他人是今天节目的嘉宾，一起准备一期电视节目，电视节目的名字叫"你去过哪里"。在节目里，大家要用到我们今天学的语法。参加节目的嘉宾要先介绍一下自己，然后主持人来提问，主持人的问题可以是"你去过哪里""你吃过什么东西""你参观过哪些景点"等等。一会儿每个组都要上台来表演。

Gāngcái wǒmen xuéxíle… [fùhé qūxiàng bǔyǔ], lǎoshī lùzhì le yí duàn shìpín, dàjiā yìbiān kàn shìpín, yìbiān shuō tāmen zài zuò shénme.

（3）刚才我们学习了……[如：复合趋向补语]，老师录制了一段视频，大家一边看视频，一边说他们在做什么。（视频内容可以是：老师走过来了，老师走进教室里来了，他爬过来了，他跑过去了，等等。）

Jīntiān de kèwén shì guānyú tóngxué guānxi de, jīntiān de zuòyè shì sīkǎo yíxià "rúhé chǔlǐ yǔ tārén zhī jiān de guānxi", xiǎng yi xiǎng nǐ píngshí shì zěnme zuò de, nǐ yùdàoguo shénme wèntí, zěnme chǔlǐ de. Xià jié kè qǐng dàjiā lái shuō, shuō de shíhou yòngshang yǐxià de yǔfǎ jiégòu…

（4）今天的课文是关于同学关系的，今天的作业是思考一下"如何处理与他人之间的关系"，想一想你平时是怎么做的，你遇到过什么问题，怎么处理的。下节课请大家来说，说的时候用上以下的语法结构……

Xiàxīngqī wǒmen jǔxíng yí gè yǎnjiǎng bǐsài, tímù shì… [《Xuéxí Hànyǔ De Kǔ Yǔ Lè》], yǎnjiǎng de shíhou, dàjiā yào yòngshang de cí wǒ xiě zài hēibǎn shang le, qǐng dàjiā xiě xialai, huí jiā hòu hǎohāor zhǔnbèi.

（5）下星期我们举行一个演讲比赛，题目是……[如：《学习汉语的苦与乐》]，演讲的时候，大家要用上的词我写在黑板上了，请大家写下来，回家后好好儿准备。

Jīntiān wǒmen xuéle zài chǎnshù lǐyóu de shíhou wǒmen zěnme shuō, míngtiān wǒmen jìnxíng
（6）今天 我们 学了在 阐述 理由的 时候 我们 怎么 说，明天 我们 进行
yí gè xiǎoxíng de biànlùn bǐsài, tímù shì… [《Bìyèshēng Yīng Bu Yīnggāi Xuǎnzé "Mànjiù-
一个 小型 的 辩论 比赛，题目是……[如：《毕业生 应 不 应该 选择 "慢就
yè"》], biànlùn de shíhou dàjiā kěyǐ yòngshang jīntiān xuéxí de nèiróng.
业"》]，辩论 的 时候 大家可以 用上 今天 学习 的 内容。

Jīntiān de zuòyè shì xiě "yìtiān de huódòng", zhùyì yào yòngshang xuéguo de shíjiāncí.
（7）今天 的 作业 是 写"一天 的 活动"，注意要 用上 学过 的 时间词。

四、汉字教学课堂用语

汉字是汉语的书面形式，是汉语教学的重要组成部分。对于以汉语为第二语言的学习者来说，汉字是必须掌握的工具。汉字是一种表意文字。形声脱节，较难认读；形体复杂，较难书写。对初次接触汉字的第二语言学习者来说尤其如此。

关于汉字教学的方法，学者们曾提出不同的观点，如"认写分流、多认少写""认读分流、多认多写""认写合流、认写同步"等观点。这些观点的焦点在于汉语认读与汉语书写的关系，或主张先认读后书写或提出二者同时进行，支持认读和书写分开的学者，也存在写多写少的不同看法。教学以学生为中心，哪一种方法更为适用，最重要的是考虑学生的水平。教师们可兼容并包，在不同的教学阶段使用最为适宜的方法。

具体要求——

- 汉字的认读与书写相结合，如学生基础较薄弱，在基础阶段可先认后写，对于程度较高的学生，可以逐步过渡到认写合流。
- 运用汉字本身的规律，形象、生动、有逻辑性地进行教学。
- 按笔画、部件、整字三个层次教学，以部件为基本单位。
- 与词汇、语法教学相结合。
- 根据汉字的特征，不断总结归纳。
- 通过各种手段增加汉字的重现率。

分类——

- 汉字认读
- 汉字书写
- 汉字综合练习

（一）汉字认读

无论是"认写分流、多认少写""认读分流、多认多写"，还是"认写合流、认写同步"，汉字教学的伊始都是汉字认读。汉字认读是有关字形识别和再认的过程，在

认读汉字的过程中，除了单个汉字的机械认读以外，教师要鼓励学生自我发现汉字读音的规律，并帮助学生进行总结，同时尽量增加汉字的重现率，使汉字的读音能由学生的短时记忆尽快进入长时记忆。此外，语音教学要贯彻始终，汉字认读的时候也是教师纠音正调的好时机，将汉字教学与语音教学相结合。

【例句】

Kàn zhège zì, dàjiā gēn wǒ niàn: … ["Hàn", Hànyǔ de "Hàn", diǎn, diǎn, tí, héng-piě, nà. Zhège zì niàn "Hàn".]
(1) 看 这个字，大家 跟 我 念：……[如："汉"，汉语 的 "汉"，点、点、提、横撇、捺。这个字 念 "汉"。]

Qǐng dàjiā gēn wǒ dú.
(2) 请 大家 跟 我 读。

Hǎo, wǒmen zài dú yí biàn.
(3) 好，我们 再读一 遍。

Qǐng tóngxuémen dú shēngcí, wǒmen xiān ànzhào hēibǎn shang shēngcí de shùnxù lái dú.
(4) 请 同学们 读 生词，我们 先 按照 黑板 上 生词 的 顺序 来读。

Xiàmiàn wǒ zhǐ nǎ yí gè, tóngxuémen yìqǐ dú nǎ yí gè.
(5) 下面 我 指 哪一个，同学们 一起 读 哪一个。

Ànzhào hēibǎn shang shēngcí de shùnxù, cóng kāishǐ, měi gè tóngxué dú liǎng gè, dú de shíhou zhùyì fāyīn.
(6) 按照 黑板 上 生词 的 顺序，从 ×× 开始，每 个 同学 读 两 个，读的时候 注意发音。

Jīntiān qǐng yí wèi tóngxué dāng xiǎo lǎoshī, dài dàjiā dú yí biàn. Rúguǒ xiǎo lǎoshī dúduì le, dàjiā gēnzhe xiǎo lǎoshī dà shēng de dú chulai; rúguǒ tā dúcuò le, dàjiā yào dà shēng de dúchū duì de yīn.
(7) 今天 请 一位 同学 当 小 老师，带大家读一 遍。如果 小 老师 读对了，大家跟着 小 老师 大 声 地读出来；如果他读错了，大家要 大 声 地读出 对的 音。

Wǒmen jīntiān bǐ yi bǐ shéi dú de yòu kuài yòu hǎo, dàjiā gēnzhe wǒ de sùdù, wǒ zhǐ nǎge Hànzì, dàjiā jiù kuàisù de dú chulai.
(8) 我们 今天比一比 谁 读得 又 快 又 好，大家 跟着 我的速度，我指哪个汉字，大家就 快速 地读 出来。

Zài kāishǐ jiǎngjiě cíyì zhīqián, wǒmen zuìhòu zài dú yí biàn.
(9) 在 开始 讲解词义之前，我们 最后 再 读一 遍。

Xià kè zhīqián, wǒmen zài yìqǐ fùxí yíxià zhè jié kè xuéguo de Hànzì.
(10) 下 课 之前，我们 再一起复习一下 这 节课 学过 的 汉字。

Qǐng dàjiā kàn wǒ shǒu li de cíkǎ, dúchū cíkǎ shang de Hànzì.
(11) 请 大家 看 我 手 里的词卡，读出词卡 上 的汉字。

Kàn kǎpiàn shí zì. Kàn kǎpiàn shang de zì, bǎ tā de Hànyǔ pīnyīn xiě xialai.
(12) 看 卡片 识 字。看 卡片 上 的字，把它的 汉语 拼音 写下来。

Qǐng xuǎnzé zhèngquè de Hànzì tiánkòng.
(13) 请 选择 正确 的汉字 填空。

Xiàmiàn zhè jù huà li yǒu jǐ gè cuòwù de Hànzì, qǐng dàjiā zhǎo chulai.
（14）下面 这句话里有几个错误的汉字，请大家找 出来。

Wǒmen yào lìyòng xíngshēngzì shēngpáng de biǎoyīn gōngnéng xuéxí Hànzì. Yī shì shēngpáng de shēng yùn diào yǔ qí suǒ zǔchéng de Hànzì de dúyīn wánquán xiāngtóng, rú: gōng—gōng, tài—tài, nǎi—nǎi. Èr shì shēngdiào bù tóng, rú: qí—qī, guān—guǎn. Sān shì shēngmǔ bù tóng, rú: wèi—mèi, jiàn—xiàn. Sì shì yùnmǔ bù tóng, rú: jǐng—jiǎng.
（15）我们 要利用 形声字 声旁 的表音 功能 学习汉字。一是 声旁 的 声 韵 调 与其所 组成 的汉字的读音 完全 相同，如：工—功、太—态、乃—奶。二是 声调 不 同，如：其—期、官—馆。三 是 声母 不 同，如：未—妹、见—现。四是 韵母 不 同，如：井—讲。

（二）汉字书写

汉字书写难于汉字认读，汉字书写可谓是汉字教学中的一大难点。在汉字书写教学中，教师需要不断鼓励学生，帮助他们树立“汉字不难”的自信心，培养他们的汉字书写兴趣。在教学中，教师可以按照笔画、部件、整字的层次，同时以部件为基本单位进行教学。此外，汉字书写的根本目的不在于会写个别汉字，而在于使用汉字进行交际，所以在学生掌握了一些汉字后，就要鼓励学生使用这些汉字写出自己想说的话，短到一句话，长到一篇日记、文章，激发学生使用汉字的兴趣。遇到不会写的汉字是十分正常的，当学生遇到不会写的汉字时，教师可以鼓励学生自己去学习，积累自己的汉字字典。

【例句】

Jīntiān wǒmen xuéxí Hànzì de jīběn bǐhuà, yígòng yǒu liù gè. Dàjiā yìbiān kàn yìbiān gēn wǒ xiě yìbiān shuō: héng, shù, piě, nà, diǎn, tí.
（1）今天 我们 学习汉字的基本笔画，一共 有六个。大家一边 看 一边 跟 我写 一边 说：横、竖、撇、捺、点、提。

Dàjiā kàn wǒ yùnbǐ de fāngfǎ.
（2）大家看我运笔 的方法。

Dàjiā bǎ shǒu jǔ qilai, gēn wǒ yìqǐ shūkōng.
（3）大家把 手 举起来，跟 我一起 书空。

Zhùyì! Hànzì de jiégòu shì zuǒ-yòu, zuǒ-zhōng-yòu, shàng-xià, shàng-zhōng-xià, bāowéi, bànbāowéi.
（4）注意！汉字的结构 是 左右、左中右、 上下、 上中下、 包围、半包围。

Jīntiān wǒmen xuéxí dútǐzì. Xǔduō dútǐzì shì yóu lìng yí gè dútǐzì zēngjiǎn bǐhuà huò biànhuàn bǐxíng ér lái de. Lìrú: dà—tài, tiān—fū, mù—zì děng.
（5）今天 我们 学习独体字。许多独体字是 由 另 一个独体字增减 笔画 或 变换 笔形而来的。例如：大—太、天—夫、目—自 等。

Zhèxiē dútǐzì bù cháng yòng, dàn gòuzìlǜ gāo, wǒmen yě yào xiān xuéxí, wèi hòumiàn de Hànzì xuéxí zuò pūdiàn. Lìrú: yuē, bèi, zhǐ, chóng, mù, mǐn, shī, shì, zhǎo, gē, qiú děng.
（6）这些独体字不 常 用，但构字率 高，我们 也 要 先 学习，为 后面 的汉字学习 做 铺垫。例如：曰、贝、止、虫、目、皿、尸、示、爪、戈、酋 等。

Qǐng kàn zhèxiē hétǐzì, dōu shì yóu piānpáng hé dútǐzì gòuchéng de.
（7）请 看 这些合体字，都 是 由 偏旁 和独体字 构成 的。

Wǒmen kànkan zhège Hànzì néng chāichéng jǐ gè bùjiàn.
（8）我们 看看 这个汉字 能 拆成 几个部件。

Xíngshēngzì xíngpáng de biǎoyì gōngnéng kěyǐ wèi wǒmen tígōng Hànzì de shuāngchóng xìnxī, juédìng hétǐzì de yìyì lèishǔ, yǒulì yú lǐjiě suǒ gòu zhī zì de yìyì. Wǒmen yào lìyòng xíngshēngzì de xíngpáng xué zì.
（9）形声字 形旁 的表意 功能 可以为 我们 提供汉字的 双重 信息，决定合体字的意义类属，有利于理解所 构 之字的意义。我们 要利用 形声字的 形旁 学字。

Xuéxí Hànzì shí, zhùyì yīn xíng yì de jiéhé. Lìrú: mù, shí bā mù.
（10）学习汉字 时，注意音形 意的结合。例如：木，mù（wood）十八木。

Zhèxiē fēichéngzì bùjiàn wǒmen dōu yào xuéxí, tāmen de gòu zì nénglì qiáng.
（11）这些 非成字 部件 我们 都 要学习，它们 的 构字能力 强。

Wǒmen xuéguo… [jiāng] zì, xiànzài wǒmen xuéxí yǔ… [sāndiǎnshuǐ] yǒuguān de Hànzì…
（12）我们 学过……[如：江]字，现在 我们 学习与……[如：三点水]有关 的汉字……

Wǒmen yìqǐ zǒngjié yíxià, dào jīntiān wǒmen dōu xuéguo nǎxiē… [dānrénpáng] de Hànzì le?
（13）我们 一起总结 一下，到 今天 我们 都 学过 哪些……[如：单人旁]的汉字 了？

Qǐng dàjiā gēnjù hēibǎn shang de pīnyīn zài běnzi shang xiěchū xiāngyìng de Hànzì.
（14）请 大家根据 黑板 上 的 拼音 在 本子 上 写出 相应 的汉字。

Xiàmiàn zhè duàn huà yǒude zì cuò le, qǐng dàjiā zhǎo chulai, bìng xiěchū zhèngquè de Hànzì.
（15）下面 这 段 话 有的 字 错 了，请 大家 找 出来，并 写出 正确 的汉字。

Qǐng cóng xiàmiàn de Hànzì zhōng tiāochū jùyǒu xiāngtóng shēngpáng de zì.
（16）请 从 下面 的汉字 中 挑出 具有 相同 声旁 的字。

Qǐng cóng xiàmiàn de Hànzì zhōng tiāochū jùyǒu xiāngtóng xíngpáng de zì.
（17）请 从 下面 的汉字 中 挑出 具有 相同 形旁 的字。

Míngtiān wǒmen jìnxíng yí gè Hànzì shūxiě bǐsài, fànwéi shì dì-yī kè dào dì-wǔ kè de shēngcí, qǐng dàjiā huí jiā hǎohāor zhǔnbèi.
（18）明天 我们 进行一个汉字书写比赛，范围 是第一课到 第五课的 生词，请 大家回 家 好好儿 准备。

Jīntiān wǒ náláile máobǐ, qǐng tóngxuémen shì yi shì yòng máobǐ lái xiě Hànzì.
（19）今天 我拿来了毛笔，请 同学们 试一试 用 毛笔 来写 汉字。

Wǒmen huì xiě duōshao gè Hànzì le? Zhēn liǎobuqǐ!
（20）我们 会写 多少 个汉字了？真 了不起！

Dàjiā xiě de Hànzì fēicháng piàoliang, wǒ zài zánmen bān de hòumiàn bùzhìle yí gè "hànzì-
（21）大家写的汉字非常漂亮，我在咱们班的后面布置了一个"汉字
jiǎo", wǒ huì tiēshang nǐmen de Hànzì zuòpǐn, rúguǒ nǐ juéde zìjǐ xiě de hǎo, yě kěyǐ zìjǐ tiē shangqu.
角"，我会贴上你们的汉字作品，如果你觉得自己写得好，也可以自己贴上去。

（三）汉字综合练习

汉字综合练习主要指将汉字的认读和书写相结合，从多个方面对汉字进行教学。此外，除了认读与书写的结合外，教师也需要教会学生如何自己去学习汉字，自己查字典了解字音、字义等。

【例句】

Qǐng tóngxuémen gēn wǒ yìqǐ xiě Hànzì, yìbiān xiě yìbiān shuōchū bǐhuà, zuìhòu dúchū zìyīn,
（1）请同学们跟我一起写汉字，一边写一边说出笔画，最后读出字音，
zhùyì fāyīn.
注意发音。

Qǐng xuǎnzé zhèngquè de Hànzì tiánkòng, bìng bǎ zhège jùzi dú chulai.
（2）请选择正确的汉字填空，并把这个句子读出来。

Jīntiān wǒmen jìnxíng yí gè "Hànzì pāipāi" de bǐsài, wǒ zài hēibǎn shang tiēle hěn duō de
（3）今天我们进行一个"汉字拍拍"的比赛，我在黑板上贴了很多的
Hànzì, wǒmen liǎng gè tóngxué yì zǔ dào hēibǎn qiánmiàn lái, wǒ shuō nǎge Hànzì, nǐmen jiù yào yòng
汉字，我们两个同学一组到黑板前面来，我说哪个汉字，你们就要用
lì pāi nàge Hànzì, tóngshí bǎ tā dú chulai, pāi de duì dú de zhǔn de rén huòshèng. Shéi lái?
力拍那个汉字，同时把它读出来，拍得对读得准的人获胜。谁来？

Rúguǒ wǒmen bù zhīdao yí gè zì de dúyīn zěnme bàn ne? Wǒmen kěyǐ chá zìdiǎn. Xiàzhōu wǒ
（4）如果我们不知道一个字的读音怎么办呢？我们可以查字典。下周我
jiāo dàjiā zěnme chá zìdiǎn, qǐng tóngxuémen měi rén zhǔnbèi yì běn Shāngwù Yìnshūguǎn de《Xīnhuá Zì-
教大家怎么查字典，请同学们每人准备一本商务印书馆的《新华字
diǎn》(dì bǎn), wǒmen xiān xuéxí yīnxù cházìfǎ, ránhòu zài xuéxí bùshǒu cházìfǎ.
典》（第11版），我们先学习音序查字法，然后再学习部首查字法。

Bǎ dàjiā fēnchéng sì gè zǔ, měi gè rén yǒu yì zhāng Hànzì kǎpiàn, wǒ shuō kāishǐ, měi gè zǔ
（5）把大家分成四个组，每个人有一张汉字卡片，我说开始，每个组
de tóngxué yào kàn yi kàn zìjǐ kǎpiàn shang de zì, ránhòu yòng zhèxiē zì zǔchéng yí gè jùzi, zhīhòu
的同学要看一看自己卡片上的字，然后用这些字组成一个句子，之后
ànzhào jùzi lǐmiàn de zì de shùnxù páihǎo, zuìhòu yìqǐ dà shēng de dúchū běn zǔ de jùzi lái.
按照句子里面的字的顺序排好，最后一起大声地读出本组的句子来。

Wǒmen jīntiān yào lái wánr yí gè "Hànzì pūkèpái". Wǒ zhìzuòle hěn duō Hànzì de kǎpiàn,
（6）我们今天要来玩儿一个"汉字扑克牌"。我制作了很多汉字的卡片，
sì gè tóngxué yì zǔ, měi gè tóngxué shǒu li yǒu shíwǔ zhāng Hànzì kǎpiàn, yí gè tóngxué xiān chū yì zhāng,
四个同学一组，每个同学手里有十五张汉字卡片，一个同学先出一张，
bǐrú "jīn", zhīhòu qítā de tóngxué yào yòng "jīn" zǔ yí gè cí, ránhòu zài jiēchū yí gè jùzi lái, bǐ-
比如"今"，之后其他的同学要用"今"组一个词，然后再接出一个句子来，比

rú "jīntiān wǒ hěn gāoxìng". Nǎ wèi tóngxué shǒu li de pūkèpái xiān yòngwán, nǎ wèi tóngxué jiù yíng le.
如"今天我很 高兴"。哪位 同学 手里的扑克牌先 用完，哪位 同学就赢了。

Wǒmen yě yào kàn nǎ zǔ tóngxué néng zǔchū zuì cháng de jùzi.
我们 也要 看 哪组 同学 能 组出最 长 的句子。

Xiàmiàn zhèxiē dōu shì Hànzì, dànshì hé wǒmen xuéxí de kǎishū yǒu yìxiē bù yíyàng, yǒude
（7）下面 这些 都 是汉字，但是和 我们 学习的 楷书 有一些不 一样，有的

shì zhuànshū, yǒude shì cǎoshū, dàjiā yìqǐ lái cāi yi cāi tāmen shì nǎxiē Hànzì.
是 篆书，有的是 草书，大家一起来猜一猜它们 是哪些汉字。

Qǐng dàjiā yòng wǒmen zhè liǎng tiān xuéguo de Hànzì xiě jùzi, zìshù kěyǐ duō, yě kěyǐ
（8）请 大家 用 我们 这 两 天 学过 的汉字 写句子，字数可以 多，也 可以

shǎo, xiě yí jù yě kěyǐ, xiě hěn duō jù yě kěyǐ. Xià jié kè wǒ qǐng dàjiā lái dú yi dú.
少，写一句 也可以，写 很 多 句也可以。下节课 我 请 大家来读一读。

Wǒmen yǐjīng xuéguo kuài gè Hànzì le, zhège zhōumò qǐng dàjiā xiě yì fēng xìn, gěi bà-
（9）我们 已经 学过 快100个汉字了，这个 周末 请大家写一 封 信，给爸

ba māma, gěi lǎoshī tóngxué, gěi nǐ de xiǎomāo xiǎogǒu dōu kěyǐ, jǐnliàng yòngshang wǒmen xuéguo de
爸妈妈、给老师 同学、给你的 小猫 小狗 都可以，尽量 用上 我们 学过 的

Hànzì, rúguǒ yǒu bú huì de Hànzì, dàjiā kěyǐ wèn wǒ, wèn bàba māma. Xiàxīngqī wǒ qǐng dàjiā lái
汉字，如果 有 不 会 的汉字，大家 可以 问 我、问 爸爸 妈妈。下星期 我 请 大家 来

dú yi dú.
读一读。

第二节　听力教学课堂用语

语言的学习可以分为输入和输出两个部分，听和读属于前者，说与写属于后者。听力教学的目的是培养学生在言语交际中听音理解的能力。要想理解听力材料的内容，一方面需要足够的汉语语言能力，另一方面也需要一些听力技巧，这都是听力教学所要解决的。此外，听、说、读、写四项技能不可分割，说得不好的学生常常听力水平也不高，所以听的能力的培养要与其他技能相结合，如先听后说，先听后读，边听边写等，此外在语音、词汇、语法的教学中同样可以融入"听"的因素。

按照学生的水平，听力教学可以分为不同的阶段：

（1）语音阶段

（2）单句阶段

（3）对话阶段

（4）短文阶段

具体要求——

- 加大听力教学的比重，综合训练与听力专项训练相结合。

- 注意听力材料的可懂性输入。听力材料的难度要适中，既不能太难使学生产生畏难情绪，又不能太简单使学生失去兴趣。
- 听力训练与说、读、写，语音、词汇、语法的教学相结合。
- 听力练习以教材内容为主，同时根据学生的兴趣加以丰富，注意收集声像材料。
- 语言能力的培养和听力技巧的训练相结合。
- 听前扫清词汇、语法障碍，听中提示听力技巧，听后总结听力内容。
- 听不懂时不要急躁，从听力的词汇入手，逐步扩展至单句、语段。
- 学会预测问题。

分类——

- 语音阶段课堂用语
- 单句阶段课堂用语
- 对话阶段课堂用语
- 短文阶段课堂用语

一、语音阶段课堂用语

语音是语言的物质外壳，学习任何一种有声语言都是先从听入手的，听又是先从语音开始的。语音阶段教师的主要任务是使学生掌握辨别分析能力和听后模仿能力等听力理解的微技能。通过这一阶段的教学要使学生发音准确、听音真切；能基本区分出不同音节的声、韵、调；能区分同音词和轻重音；熟悉不同的语速。

具体要求——

- 听力训练和发音练习、写拼音等相结合。
- 坚持重复和模仿。
- 加强辨音练习。

【例句】

Tīng wǒ dú.
（1）听 我读。

Qǐng yìbiān tīng wǒ dú yìbiān xiě shēngmǔ / yùnmǔ / yīnjié.
（2）请 一边 听 我读 一边写 声母 / 韵母 / 音节。

Tīng yīnjié, zhǐchū nǐ tīngdào de shēngmǔ / yùnmǔ / yīnjié / shēngdiào.
（3）听 音节，指出 你 听到 的 声母 / 韵母 / 音节 / 声调。

Qǐng yìbiān tīng yìbiān biāo diàohào.
（4）请 一边 听 一边 标 调号。

Qǐng tīng yīnjié, yòng shǒuzhǐ biǎoshì bù tóng shēngdiào.
（5）请听音节，用手指表示不同声调。

Tīng lùyīn, zài zhōng xuǎnzé zhèngquè de yí gè.
（6）听录音，在ABCD中选择正确的一个。

Qǐng tīng hòu chóngfù tīngdào de yīnjié.
（7）请听后重复听到的音节。

Tīng pīnyīn xiě Hànzì.
（8）听拼音写汉字。

Qǐng tóngxuémen tīng hòu mófǎng yǔyīn liànxí fāyīn.
（9）请同学们听后模仿语音练习发音。

Wǒmen tīng yì zǔ cí, qǐng xuǎnzé tāmen de fǎnyìcí.
（10）我们听一组词，请选择它们的反义词。

Xiàmiàn tīng yì zǔ shēntǐ bùwèi de cí, biān tīng biān tián zài zhège réntǐtú zhōng.
（11）下面听一组身体部位的词，边听边填在这个人体图中。

Tīngbiàn yùnmǔ, tīngdào hányǒu de yīnjié jǔ zuǒshǒu, tīngdào hán de yīnjié jǔ yòushǒu, bù hán zhè liǎng gè yùnmǔ jiù yòng shǒu jiāochā biǎoshì méiyǒu.
（12）听辨韵母，听到含有an的音节举左手，听到含ang的音节举右手，不含这两个韵母就用手交叉表示没有。（可辅助体态语）

Tīngxiě: tīng shēngmǔ xiě shēngmǔ / tīng yīnjié xiě shēngmǔ / tīng yīnjié xiě yùnmǔ / tīng yīnjié biāo diàohào / tīng yīnjié xiě yīnjié / tīng pīnyīn xiě Hànzì / tīngxiě jùzi.
（13）听写：听声母写声母/听音节写声母/听音节写韵母/听音节标调号/听音节写音节/听拼音写汉字/听写句子。

二、单句阶段课堂用语

单句阶段听力教学的主要任务是培养学生的记忆储存能力和联想猜测能力。教师不仅要巩固学生对声、韵、调的区分辨别能力，帮助学生掌握语流中的语音变化，正确辨别语调，还要注重对细节的听辨训练，如注意听人名、地名、数字、方位、时间等细节内容，强化学生对句法结构形式及其意义的领会能力。

具体要求——

- 注意培养学生的短时记忆能力。
- 提示学生随听随记。
- 注重听后的重复。
- 帮助学生抓住单句中的细节，如时间、地点、数字等。
- 听力的训练和词汇、语法教学相结合。

【例句】

Rúguǒ nǐ tīngdàole shíjiāncí, mǎshàng jǔ shǒu.
（1）如果你听到了时间词，马上举手。

Qǐng dàjiā chóngfù tīngdào de jùzi.
（2）请 大家 重复 听到 的句子。

Wǒ shuō yí jù, nǐmen chóngfù yí jù, zhùyì tíngdùn, jùdiào hé yǔqì.
（3）我 说一句，你们 重复一句，注意 停顿、句调 和语气。

Wǒmen tīng shí gè jùzi, qǐng bǎ zhè shí gè jùzi jǐnliàng jì xialai, yíhuìr wǒmen yìqǐ lái shuō yi shuō, kěyǐ hé tīngdào de bù wánquán yíyàng. Zhùyì jùzi lǐmiàn de shíjiān hé shùzì.
（4）我们 听 十个句子，请 把 这 十个句子尽量 记下来，一会儿 我们 一起来说 一说，可以和 听到 的不 完全 一样。注意句子里面的 时间 和数字。

Zhè duàn huà kànlái bǐjiào nán, wǒmen xiànzài dǎkāi shū, tīng yí jù gēnzhe dú yí jù, ránhòu héshàng shū zài tīng, yídìng huì hǎo hěn duō de.
（5）这 段 话 看来 比较 难，我们 现在 打开 书，听一句 跟着 读一句，然后合上 书 再 听，一定 会 好 很 多 的。

Wǒmen tīngxiě shí gè jùzi, měi gè jùzi wǒ dú sān biàn, qǐng dàjiā xiě Hànzì, Hànzì de shàngmiàn xiě pīnyīn.
（6）我们 听写 十个句子，每个句子我读三 遍，请大家写汉字，汉字的 上面 写 拼音。

Wǒmen gāngcái dúle liǎng biàn kèwén, xiànzài wǒ lái wèn wèntí, qǐng dàjiā kuàisù huídá. Dì-yī gè wèntí, gùshi lǐmiàn yǒu jǐ gè rén? … Dì-èr gè wèntí, gùshi fāshēng zài shénme dìfang?… Dì-sān gè wèntí, gùshi fāshēng zài shénme shíjiān?
（7）我们 刚才读了 两 遍 课文，现在 我来 问 问题，请 大家 快速 回答。第一个 问题，故事里面 有几个人？……第二个 问题，故事 发生 在 什么 地方？……第三 个 问题，故事 发生 在 什么 时间？

Qǐng xuǎnchū yìsi xiāngtóng de jùzi.
（8）请 选出 意思 相同 的句子。

Qǐng jìxià tīngdào de diànhuà hàomǎ.
（9）请 记下 听到 的 电话 号码。

Wǒ shuō qián bàn jù, nǐmen shuō hòu bàn jù.
（10）我 说 前 半句，你们 说 后 半句。

Bǎ wǒ shuō de jùzi gǎichéng yìbān yíwènjù.
（11）把我 说 的句子 改成 一般疑问句。

Wǒ shuō yí gè cízǔ, nǐmen yòng zhège cízǔ zào jù.
（12）我 说 一个词组，你们 用 这个词组造 句。

Wǒ shuō yí gè jùzi, qǐng nǐmen jiù zhège jùzi tíwèn.
（13）我 说 一个 句子，请 你们 就这个 句子提问。

Xiàmiàn tīng wǔ jù huà, zhùyì yǔqì yǒu shénme bù yíyàng.
（14）下面 听 五句话，注意语气有 什么 不 一样。

Xiàmiàn wǒmen yòng zhèngcháng sùdù tīng yíxià zhège jùzi.
（15）下面 我们 用 正常 速度 听 一下 这个句子。

Wǒ dú yí gè jùzi, qǐng xuǎnzé yí gè tīngdào de cí tián zài kòngbái chù.
（16）我 读一个 句子，请 选择 一个 听到 的词 填 在 空白 处。

Qǐng yìbiān tīng, yìbiān àn wǒ de zhǐlìng zuò. [qǐng nǐ bǎ chuānghu dǎkāi.]
（17）请一边听，一边按我的指令做。[如：××，请你把窗户打开。]

Qǐng zhùyì, zhè jù huà li huì yòngdào fǎnwènjù, tīng lùyīn, ránhòu zài xiàmiàn sì gè jùzi zhōng xuǎnchū yìsi xiāngtóng de jùzi.
（18）请注意，这句话里会用到反问句，听录音，然后在下面四个句子中选出意思相同的句子。

Zhēnduì zhè jù huà huì wèn shénme wèntí ne? Wǒmen yìqǐ lái xiǎng yi xiǎng.
（19）针对这句话会问什么问题呢？我们一起来想一想。

三、对话阶段课堂用语

在真实的社会环境中，听力能力更多地体现在与他人的对话之中，而且周围的环境可能比较嘈杂。这就需要对话阶段的听力教学培养学生跨越障碍的能力和在语境中的理解能力。本阶段教师的课堂用语应引导学生排除所给听力材料的冗余成分、非关键内容，抓住主要信息，明确了解对话在何时何地何种场合发生，交际双方以什么样的态度进行对话，双方关系如何，说话人期待什么，说话人有什么目的等。

具体要求——

- 了解人物关系和特点。
- 抓住人物表达的核心观点。
- 注重对话中人物的语气和态度。
- 模拟真实对话情景。

【例句】

Xiàmiàn, wǒmen lái tīng yí duàn duìhuà.
（1）下面，我们来听一段对话。

Hé zhīqián tīng de jùzi bù tóng, duìhuà li yǒu bù tóng de rén, bù tóng de rén huì yǒu bù tóng de xiǎngfa. Dàjiā tīng de shíhou zhùyì yǒu jǐ gè rén, tāmen zài shuō yí jiàn shénme shìqing, tāmen de xiǎngfa yíyàng bù yíyàng.
（2）和之前听的句子不同，对话里有不同的人，不同的人会有不同的想法。大家听的时候注意有几个人，他们在说一件什么事情，他们的想法一样不一样。

Dàjiā tīng de shíhou bù néng guāng tīng, yě yào jì yìxiē dōngxi, jǐ gè cí yě kěyǐ. Xiàmiàn wǒmen kāishǐ tīng duìhuà, tīng de shíhou qǐng dàjiā bǎ guānjiàn de cí jì xialai.
（3）大家听的时候不能光听，也要记一些东西，几个词也可以。下面我们开始听对话，听的时候请大家把关键的词记下来。

Hǎo, wǒmen zài tīng yí biàn.
（4）好，我们再听一遍。

Tīng bu dǒng de dìfang tiào guoqu, jìxù wǎng xià tīng.
（5）听不懂的地方跳过去，继续往下听。

Hǎo! Wǒmen tīngle liǎng biàn le, wǒmen xiān bù tīng wèntí, jīntiān qǐng dàjiā yùcè yíxià huì tīngdào shénme wèntí.
（6）好！我们 听了 两 遍了，我们 先 不 听 问题，今天 请 大家预测一下 会 听到 什么 问题。

Zhè duàn duìhuà fāshēng zài shénme dìfang?
（7）这 段 对话 发生 在 什么 地方？

Zhè duàn duìhuà lǐmiàn yǒu jǐ gè rén?
（8）这 段 对话 里面 有几个人？

Duìhuà zhōng de liǎng gè rén shì shénme guānxi?
（9）对话 中 的 两 个人是 什么 关系？

Gāngcái nà duàn huà li, nán de zuò shénme gōngzuò?
（10）刚才 那 段 话里，男 的 做 什么 工作？

Qǐng dàjiā zài tīng yí biàn wèntí, zhùyì wèn de shì shénme, shì nán de de xiǎngfa háishi nǚ de de xiǎngfa.
（11）请 大家再 听 一 遍 问题，注意 问 的是 什么，是 男 的的 想法 还是 女 的的 想法。

Nán de shuō··· [shéi méiyǒu quēdiǎn], zhè jù huà de yìsi shì shénme?
（12）男 的 说……[如：谁 没有 缺点]，这 句话 的意思是 什么？

Qǐng dàjiā yìbiān tīng yìbiān gēnjù duìhuà de nèiróng tiánxiě xiàmiàn de biǎogé.
（13）请 大家一边 听 一边 根据 对话 的 内容 填写 下面 的表格。

Gāngcái duìhuà li yǒu gè cíyǔ··· [kāi yèchē], gēnjù tāmen de duìhuà nèiróng, dàjiā cāi yi cāi shì shénme yìsi.
（14）刚才 对话里有 个词语……[如：开 夜车]，根据 他们 的 对话 内容，大家 猜一猜 是 什么意思。

Gāngcái wǒmen tīngle yí duàn duìhuà, qǐngwèn xiàmiàn nǎ yí jù fúhé duìhuà nèiróng?
（15）刚才 我们 听了一 段 对话，请问 下面 哪一句符合对话 内容？

Tīng xiàmiàn de jùzi, tīng hòu jiù duìhuà xiàng lǎoshī tíwèn.
（16）听 下面 的句子，听 后 就 对话 向 老师 提问。

Tīng yí duàn duìhuà, qǐng pànduàn xiàmiàn jǐ gè jùzi shìfǒu zhèngquè.
（17）听 一 段 对话，请 判断 下面 几个句子是否 正确。

Qǐng liǎng wèi tóngxué fùshù gāngcái tīngdào de duìhuà nèiróng.
（18）请 两 位 同学 复述 刚才 听到 的 对话 内容。

Qǐng gēnjù gāngcái de huìhuà biǎoyǎn, yí wèi tóngxué shì duìhuà zhōng de nánshēng, lìng yí wèi shì nǚshēng.
（19）请 根据 刚才 的会话 表演，一位 同学 是 对话 中 的 男生，另一 位 是 女生。

四、短文阶段课堂用语

短文阶段听力的教学可以融入平时的课文教学中，但需要教师有意识地对学生的听力进行训练。短文阶段听力教学的重点是培养学生的概括总结能力和检索监听能力。教师要训练学生从抓短句要点过渡到理解短文的深层意义，归纳文章中心思想，培养学生的概括能力；引导学生通过上下文理解句子之间的逻辑关系，注意对重点句的理解和抽取。

具体要求——

- 精听与泛听相结合。
- 能抓住短文的结构。
- 能掌握每段的大致意思。
- 能主动记录一些内容、细节。
- 听完后能复述文章大意。
- 听说相结合，就文章内容发表自己的看法。

【例句】

Jīntiān de kèwén, wǒmen xiān bù dú, wǒmen lái tīng.
（1）今天的课文，我们先不读，我们来听。

Tīng zhīqián, wǒ xiān gěi dàjiā jǐ gè wèntí, qǐng dàizhe wèntí tīng, tīngwán hòu huídá wèntí.
（2）听之前，我先给大家几个问题，请带着问题听，听完后回答问题。

Qǐng dàjiā yìbiān tīng yìbiān jìxià guānjiàn de cíyǔ, yíhuìr wǒmen lái kàn yi kàn dàjiā dōu jìlùle shénme nèiróng.
（3）请大家一边听一边记下关键的词语，一会儿我们来看一看大家都记录了什么内容。

Gāngcái zhè duàn duǎnwén dàgài jiǎng de shì shénme shìqing?
（4）刚才这段短文大概讲的是什么事情？

Shéi néng gàosu wǒ, zhè duàn huà de zhōngxīnjù shì nǎ yí jù?
（5）谁能告诉我，这段话的中心句是哪一句？

Xiàmiàn wǒmen yí jù yí jù de tīng, rúguǒ nǐ tīngdàole zhè duàn de zhōngxīnjù, mǎshàng jǔ shǒu.
（6）下面我们一句一句地听，如果你听到了这段的中心句，马上举手。

Yìbiān tīng, yìbiān kàn dìtú, zhǎo dìdiǎn, lùxiàn.
（7）一边听，一边看地图，找地点、路线。

Tīng xiàmiàn de duǎnwén, pànduàn zhèngwù.
（8）听下面的短文，判断正误。

Tīng xiàmiàn de duǎnwén, xuǎnzé zhèngquè de dá'àn.
（9）听下面的短文，选择正确的答案。

Wǒmen tīng sān biàn kèwén, qǐng dàjiā kuàisù de jìlù, kěyǐ yòng Hànyǔ, kěyǐ yòng pīnyīn, yě kěyǐ yòng… yǔ [Wéiwú'ěryǔ], kànkan wǒmen néng jì xialai shénme nèiróng. Ránhòu gěi dàjiā shí fēnzhōng shíjiān, bǎ jì xialai de dōngxi biànchéng yì piān wénzhāng, kànkan hé wǒmen de kèwén
（10）我们听三遍课文，请大家快速地记录，可以用汉语，可以用拼音，也可以用……语［如：维吾尔语］，看看我们能记下来什么内容。然后给大家十分钟时间，把记下来的东西变成一篇文章，看看和我们的课文

yíyàng bù yíyàng.
一样 不 一样。

Qǐng yòng nǐ zìjǐ de huà fùshù gāngcái de duǎnwén.
（11）请 用 你自己的 话 复述 刚才 的 短文。

Qǐng yìbiān tīng yìbiān bǎ wénzhāng zhōng kòngbái de dìfang tiánshang.
（12）请 一边 听 一边 把 文章 中 空白 的 地方 填上。

Zhè piān duǎnwén wǒmen tīng sān biàn, tīng dì-yī biàn shí huídá zhèyàng jǐ gè wèntí:
（13）这 篇 短文 我们 听 三 遍，听 第一 遍 时 回答 这样 几个 问题：
① Zhè jiàn shì fāshēng zài shénme shíhou, shénme dìfang? ② Wénzhāng li yǒu jǐ gè rén? Tāmen shì
① 这 件 事 发生 在 什么 时候，什么 地方？② 文章 里有几个人？他们 是
shénme guānxi?… Tīngwán dì-èr biàn huídá… Tīngwán dì-sān biàn…
什么 关系？……听完 第二 遍 回答……听完 第三 遍……（问题逐步由概括到具体细节）

Gāngcái wǒmen tīngle liǎng biàn wénzhāng, xiànzài qǐng tóngxuémen lái tíwèn.
（14）刚才 我们 听了 两 遍 文章，现在 请 同学们 来提问。

Qǐng bǎ tīngdào de duǎnwén gǎibiān chéng yí gè duìhuà, ránhòu biǎoyǎn.
（15）请 把 听到 的 短文 改编 成 一个 对话，然后 表演。

Qǐng dàjiā rènzhēn tīng zhège gùshi, tīngwán qǐng tóngxuémen bànyǎn gùshi zhōng de rén-
（16）请 大家 认真 听 这个 故事，听完 请 同学们 扮演 故事 中 的人
wù, biǎoyǎn zhège gùshi.
物，表演 这个 故事。

Gāngcái wǒmen tīngle yí duàn guānyú xìngqù àihào de wénzhāng, xiànzài qǐng dàjiā lái tántan
（17）刚才 我们 听了一 段 关于 兴趣 爱好 的 文章，现在 请 大家来谈谈
zìjǐ de xìngqù àihào.
自己的 兴趣 爱好。

Xiàmiàn wǒmen tīng yí duàn xīnwén, tīngwán hòu, qǐng tóngxuémen fābiǎo zìjǐ de kànfa.
（18）下面 我们 听一 段 新闻，听完 后，请 同学们 发表自己的看法。

Jīntiān wǒmen kàn yí gè diànyǐng, zhège diànyǐng yóu wǔ gè xiǎo gùshi zǔchéng, wǒmen jīntiān
（19）今天 我们 看一个 电影，这个 电影 由五个小 故事 组成，我们 今天
xiān kàn dì-yī gè gùshi, kànwán dì-yī gè gùshi yǐhòu qǐng dàjiā gěi tā qǐ yí gè míngzi, ránhòu shuōshuo lǐ-
先 看第一个故事，看完 第一个故事以后 请 大家给它起一个名字，然后 说说 里
miàn de rénwù guānxi. Zuìhòu jǐ gè tóngxué yì zǔ biǎoyǎn yíxià diànyǐng li de gùshi.
面 的人物 关系。最后几个 同学 一组 表演 一下 电影 里的故事。

Jīntiān qǐng dàjiā tīng yí duàn xīnwén, zài xīnwén zhōng, dàjiā zhùyì shìjiàn fāshēng de shí-
（20）今天 请大家 听 一 段 新闻，在 新闻 中，大家注意 事件 发生 的时
jiān, dìdiǎn, hé shìjiàn yǒuguān de rénwù, yǐjí shìjiàn de qǐyīn, guòchéng hé jiéguǒ. Xīnwén de sùdù
间、地点，和 事件 有关 的人物，以及事件 的起因、过程 和结果。新闻 的速度
bǐjiào kuài, wǒmen tīng sān biàn, dàjiā zhùyì jìlù. Yíhuìr wǒmen lái dāng xīnwén bōbàoyuán.
比较 快，我们 听 三 遍，大家注意记录。一会儿 我们 来 当 新闻 播报员。

Shàng jié kè, wǒ qǐng dàjiā chá yi chá wǒguó qítā dìqū de tiānqì qíngkuàng, jīntiān lái dāng
（21）上 节课，我 请 大家 查一查 我国其他地区的天气 情况，今天来 当

tiānqì yùbàoyuán. Wǒ zài gěi dàjiā wǔ fēnzhōng shíjiān zhǔnbèi, ránhòu qǐng tóngxuémen lái bōbào, qítā
天气 预报员。我 再 给大家五 分钟 时间 准备，然后 请 同学们 来播报，其他

tóngxué jìlù tiānqì qíngkuàng.
同学 记录天气 情况。

第三节　阅读教学课堂用语

在听、说、读、写四种技能中，阅读略显不同。听力、口语的训练依赖目的语的语言教学环境，写作的训练则需要他人的指导与批改；然而，阅读是可以依靠学生个体来完成的。阅读教学的目的包括两个方面——培养阅读兴趣与点拨阅读技巧。人类的很多知识是通过阅读获得的，阅读量的大小不但会对听、说、写、词汇、语法等语言能力形成明显影响，而且也将影响学生的知识体系、个人修养等，因此阅读教学的终极目标是使阅读成为学生的一种习惯。此外，阅读在应试中也是必不可少的，教师也应传授学生常用的浏览、默读、扫读、略读、跳读、查读、快速阅读等阅读方法，以及猜测词义、跨越生词、抓关键词句、推测不熟悉的句法结构、归纳段落大意等阅读技巧。

具体要求——

- 提高学生的阅读兴趣，培养阅读习惯。
- 增加阅读数量，课内、课外阅读相结合。
- 传授常用的阅读方法与技巧。
- 提升整体概括能力与细节捕捉能力。
- 阅读教学与词汇积累相结合。
- 阅读教学与会话、写作等能力共同培养。

分类——

- 阅读前课堂用语
- 阅读中课堂用语
- 阅读后课堂用语
- 课外阅读课堂用语

一、阅读前课堂用语

学生阅读文章前，教师应讲解生词，介绍文章的背景知识，让学生在知识和经验上做好阅读文章的准备，引导学生进入阅读状态，为下一步的顺利阅读和理解打下良好的基础；同时教师还应简要介绍一下文章的内容，提出阅读的目的和将要回答的问

题，引发其对内容的预测，为学生设定一定的目标。

具体要求——

- 简单介绍阅读材料的背景，引导学生进入阅读状态。
- 扫清主要的阅读障碍，如重要的生词、语法结构等。
- 提出明确的阅读要求，如精读或泛读、阅读的时间、是否完成读后练习等。
- 训练阅读技巧，如了解文章结构、寻找段落中心句、猜测词义等。

【例句】

Zài yuèdú yǐqián, wǒmen xiān yìqǐ dú yíxià kèwén zhōng de shēngcí.
（1）在阅读以前，我们先一起读一下课文中的生词。

Hǎo, wǒmen zài dú yí biàn shēngcí, yìbiān dú yìbiān lǐjiě tāmen de yìsi.
（2）好，我们再读一遍生词，一边读一边理解它们的意思。

Yǒu jǐ gè shēngcí, wǒmen jiǎng yíxià.
（3）有几个生词，我们讲一下。

Yuèdú zhōng yǒu shēngcí shì shífēn zìrán de. Zài yuèdú zhōng wǒmen yídìng hái huì yùdào yìxiē shēngcí, wǒmen kěyǐ tōngguò shàngxiàwén cāicè tāmen de yìsi, rúguǒ háishi bù míngbai, jiù xiān tiào guoqu, jìxù wǎng xià dú.
（4）阅读中有生词是十分自然的。在阅读中我们一定还会遇到一些生词，我们可以通过上下文猜测它们的意思，如果还是不明白，就先跳过去，继续往下读。

Xiànzài wǒ jièshào yíxià zhè piān wénzhāng de bèijǐng zhīshi.
（5）现在我介绍一下这篇文章的背景知识。

Qǐng kuàisù liúlǎn wénzhāng de tímù.
（6）请快速浏览文章的题目。

Zhè piān wénzhāng de tímù dàjiā yìqǐ dú yíxià…, suǒyǐ zhè piān wénzhāng shì guānyú shénme de?
（7）这篇文章的题目大家一起读一下……，所以这篇文章是关于什么的？

Kàndào wénzhāng de tímù, rúguǒ shì nǐ lái xiě, nǐ huì xiě shénme ne?
（8）看到文章的题目，如果是你来写，你会写什么呢？

Guānyú… [Sūzhōu yuánlín], nǐmen liǎojiě duōshao?
（9）关于……［如：苏州园林］，你们了解多少？

Zhè piān wénzhāng jièshàole…
（10）这篇文章介绍了……

Zài yuèdú 《Kǒngyǐjǐ》 zhè piān kèwén shí, qǐng dàizhe zhèyàng jǐ gè wèntí: Gùshi fāshēng zài nǎr? Gùshi li yǒu jǐ gè zhǔyào rénwù? Tāmen dōu shì zuò shénme de? Kǒngyǐjǐ zuìhòu zěnmeyàng le?
（11）在阅读《孔乙己》这篇课文时，请带着这样几个问题：故事发生在哪儿？故事里有几个主要人物？他们都是做什么的？孔乙己最后怎么样了？

Zhè piān wénzhāng, wǒmen yào xiān fàndú, zài jīngdú, xiān gěi dàjiā shí fēnzhōng de shíjiān,
（12）这篇文章，我们要先泛读，再精读，先给大家十分钟的时间，
qǐng dàjiā dú dì-yī duàn dào dì-sān duàn. Dúwán yǐhòu jǔ shǒu, lǎoshī hǎo zhīdao nǐmen dúwán le.
请大家读第一段到第三段。读完以后举手，老师好知道你们读完了。

Jīntiān, wǒmen liànxí kuàisù yuèdú, shí fēnzhōng de shíjiān, dúwán zhěng piān wénzhāng, bìng
（13）今天，我们练习快速阅读，十分钟的时间，读完整篇文章，并
wánchéng hòumiàn de liànxí.
完成后面的练习。

Jīntiān, wǒmen jiǎng dì-qī kè, 《Jìsuànjī Huì Yǒu Yìshi Ma》, qǐng dàjiā dú dì-yī duàn, dúwán
（14）今天，我们讲第七课，《计算机会有意识吗》，请大家读第一段，读完
yǐhòu yòng jiǎndān de yǔyán gàikuò zhè duàn de yìsi.
以后用简单的语言概括这段的意思。

Zhè shì xiě rén de jìxùwén, dú de shíhou qǐng dàjiā zhùyì zuòzhě shì tōngguò nǎxiē fāngmiàn
（15）这是写人的记叙文，读的时候请大家注意作者是通过哪些方面
lái miáoxiě yí gè rén de.
来描写一个人的。

Zhè shì yì piān shuōmíngwén, shuōmíngle nǎxiē fāngmiàn de gōngnéng ne? Dàjiā dú de shí-
（16）这是一篇说明文，说明了哪些方面的功能呢？大家读的时
hou kěyǐ huà xialai.
候可以画下来。

Zhè shì yì piān yìlùnwén, zài yìlùn zhōng, zuòzhě de lùndiǎn shì shénme? Tā cǎiyòngle nǎxiē
（17）这是一篇议论文，在议论中，作者的论点是什么？他采用了哪些
lùnjù? Shì rúhé lùnzhèng zìjǐ de guāndiǎn de? Dúwán yǐhòu wǒmen lái shuō yi shuō.
论据？是如何论证自己的观点的？读完以后我们来说一说。

Hēibǎn shang yǒu yìxiē cí, dàjiā zài yuèdú de shíhou rúguǒ kàndàole huà xialai.
（18）黑板上有一些词，大家在阅读的时候如果看到了画下来。

Zhùyì, yíhuìr dú de shíhou dàjiā búyào chū shēngyīn, yào mòdú; yùdào bú rènshi de zì
（19）注意，一会儿读的时候大家不要出声音，要默读；遇到不认识的字
búyào chá zìdiǎn, cāi yi cāi tā de yìsi, huòzhě tiào guoqu dú hòumiàn de nèiróng.
不要查字典，猜一猜它的意思，或者跳过去读后面的内容。

二、阅读中课堂用语

阅读中指教师布置完阅读任务后，学生开始进行阅读的过程。在此过程中，教师不宜过度打扰，但要实时监控、进行必要的提醒，比如阅读的进程、阅读的时间、阅读的目标、阅读的技巧，以及提醒阅读中一些不必要的行为，如查字典、纠结于某一句话等。

具体要求——

- 避免过多地打断学生的阅读。
- 必要时提醒阅读要点，提醒的语句简短、明确。

- 纠正学生不利于阅读的习惯。
- 提醒时间，调控阅读速度。

【例句】

Kàndào zhōngxīnjù hé zhòngyào de cí， jùzi huà xialai.
（1）看到 中心句 和 重要 的词、句子画下来。

Mòdú， búyào chū shēng.
（2）默读，不要 出 声。

Búyào yí zì yí zì de dú.
（3）不要一字一字地读。

Búyào fǎnfù dú yí jù huà.
（4）不要反复读一句话。

Dú bu dǒng de jùzi huà xialai， tiào guoqu.
（5）读不懂的句子画下来，跳过去。

Búyòng chá zìdiǎn.
（6）不用 查字典。

Dú de shíhou búyào yòng shǒu zhǐzhe dú.
（7）读的时候不要 用 手 指着读。

Hái yǒu wǔ fēnzhōng shíjiān.
（8）还有五 分钟 时间。

Bié wàngle gāngcái wǒ tí de jǐ gè wèntí.
（9）别 忘了 刚才 我提的几个问题。

Dú de shíhou kěyǐ zuò yìdiǎnr bǐjì.
（10）读的时候可以做一点儿笔记。

Rúguǒ kànwán le， tái tóu shìyì lǎoshī yíxià.
（11）如果 看完 了，抬头示意老师一下。

Dúwán de tóngxué qǐng ānjìng!
（12）读完 的 同学 请 安静！

Shíjiān dào, qǐng kàn hēibǎn.
（13）时间 到，请 看 黑板。

三、阅读后课堂用语

阅读后，教师要通过提问、练习等了解学生对文章的理解情况，肯定学生的进步，指点阅读中可以使用的方法和技巧。同时，更重要的是，教师要发现学生在阅读中出现的问题，分析问题，并引导学生了解问题为何出现，如果遇到类似问题应当如何处理，或者再积累更多的词汇、提高阅读的能力与速度。此外，阅读后，读可以与写、说两项技能以及语音、词汇、语法、汉字等语言要素的训练相结合。

具体要求——

- 了解学生理解情况。

- 指点阅读技巧。
- 与学生共同发现、分析阅读中的问题，有的放矢地训练阅读能力。
- 阅读能力与其他技能、要素的训练相结合。

【例句】

Shéi néng yòng yí jù huà gàikuò yíxià zhè piān wénzhāng shuōle shénme?
（1）谁 能 用一句话 概括一下这 篇 文章 说了 什么？

Zhè piān yìlùnwén de guāndiǎn shì shénme?
（2）这 篇 议论文的 观点 是 什么？

Zhè piān jìxùwén de shíjiān shùnxù shì zěnmeyàng de?
（3）这 篇记叙文的时间 顺序 是 怎么样 的？

Qǐngwèn zuòzhě de tàidu shì shénme?
（4）请问 作者 的态度是 什么？

Xiàmiàn, qǐng tóngxué gēnjù zhè duàn huà lái wèn wèntí.
（5）下面，请 同学 根据这 段 话来问 问题。

Zài jìxùwén / shuōmíngwén / yìlùnwén zhōng, chángcháng huì chūxiàn shénme wèntí? Wǒmen yìqǐ lái xiǎng yi xiǎng.
（6）在记叙文/ 说明文 /议论文 中， 常常 会 出现 什么 问题？我们一起来 想 一 想。

Xiànzài wǒmen yí duàn yí duàn dú.
（7）现在 我们 一 段 一 段 读。

Dì-yī duàn de zhōngxīnjù shì nǎ yí jù?
（8）第一 段 的 中心句 是 哪一句？

Xì dú xiàmiàn de duǎnwén, dú hòu qǐng yòng cǎisèbǐ bǎ nǐ rènwéi zhòngyào de cí huò jùzi huà chulai.
（9）细读 下面 的 短文，读后 请 用 彩色笔把你 认为 重要 的词 或句子画出来。

Xì dú xiàmiàn de duǎnwén, dú hòu bǎ zhòngyào de hé zìjǐ kěnéng xūyào de nèiróng zhāilù xialai.
（10）细读 下面 的 短文，读后把 重要 的和自己可能 需要的 内容 摘录下来。

Zhǎochū wénzhāng zhōng chūxiàn de"shǒuxiān" "ránhòu" "zuìhòu" huò "dì-yī" "dì-èr" "dànshì" "rán'ér" "tóngyàng" "hái" "zàizhě" "érqiě" "jiāzhī" děng cíyǔ, zhǐchū tāmen suǒ qǐ de zuòyòng.
（11）找出 文章 中 出现 的“首先”“然后”“最后”或“第一”“第二”“但是”“然而”“同样”“还”“再者”“而且”“加之”等 词语，指出 它们 所起的作用。

Qǐng dàjiā zhùyì zhè duàn huà zhōng jùzi zhī jiān liáncí de yòngfǎ, wǒmen yě kěyǐ yòng zài zìjǐ de zuòwén zhōng.
（12）请 大家注意这 段 话 中 句子之间连词的用法，我们也可以用 在自己的 作文 中。

Jiéhé shàngxiàwén cāi zhège cí shì shénme yìsi.
（13）结合 上下文 猜这个词是 什么意思。

Xiàmiàn, wǒmen lái kàn liànxí.
（14）下面，我们来看练习。

Yuèdú xiàliè duǎnwén, dú hòu qǐng gēnjù zìjǐ de lǐjiě, xuǎnzé yí gè shìdàng de cíyǔ tiánkòng.
（15）阅读下列短文，读后请根据自己的理解，选择一个适当的词语填空。

Qǐng tóngxué lǎngdú zhè yí duàn.
（16）请××同学朗读这一段。

Xiànzài qǐng tóngxué lǎngdú dì-yī duàn.
（17）现在请××同学朗读第一段。

Gāngcái wǒmen dúwánle zhè piān wénzhāng, xiànzài dàjiā yìqǐ lái tǎolùn.
（18）刚才我们读完了这篇文章，现在大家一起来讨论。

Zhè piān wénzhāng xiě de shì…, zài wǒmen de shēnghuó zhōng, wǒmen yě huì yù-
（19）这篇文章写的是……，在我们的生活中，我们也会遇

dào…. Xiànzài wǒmen sì dào wǔ gè tóngxué yì zǔ, tǎolùn yíxià…
到……。现在我们四到五个同学一组，讨论一下……

Xiàmiàn wǒmen zuò bǔchōng liànxí.
（20）下面我们做补充练习。

Xiànzài wǒmen gēnjù kèwén nèiróng zuò juésè bànyǎn.
（21）现在我们根据课文内容做角色扮演。

Qǐng bǎ zhèxiē jùzi chóngxīn páiliè chéng yí duàn duǎnwén.
（22）请把这些句子重新排列成一段短文。

四、课外阅读课堂用语

课上的时间有限，教师要通过布置作业、开设图书角等方式鼓励、引导学生利用课外时间阅读，从小篇幅的阅读逐步达到“多读书、读好书”。阅读的内容可以是课文内容的延伸，也可以和其他学科正在学习的内容相关联，也可以是学生自己感兴趣的内容。阅读材料的来源可以是教师布置的，也应多鼓励学生自己收集，互相分享。

具体要求——

- 鼓励、引导学生多阅读。
- 介绍优秀的文章和书刊。
- 布置一定的课外阅读作业，并进行检查。
- 让学生根据自己的阅读内容进行互动。

【例句】

Jīntiān, wǒmen bùzhì yí gè kèwài yuèdú zuòyè.
（1）今天，我们布置一个课外阅读作业。

Zhè piān kèwài yuèdú de wénzhāng shì guānyú… [Zhōngguó gè dì fēngsú xíguàn] de.
（2）这篇课外阅读的文章是关于……[如：中国各地风俗习惯]的。

Jīntiān de kèwén shì guānyú… [zhōngxuéshēng shàng wǎng de lì yǔ bì] de, wǒ yě
（3）今天的课文是关于……[如：中学生上网的利与弊]的，我也

gěi dàjiā fùyìnle sān piān wénzhāng, yǔ kèwén nèiróng xiāngsì, qǐng dàjiā huíqu kàn.
给大家复印了三 篇 文章，与课文 内容 相似，请 大家回去 看。

Jīntiān kèwài yuèdú de wénzhāng hé wǒmen de kèwén zài tǐcái shang hěn xiāngsì, dúwán yǐ-
（4）今天 课外 阅读的 文章 和 我们的课文 在体裁 上 很 相似，读完以
hòu, zhǎozhao liǎng piān wénzhāng de gòngtóngdiǎn.
后，找找 两 篇 文章 的 共同点。

Jīntiān de kèwén, wǒmen fēnxīle yíbàn, hòu yíbàn qǐng dàjiā zuòwéi kèwài yuèdú de cáiliào,
（5）今天 的 课文，我们 分析了一半，后 一半 请 大家 作为 课外 阅读 的材料，
huí jiā hòu yuèdú.
回家后 阅读。

Zhè cì de kèwài yuèdú nèiróng shì dú liǎng piān guānyú… [Xīnjiāng lìshǐ] de wénzhāng.
（6）这 次的课外阅读 内容 是读 两 篇 关于……[如：新疆 历史]的 文章。

Wǒ gěi dàjiā tígōng sān piān kèwài yuèdú de wénzhāng, qǐng tóngxuémen fàndú liǎng piān, xuǎn-
（7）我 给大家提供 三 篇 课外 阅读的 文章， 请 同学们 泛读 两 篇，选
zé yì piān zhòngdiǎn yuèdú.
择一篇 重点 阅读。

Wǒ tiāoxuǎnle sān piān wénzhāng zuòwéi dàjiā huí jiā yǐhòu de kèwài yuèdú cáiliào, tóngxuémen
（8）我 挑选了 三 篇 文章 作为大家回家以后的课外阅读 材料，同学们
cóng zhōng zì xuǎn yì piān yuèdú, míngtiān hé dàjiā yìqǐ jiǎngjiang sān gè gùshi.
从 中 自 选 一 篇 阅读，明天 和大家一起 讲讲 三 个 故事。

Qǐng dàjiā zì xuǎn yì piān xǐhuan de wénzhāng yuèdú, wéntǐ, nèiróng, zìshù jūn búxiàn, xiàxīng-
（9）请 大家自 选 一篇 喜欢 的 文章 阅读，文体、内容、字数 均 不限，下星
qī qǐng tóngxué jiǎng yi jiǎng nǐ dú de wénzhāng.
期请 同学 讲 一 讲 你读的 文章。

Kànwán zhè piān wénzhāng yǐhòu, qǐng dàjiā xiě yi xiě gǎnshòu.
（10）看完 这 篇 文章 以后，请 大家写一写 感受。

Jīntiān, wǒmen túshūjiǎo yòu duōle jǐ běn xīn shū, gǎn xìngqù de tóngxué kěyǐ jièhuí jiā kàn.
（11）今天，我们 图书角 又多了几本 新 书，感 兴趣 的 同学 可以借回家 看。
Zhùyì, dàjiā yào àihù wǒmen de túshū.
注意，大家要爱护 我们 的图书。

Wǒmen bān yào jiànlì yí gè yuèdúkù, qǐng měi wèi tóngxué huí jiā yǐhòu zhǎo sān piān zìjǐ rèn-
（12）我们 班 要 建立一个阅读库，请 每 位 同学 回家以后 找 三 篇自己认
wéi hǎo de wénzhāng, xiàzhōu dàilái, fàngdào wǒmen de yuèdúkù li. Wǒ huì zhěnglǐ dàjiā zhǎodào de
为 好 的 文章， 下周 带来，放到 我们 的阅读库里。我会 整理大家 找到 的
wénzhāng, bìng gēnjù wénzhāng de míngzi biānxiě yí gè mùlù, xià cì wǒ bùzhì kèwài yuèdú zuòyè de
文章， 并 根据 文章 的名字 编写一个目录，下次 我 布置 课外 阅读 作业 的
shíhou, dàjiā tóu piào, dé piào zuì duō de wénzhāng jiù shì wǒmen de kèwài yuèdú cáiliào.
时候，大家 投 票，得 票 最 多的 文章 就是 我们 的课外阅读 材料。

第四节　写作教学课堂用语

如果想写出一篇好的文章，第一要有东西可写，第二要写得出来。对于前者，教师需要与学生一起进行头脑风暴，调动学生的思维以及有关的知识储备。对于“写得出来”，则需要更多的写作方面的训练，从基础阶段的写句子发展到中高级阶段的写篇章，从写作前的列大纲发展到写作中整篇文章的形成。作文是写出来的，也是改出来的。在写作后教师对学生的作文进行修改和润色，也可以指导学生通过自我修改、互相修改认识自己的不足，提高写作的水平。写作能力的提高非一日之功，多听、多说、多读都将推动学生思维、写作技能的提高。

具体要求——

- 根据写作主题，调动学生的知识储备，进行头脑风暴。
- 从单句训练开始，逐步过渡到篇章的写作。
- 协助学生修改、润色文章。
- 课程的要求与学生的兴趣相结合，让学生写自己想写的内容。
- 通过日记、周记等形式，将课堂集中写作训练与平时的写作积累相结合。

分类——

- 篇章前阶段课堂用语
- 写作前课堂用语
- 写作中课堂用语
- 写作后课堂用语

一、篇章前阶段课堂用语

篇章由单句、复句、句群组成，篇章前阶段指学生开始写一篇作文前，教师对学生进行单句、复句、段落的写作训练。这一阶段的目标是，让学生写出用词准确、合乎语法规则的正确的句子，了解单句构成复句时的逻辑关系，以及段落中句与句如何衔接、连贯。

具体要求——

- 指导学生正确写出单句。
- 帮助学生了解复句中的多种逻辑关系。
- 着手写语段，学会如何开头、结尾，中间如何衔接、连贯。

【例句】

Jīntiān wǒmen lái zuò zào jù de liànxí.
（1）今天 我们 来 做 造 句的练习。

Wǒmen yòng xiàmiàn de wǔ gè cí shuō jùzi, shéi xiǎnghǎole jiù jǔ shǒu.
（2）我们用下面的五个词说句子，谁想好了就举手。

Xiàmiàn, bǎ wǒmen xiǎng chulai de jùzi xiě xialai.
（3）下面，把我们想出来的句子写下来。

Liǎng gè tóngxué yì zǔ, jìnxíng zào jù liànxí. Hēibǎn shang yígòng yǒu shí gè cí, měi gè rén xiě chū liǎng gè jùzi, liǎng gè rén xiān shāngliang, kànkan jùzi shì bu shì duì de, ránhòu zài xiě xialai, liǎng gè tóngxué de kěyǐ yíyàng, yě kěyǐ bù yíyàng.
（4）两个同学一组，进行造句练习。黑板上一共有十个词，每个人写出两个句子，两个人先商量，看看句子是不是对的，然后再写下来，两个同学的可以一样，也可以不一样。

Qǐng tóngxuémen yòng xiàmiàn de jǐ gè jùxíng zào jù.
（5）请同学们用下面的几个句型造句。

Qǐng dàjiā yòng "…rán'ér…" zào jù.
（6）请大家用"……然而……"造句。

Jīntiān, wǒmen xuéxíle "yīnwei… suǒyǐ…" "suīrán… dànshì…" "búdàn… érqiě…", jīntiān de zuòyè shì yòng zhè sān gè jiégòu zào jù, měi gè jiégòu zào liǎng gè jùzi.
（7）今天，我们学习了"因为……所以……""虽然……但是……""不但……而且……"，今天的作业是用这三个结构造句，每个结构造两个句子。

Xiàmiàn wǒmen zuò zǔ jù liànxí, bǎ hēibǎn shang de jǐ jù huà zǔchéng yí duàn huà, zhùyì jùzi zhī jiān de guānxi.
（8）下面我们做组句练习，把黑板上的几句话组成一段话，注意句子之间的关系。

Qǐng dàjiā yòng zhè jǐ gè liánjiēcí xiě yí duàn huà.
（9）请大家用这几个连接词写一段话。

Qǐng bǎ zhè jǐ gè jùzi chóngxīn páiliè chéng yí duàn huà.
（10）请把这几个句子重新排列成一段话。

Kàn zhè fú túhuà, ránhòu xiě yí duàn huà.
（11）看这幅图画，然后写一段话。

Kàn zhè jǐ fú túhuà, ránhòu xiě yí duàn huà, zhùyì shǐyòng guānliáncí.
（12）看这几幅图画，然后写一段话，注意使用关联词。

Zhùyì xuǎnzé qiàdàng de cíyǔ.
（13）注意选择恰当的词语。

Qǐng gǎixiě zhè yí duàn huà.
（14）请改写这一段话。

Bǎ xiàmiàn de Wéiwú'ěryǔ fānyì chéng Hànyǔ.
（15）把下面的维吾尔语翻译成汉语。

Zhè shì yí gè zì de duànluò, qǐng dàjiā bǎ tā suōxiě chéng zì de nèiróng. Zhùyì bǎoliú zhǔyào de nèiróng, bù gǎibiàn duànluò de jiégòu.
（16）这是一个300字的段落，请大家把它缩写成100字的内容。注意保留主要的内容，不改变段落的结构。

Jù yǔ jù zhī jiān de xiánjiē yídìng shì wéirào yǔduàn zhōngxīn de.
（17）句与句之间的衔接一定是围绕语段中心的。

Yǔduàn bú shì jǐ gè jùzi jiǎndān de fàng zài yìqǐ, zhùyì jùzi zhī jiān rúhé xiánjiē.
（18）语段不是几个句子简单地放在一起，注意句子之间如何衔接。

二、写作前课堂用语

写作前这一阶段十分重要，将决定文章的整体思路与框架。可以说，写作前的思考与提纲已经决定了文章的大部分内容。因此，拿到一个题目，教师应当引导学生先审题，避免跑题，然后列出整篇文章的大纲，再进一步细化每段的大纲，做到心中有数。

具体要求——

- 带领学生审题，了解作文题目、作文材料的意图。
- 启发学生进行思考，把可能写的东西记录下来。
- 列出整篇文章的大纲。
- 列出每段的大纲。
- 互动讨论，进一步丰富文章内容。
- 善用范文启发思考。

【例句】

Jīntiān wǒmen lái xiě yì piān zuòwén, zuòwén de tímù shì…
（1）今天我们来写一篇作文，作文的题目是……

Jīntiān de zuòyè shì yì piān zuòwén, tímù shì…
（2）今天的作业是一篇作文，题目是……

Xià cì kè wǒmen yào xiě yì piān zuòwén, wǒ xiān gàosu dàjiā zuòwén de tímù, qǐng dàjiā huí jiā yǐhòu xiān sīkǎo sīkǎo, zài hé tóngxuémen tǎolùn tǎolùn.
（3）下次课我们要写一篇作文，我先告诉大家作文的题目，请大家回家以后先思考思考，再和同学们讨论讨论。

Xiànzài wǒmen yìqǐ lái tǎolùn zěnyàng xiě zhè piān wénzhāng.
（4）现在我们一起来讨论怎样写这篇文章。

Kàndào zhège zuòwén tímù yǐhòu, nǐ juéde tā shì yì piān jìxùwén, shuōmíngwén háishi yìlùnwén ne? Bù tóng de wéntǐ yǒu bù tóng de xiězuò fāngfǎ.
（5）看到这个作文题目以后，你觉得它是一篇记叙文、说明文还是议论文呢？不同的文体有不同的写作方法。

Yìlùnwén yào xiān tíchū lùndiǎn, zài fēnxī lùnzhèng, zuìhòu déchū jiélùn.
（6）议论文要先提出论点，再分析论证，最后得出结论。

Jìxùwén yào xiān jiāodài shíjiān, dìdiǎn, rénwù, ránhòu jièshào shìqing de jīngguò.
（7）记叙文要先交代时间、地点、人物，然后介绍事情的经过。

Jīntiān wǒmen lái liànxí xiě shūxìn, qǐng dàjiā zhùyì xìn de jiégòu, géshi, tèdìng yòngyǔ děng.
（8）今天我们来练习写书信，请大家注意信的结构、格式、特定用语等。

Kàndào zuòwén tímù yǐhòu wǒmen yào xiān shěn tí, kànkan zhège tímù shì ràng wǒmen xiě
(9) 看到 作文题目以后 我们 要 先 审 题,看看 这个题目是 让 我们 写

shénme, xiě rén háishi xiě shì, xiě jǐng háishi xiě wù, bìmiǎn xiězuò zhōng pǎo tí.
什么,写人还是写事,写景还是写物,避免 写作 中 跑题。

Jīntiān de zuòwén méiyǒu gùdìng de tímù, shì qǐng dàjiā xiān yuèdú shàngmiàn de zhè duàn
(10) 今天 的作文 没有 固定的题目,是 请大家先 阅读 上面 的这 段

huà, zì nǐ tímù xiě yì piān zuòwén.
话,自拟题目写一篇 作文。

Jīntiān qǐng dàjiā gēnjù zhè jǐ fú liánhuánhuà xiě yì piān zuòwén, dàjiā yào rènzhēn guānchá
(11) 今天 请大家根据这几幅 连环画 写一篇 作文,大家要 认真 观察

huà zhōng de nèiróng, liǎojiě zuò huà zhě de yìtú.
画 中 的 内容,了解 作 画 者 的意图。

Xiàxīngqī de yìlùnwén, xūyào dàjiā xiān shōují yìxiē sùcái, lái zhèngmíng zìjǐ de guāndiǎn.
(12) 下星期 的 议论文,需要大家 先 收集一些素材,来 证明 自己的 观点。

Guānyú zhège zuòwén tímù, dàjiā dōu shōují dào le shénme sùcái? Wǒmen qǐng tóngxuémen
(13) 关于 这个 作文 题目,大家都 收集到 了 什么 素材? 我们 请 同学们

lái shuō yi shuō, dàjiā yìqǐ fēnxiǎng, xiězuò de shíhou yě kěyǐ hùxiāng shǐyòng.
来 说 一 说,大家一起分享,写作 的 时候 也 可以 互相 使用。

Kàndào zhège zuòwén tímù de shíhou, nǐ huì xiǎngdào shénme? Wǒmen bǎ dàjiā xiǎngdào
(14) 看到 这个 作文 题目的 时候,你会 想到 什么? 我们 把大家 想到

de nèiróng dōu xiě zài hēibǎn shang.
的 内容 都 写 在 黑板 上。

Zhège tímù wǒmen néng xiě shénme ne? Qǐng dàjiā dào hēibǎn shang, měi gè rén lái xiě jǐ jù
(15) 这个题目 我们 能 写 什么 呢? 请 大家 到 黑板 上,每 个 人来写几句

huà, huòzhě yí gè cí dōu kěyǐ, yíhuìr wǒmen lái kànkan dàjiā dōu xiěle shénme.
话,或者 一个词 都 可以,一会儿 我们 来 看看 大家都 写了 什么。

Xiàmiàn tóngxuémen gēnjù gāngcái zìjǐ xiǎngdào de lièchū yí gè dàgāng, dàgāng li yào xiě
(16) 下面 同学们 根据 刚才 自己 想到 的 列出一个 大纲,大纲 里 要 写

chulai nǐ dàgài yào xiě jǐ duàn, měi duàn dàzhì yào xiě shénme nèiróng.
出来你大概 要 写几 段,每 段 大致 要 写 什么 内容。

Qǐng dàjiā gēnjù wǒmen tǎolùn de jiéguǒ, zhěnglǐ zìjǐ de sùcái, xiě yí gè xiángxì de tígāng.
(17) 请 大家根据 我们 讨论的 结果,整理自己的素材,写一个 详细 的 提纲。

Qǐng nǐ jièshào yíxià nǐ de xiězuò tígāng.
(18) 请 你 介绍 一下你的 写作 提纲。

Xiěwán zuòwén tígāng yǐhòu, liǎng rén yì zǔ, yìqǐ lái shuō yi shuō, tīngting duìfāng de yìjian.
(19) 写完 作文 提纲 以后,两 人一组,一起来 说 一 说,听听 对方 的 意见。

Xiàmiàn wǒmen jìnyíbù fēngfù zuòwén de tígāng, zài měi yí duàn tígāng de hòumiàn xiě yí
(20) 下面 我们 进一步 丰富 作文 的提纲,在 每一 段 提纲 的 后面 写一

jù huà, kěyǐ shì zhè duàn huà de dì-yī jù huà, yě kěyǐ shì zhōngxīnjù.
句话,可以是 这 段 话 的 第一句话,也可以是 中心句。

Měi duàn huà lǐmiàn nǐ hái xiě shénme ne? Qǐng dàjiā zài tígāng zhōng wèi měi duàn huà zēng-
（21）每 段 话里面你还写 什么呢？请 大家在提纲 中 为每段话增
jiā nèiróng, kěyǐ shì jǐ jù huà, yě kěyǐ shì jǐ gè cí, yíhuìr xiězuò de shíhou kěyǐ tíshì dàjiā xiě shénme.
加内容，可以是几句话，也可以是几个词，一会儿写作的时候可以提示大家写 什么。

Zhè shì piān fànwén, wǒmen yìqǐ lái kànkan zuòzhě shì zěnme xiě de.
（22）这 是 篇 范文，我们一起来 看看 作者 是 怎么 写 的。

Wǒmen lái fēnxī yíxià fànwén de jiégòu.
（23）我们 来分析一下 范文 的结构。

Dàjiā kěyǐ jièjiàn fànwén li de mǒuxiē cíyǔ hé biǎoxiàn shǒufǎ.
（24）大家可以借鉴 范文里的 某些词语和 表现 手法。

三、写作中课堂用语

写作中，教师需要观察学生的情况，根据自己已有的经验，或者现场发现的问题，对整个写作过程进行调节和指导。不同的文体有不同的写作方法，在写作中，教师应当根据写作的文体，提示学生应当注意哪些方面，可以使用哪些方法来阐述自己的思想。

具体要求——

- 提示学生文章的中心，避免跑题。
- 提示不同文体的写作方法和技巧。
- 提示学生可能出现的问题。
- 提示学生注意标点符号和格式。

【例句】

Xiànzài, wǒmen kāishǐ xiě zuòwén, shíjiān shì bàn gè xiǎoshí, zìshù shì zì zuǒyòu.
（1）现在，我们 开始 写 作文，时间 是 半 个 小时，字数是 200 字 左右。

Xiàmiàn dàjiā gēnjù wǒ liè de tígāng lái xiě zhè piān zuòwén.
（2）下面 大家根据我列的提纲 来写这 篇 作文。

Zhùyì wénzhāng de zhōngxīn sīxiǎng, bié xiězhe xiězhe pǎo tí le.
（3）注意 文章 的 中心 思想，别 写着 写着 跑题了。

Zhè shì yì piān jìxùwén, zhùyì xiě de shíhou yào jiāodài qīngchu shíjiān, dìdiǎn, rénwù, shì-
（4）这 是一篇 记叙文，注意写的 时候 要 交代 清楚 时间、地点、人物、事
jiàn hé jiéguǒ.
件和结果。

Zhùyì, zhè shì yì piān xiě rén de wénzhāng, wǒmen tōngguò xiě shìqing lái xiě rén, dàn zuìhòu
（5）注意，这是一篇 写人的 文章，我们 通过 写事情 来写人，但 最后
hái yào luò zài "rén" de shàngmiàn.
还要 落在“人”的 上面。

Zhùyì shìjiàn fāshēng de shíjiān shùnxù, dàjiā yě kěyǐ cǎiyòng "dàoxù" de fāngfǎ.
（6）注意 事件 发生 的时间 顺序，大家也可以 采用“倒叙”的方法。

Wǒmen yào xiě de shì yìlùnwén, nǐ de guāndiǎn shì shénme, yīnggāi zài kāitóu jiù gàosu dàjiā. Nǐ yǒu nǎxiē lìzi kěyǐ zhèngmíng nǐ de guāndiǎn? Kěyǐ shì zhèngmiàn lùnzhèng, yě kěyǐ fǎnzhèng.
（7）我们 要写的是议论文，你的 观点 是 什么，应该 在开头就告诉大家。你有哪些例子可以 证明 你的 观点？可以是 正面 论证，也可以 反证。

Xiě yìlùnwén de shíhou, wǒmen yě kěyǐ xiǎngxiang yǒu shénme míngrén míngyán, kěyǐ yǐnyòng míngrén míngyán lái lùnzhèng wǒmen de guāndiǎn.
（8）写 议论文的 时候，我们 也可以 想想 有 什么 名人 名言，可以 引用 名人 名言 来 论证 我们 的 观点。

Shuōmíngwén de shuōmíng jiěshì yào qīngchu xiángxì.
（9）说明文 的 说明 解释 要 清楚 详细。

Xiě yìngyòngwén yào shúxi gùdìng géshi, bù néng suíyì gēnggǎi.
（10）写 应用文 要 熟悉 固定 格式，不 能 随意 更改。

Zhè piān zuòwén yǐjīng gěile wǒmen qiánmiàn de bùfen, dì-èr duàn de kāitóu yòngle “nà shì…”, hòumiàn xiě de shìqing yīnggāi shì guòqù de shìqing, dàjiā zhùyì yǔfǎ.
（11）这 篇 作文 已经 给了 我们 前面 的部分，第二 段 的开头 用了“那是……”，后面 写的 事情 应该 是 过去的 事情，大家注意语法。

Zhùyì gāngcái lǎoshī de yāoqiú, zhè piān zuòwén dàjiā yào shǐyòng “zǒng—fēn—zǒng” de géshi.
（12）注意 刚才 老师 的 要求，这 篇 作文 大家 要 使用 “总—分—总”的格式。

Zhùyì wénzhāng de nèiróng hé jiégòu ānpái.
（13）注意 文章 的 内容 和 结构 安排。

Zhùyì duànluò zhī jiān de luóji guānxi.
（14）注意 段落 之 间 的逻辑关系。

Jùzi yào xiě wánzhěng.
（15）句子要写 完整。

Dàjiā zhùyì biāodiǎn fúhào hé géshi, búyào yìzhí shǐyòng dòuhào, měi duàn de qiánmiàn yào kòng liǎng gè gé.
（16）大家注意 标点 符号和格式，不要一直 使用 逗号，每 段 的 前面 要 空 两 个 格。

Wǒmen hái yǒu shí fēnzhōng de shíjiān, qǐng dàjiā zhùyì.
（17）我们 还有 十 分钟 的 时间，请 大家注意。

Xiěwán de tóngxué jiǎnchá yíxià shìfǒu yǒu cuòbiézì, cuòbiézì yě yào kòu fēn de.
（18）写完 的 同学 检查一下是否 有 错别字，错别字也要 扣 分的。

Rúguǒ jiǎnchá wán le, kěyǐ jiāo gěi wǒ.
（19）如果 检查 完 了，可以交 给我。

四、写作后课堂用语

写作后这一教学阶段非常重要。从写作技能来看，教师要让学生了解哪些地方写得好，哪些地方需要进一步改进；从语法、词汇上来说，可以帮助学生纠正病句、误用的词汇。对文章的讲评大部分由教师承担，也可以调动学生的主动性，进行互评和自评。讲评完，一定要让学生修改自己的文章，与原先的文章相对照。此外，写作常常是学生的难点，写作后要给予学生充分的鼓励，提出下一步的要求与期望。

具体要求——

- 表扬好作文、好句子。
- 找出篇章、语法、词汇的问题。
- 教师评价与学生自评、互评相结合。
- 提出下一步的要求。

【例句】

Xiàmiàn wǒmen jiǎngpíng shàngzhōu de zuòwén.
（1）下面 我们 讲评 上周 的 作文。

Zhè cì zuòwén dàjiā xiě de fēicháng hǎo!
（2）这 次 作文 大家写得 非常 好！

Dàjiā de zuòwén yǒu hěn dà de jìnbù.
（3）大家的 作文 有 很 大的 进步。

Hǎo de zuòwén rúguǒ nǐmen tóngyì, wǒ kěyǐ tuījiàn gěi… [《Zhōngxuéshēng Yōuxiù Zuòwén》], zhēngqǔ fābiǎo zài shàngmiàn.
（4）好 的 作文 如果你们 同意，我可以推荐给……[如：《中学生 优秀作文》]，争取 发表在 上面。

Qǐng dàjiā kàn yi kàn lǎoshī de tíshì, … [xiàmiàn huà quān] de shì xiě de hǎo de jùzi, … [xiàmiàn huà xiàn] de shì yǒu wèntí de dìfang.
（5）请 大家看一看 老师 的提示，……[如：下面 画 圈]的是写得好的句子，……[如：下面 画 线]的是有问题的地方。

Zhè piān zuòwén, dàjiā zìjǐ juéde hái yǒu shénme wèntí, kěyǐ zài shàngmiàn zìjǐ huà xialai, yǒu shíjiān wǒmen dāndú tǎolùn.
（6）这 篇 作文，大家自己觉得还有 什么 问题，可以在 上面 自己画下来，有 时间 我们 单独 讨论。

Qǐng dàjiā bǎ cuòwù de dìfang zìjǐ gǎi guolai, bù zhīdao de dìfang kěyǐ hé tóngzhuō tǎolùn yíxià.
（7）请 大家把错误的地方自己改过来，不 知道 的 地方可以和 同桌 讨论一下。

Zhè shì shàng yí cì de zuòwén, wǒ gǎiguò le, qǐng dàjiā xiān zìjǐ kàn.
（8）这 是 上 一次的 作文，我 改过 了，请 大家 先自己看。

Qǐng dàjiā xiān kàn zìjǐ de wénzhāng, wǒ huì yīcì gěi měi gè tóngxué jiǎngjiě.
（9）请 大家先 看自己的 文章，我 会依次给 每 个 同学 讲解。

Qǐng tóngxuémen xiān zìjǐ xiūgǎi zìjǐ de zuòwén.
（10）请 同学们 先自己修改自己的 作文。

Liǎng gè rén yì zǔ, gēnjù lǎoshī de pīgǎi, tóngzhuō zhī jiān hùxiāng xiūgǎi zuòwén.
（11）两 个人一组，根据 老师 的批改，同桌 之间 互相 修改 作文。

Qǐng tóngzhuō gěi zìjǐ de wénzhāng tí yìjiàn.
（12）请 同桌 给自己的 文章 提意见。

Nǐ duì tā de wénzhāng yǒu shénme xiūgǎi jiànyì?
（13）你对他的 文章 有 什么 修改建议？（学生相互修改，教师在教室巡视）

Zhè duàn de nèiróng hái kěyǐ zài wánshàn yíxià.
（14）这 段 的 内容 还可以再 完善 一下。

Zhège dìfang hái kěyǐ zài xiūgǎi xiūgǎi.
（15）这个 地方 还可以再 修改 修改。

Zhège cíyǔ de dāpèi yǒu wèntí.
（16）这个词语的搭配有 问题。

Zhège jùzi bù fúhé Hànyǔ de biǎodá xíguàn.
（17）这个句子不符合汉语的 表达 习惯。

Wǒ zàicì qiángdiào, qǐng dàjiā zhùyì “néng” hé “huì” de bù tóng yòngfǎ.
（18）我再次 强调， 请 大家注意“能”和“会”的不 同 用法。

Zhè shì dàjiā zuòwén zhōng pǔbiàn cúnzài de wèntí, wǒmen yīnggāi…
（19）这 是 大家 作文 中 普遍 存在的 问题，我们 应该……

Xiànzài wǒmen yìqǐ xiūgǎi zhè piān wénzhāng.
（20）现在 我们一起修改 这 篇 文章。

Xiànzài wǒmen lái xīnshǎng de wénzhāng.
（21）现在 我们 来 欣赏 ××的 文章。

Wǒ qǐng tóngxué dú tā de zuòwén, dàjiā rènzhēn tīng, ránhòu shuōshuo zìjǐ de gǎnxiǎng.
（22）我 请 ××同学 读他的 作文，大家 认真 听，然后 说说 自己的 感想。

Dú de fēicháng hǎo, xièxie! Dàjiā yǒu shénme xiǎngfa?
（23）读得 非常 好，谢谢！大家有 什么 想法？

Dàjiā cóng zhè piān wénzhāng zhōng xuédàole shénme?
（24）大家从 这 篇 文章 中 学到了 什么？

Zhè piān zuòwén yòng cí zhǔnquè, héhū yǔfǎ, luóji guānxi jǐnmì, shì yì piān hǎo zuòwén.
（25）这 篇 作文 用 词 准确，合乎语法，逻辑关系紧密，是一 篇 好 作文。

Měi gè tóngxué de zuòwén zhōng, dōu yǒu xiě de hěn hǎo de dìfang. Jiē xialai, qǐng měi gè tóng-
（26）每 个 同学 的 作文 中，都 有 写得很 好 的 地方。接下来，请 每 个 同

xué dú zìjǐ wénzhāng zhōng zuì mǎnyì de bùfen.
学 读自己 文章 中 最 满意 的部分。

Jīntiān de zuòyè shì qǐng dàjiā zài xiě yí biàn zìjǐ zuótiān de zuòwén, kànkan nǎxiē dìfang kě-
（27）今天 的作业是 请 大家再写一 遍自己昨天的 作文，看看 哪些 地方 可

yǐ xiě de gèng hǎo, bù zhīdao rúhé xià bǐ de shíhou kěyǐ lái wèn wǒ. Xiěwán yǐhòu, kěyǐ gěi jiārén dú yí-
以写得 更 好，不 知道如何下笔的 时候可以来 问 我。写完 以后，可以给 家人读一

xià, ràng tāmen shuōshuo nǎ yì piān zuòwén gèng hǎo.
下，让 他们 说说 哪一篇 作文 更 好。

Yōuxiù de zuòwén wǒ xiàzhōu tiē zài hòumiàn de hēibǎn shang, dàjiā yìqǐ xīnshǎng.
（28）优秀 的 作文 我 下周 贴在 后面 的 黑板 上，大家一起 欣赏。

Xiàzhōu, wǒmen hái yào xiě yì piān zuòwén, tímù shì…· Dàjiā kěyǐ tíqián sīkǎo yíxià,
（29）下周，我们 还 要 写一 篇 作文，题目是……。大家可以提前 思考一下，
xiāngxìn dàjiā huì xiě de gèng hǎo!
相信 大家会 写得 更 好！

第五节 口语教学课堂用语

生活中充满了口语的交际，无论是单人的口头表达，或者多人的口头交流，口语的交际无处不在、无时不用，在生活、学习、工作中必不可少。虽然在一些考试中口语的测评尚未列入其中，但我们给他人的第一印象往往源于口语表达。第二语言学习者的口头表达能力是其语音、词汇、语法、语用、交际策略等能力的综合体现，口语的教学因此也分外重要。

在课时有限的情况下，口语技能的教学通常依附于课文的练习。在此情况下，教师要多创造“让学生接下句”的机会，让他们想表达、多开口。此外，要多开展一些口头表达的活动，如演讲比赛、辩论赛、话剧表演、采访任务等，使口语表达的形式更为丰富、贴近生活。

具体要求——

- 尽量多给予学生口头表达的机会，鼓励学生多开口、多交流。
- 课文练习中多设置问题，鼓励学生发表自己的看法。
- 多开展贴近学生的实际生活、能激发学生兴趣的口语表达活动。
- 口语表达时要充分调动学生的参与热情，促进师生互动、生生互动。
- 尽量给予每个学生练习的机会。

分类——

- 引入阶段课堂用语
- 基于课文练习阶段课堂用语
- 自由产出阶段课堂用语

一、引入阶段课堂用语

口语课一般都围绕课文进行，如读课文、根据课文回答问题等。新的课文中一定会有学生不熟悉的词汇和语法结构等，引入阶段的教学目的即介绍新出现的词汇、语法点或文章背景知识，为课文的练习扫清障碍，这些内容同时也是针对课文内容进行口头表达时的重点和难点。同时，引入阶段的另一任务是使学生通过朗读、预测熟悉

课文内容，为后面的深入分析和讨论提供基础。

具体要求——

- 讲解新的词汇和语法。
- 突出课文，因为课文中的一些生词和语法点也是口语表达中的重点和难点。
- 精讲多练，在操练中帮助学生掌握语言知识、熟悉课文内容。

【例句】

Xiànzài wǒmen kàn kèwén de shēngcí. Zhèxiē shēngcí dàjiā yǐjīng yùxíguo le, xiàmiàn wǒmen kuòzhǎn yìxiē jùzi, zhùyì tāmen zài kèwén zhōng de yòngfǎ.
（1）现在我们看课文的生词。这些生词大家已经预习过了，下面我们扩展一些句子，注意它们在课文中的用法。

Zài zhèxiē shēngcí zhōng, dàjiā juéde nǎ jǐ gè cí bǐjiào zhòngyào?
（2）在这些生词中，大家觉得哪几个词比较重要？

… zhèxiē shì kèwén zhōng de guānjiàncí, qǐng dàjiā jì xialai.
（3）……这些是课文中的关键词，请大家记下来。

Zhè jǐ gè cí shì zhè piān kèwén de zhòngdiǎn cíhuì, yíhuìr dàjiā gēnjù kèwén huídá wèntí de shíhou, yǐjí biǎoshù zìjǐ de guāndiǎn de shíhou, yào jǐnliàng yòngshang tāmen.
（4）这几个词是这篇课文的重点词汇，一会儿大家根据课文回答问题的时候，以及表述自己的观点的时候，要尽量用上它们。

Zhèli yǒu jǐ gè cíyǔ, qǐng dàjiā shèjì yì zǔ duìhuà.
（5）这里有几个词语，请大家设计一组对话。

Xiànzài wǒmen lái kàn kèwén zhōng jǐ gè zhòngyào de yǔfǎ jiégòu.
（6）现在我们来看课文中几个重要的语法结构。

Zhè yí kè chūxiànle yí gè xīn yǔfǎdiǎn, wǒmen yìqǐ lái xuéxí.
（7）这一课出现了一个新语法点，我们一起来学习。

Xiàmiàn wǒ wèn jǐ gè wèntí, qǐng dàjiā shǐyòng wǒmen gāngcái xuéxí de yǔfǎdiǎn lái huídá.
（8）下面我问几个问题，请大家使用我们刚才学习的语法点来回答。

Jiē xialai wǒmen kàn zhùshì. Zhèxiē zhùshì dōu shì yǒuguān wénhuà bèijǐng de jièshào, dàjiā kànkan hái yǒu méiyǒu wèntí.
（9）接下来我们看注释。这些注释都是有关文化背景的介绍，大家看看还有没有问题。

Qǐng dàjiā gēn wǒ yìqǐ dú kèwén.
（10）请大家跟我一起读课文。

Dú kèwén de shíhou, dàjiā yìbiān dú yìbiān yào zhùyì jīntiān de zhòngdiǎncí.
（11）读课文的时候，大家一边读一边要注意今天的重点词。

二、基于课文练习阶段课堂用语

学生初步掌握课文内容后，针对教材内容和不同的语法点及功能项目，教师需组织学生进行一些相关的练习，比如改说课文、分角色复述课文、情景替换练习、游戏等等，使学生能够加深理解，增强记忆，提高口语表达能力。

具体要求——

- 设计的练习情景要运用课文中的词语或语法。
- 口语练习的内容除贴近课文内容外，也要接近学生的知识水平，让学生有话想说。
- 练习的形式应尽量体现语言的交际性。
- 教师对学生表达中的错误进行归纳总结，指出具有共性的错误并予以纠正。

【例句】

Xiànzài wǒmen lái zuò yí gè yóuxì，wǒ zhèli yǒu yìxiē dōngxi qǐng dàjiā yòng “bǎ” zì jù bǎ tāmen fàngdào yí gè dìfang，biān zuò biān shuō. Shéi xiān lái?
（1）现在我们来做一个游戏，我这里有一些东西（如：书、本子、笔、钱包、手机、钥匙等），请大家用“把”字句把它们放到一个地方，边做边说。谁先来？

Xiàmiàn，wǒ gēnjù kèwén de nèiróng wèn jǐ gè wèntí，qǐng dàjiā shǐyòng gāngcái xuéxí de cíyǔ hé yǔfǎ jiégòu lái huídá.
（2）下面，我根据课文的内容问几个问题，请大家使用刚才学习的词语和语法结构来回答。

Dàjiā kànkan zhè piān kèwén li yǒu jǐ gè rén，tāmen dōu shì zuò shénme de，tāmen zhī jiān shì shénme guānxi.
（3）大家看看这篇课文里有几个人，他们都是做什么的，他们之间是什么关系。

Jīntiān，qǐng tóngxuémen lái tíwèn，měi yí gè rén tí yí gè wèntí，qiánmiàn tóngxué tíguo de wèntí hòumiàn de tóngxué jiù bù néng wèn le，suǒyǐ dàjiā yào zhùyì tīng. Wǒmen xiān cóng dì-yī duàn kāishǐ.
（4）今天，请同学们来提问，每一个人提一个问题，前面同学提过的问题后面的同学就不能问了，所以大家要注意听。我们先从第一段开始。

Xiànzài qǐng tóngxué tíwèn，dàjiā huídá.
（5）现在请××同学提问，大家回答。

Qǐng dàjiā gēnjù hēibǎn shang tíshì de zhòngdiǎncí，yǔfǎ jiégòu，piānzhāng jiégòu lái fùshù kèwén.
（6）请大家根据黑板上提示的重点词、语法结构、篇章结构来复述课文。

Kèwén wǒmen xuéwán le，qǐng dàjiā gàikuò yíxià wén zhōng shuōle shénme shìqing.
（7）课文我们学完了，请大家概括一下文中说了什么事情。

Qǐng yòng wǔ jù huà gàikuò zhè duàn wénzhāng de nèiróng.
（8）请用五句话概括这段文章的内容。

Kèwén dào… [tāmen liǎng rén jiàn miàn] jiù jiéshù le，qǐng dàjiā kǎolǜ yíxià，jiē xialai huì fāshēng shénme?
（9）课文到……[如：他们两人见面]就结束了，请大家考虑一下，接下来会发生什么？

Qǐng dàjiā gēnjù gāngcái de kèwén zìjǐ shèjì yí gè··· [dǎ diànhuà] de duìhuà.
（10）请 大家根据 刚才 的 课文自己设计一个……[如：打 电话] 的 对话。

Qǐng kàn wǒ shǒu li de liǎng zhāng kǎpiàn, shì··· [dǎ diànhuà yào shuō de tíshì-yǔ], shì··· [jiē diànhuà yào shuō de tíshìyǔ], qǐng gēnjù kǎpiàn jìnxíng duìhuà liànxí.
（11）请 看 我 手里的 两 张 卡片，A 是……[如：打 电话 要 说 的提示语]，B 是……[如：接 电话 要 说 的提示语]，请 根据 卡片 进行 对话 练习。

Zhèr yǒu liǎng fú túhuà, tāmen gòng yǒu bā chù bù tóng, qǐng dàjiā zhǎo chulai, bìng yòng wǒmen jīntiān xuéguo de yǔfǎ miáoshù chulai.
（12）这儿有 两 幅 图画，它们 共 有 八 处 不 同，请 大家 找 出来，并 用 我们 今天 学过 的语法 描述 出来。

Héshang shū, hé zìjǐ de tóngzhuō fēn juésè liànxí duìhuà.
（13）合上 书，和自己的 同桌 分 角色练习 对话。

Qǐng hé bànyǎn kèwén zhōng de hé juésè.
（14）请 ××和×× 扮演 课文 中 的××和××角色。（可全班同学轮流扮演）

Kèwén zhōng shì··· de qíngjǐng, xiànzài wǒmen bǎ zhège qíngjǐng huànchéng···, liǎng rén yì zǔ jìnxíng duìhuà liànxí.
（15）课文 中 是……的 情景，现在 我们 把 这个 情景 换成……，两 人 一组 进行 对话 练习。

Bǎ duìhuà zhōng de··· [gēge, mèimei] huànchéng··· [jiějie, dìdi], ránhòu qǐng yì zǔ tóngxué lái duìhuà.
（16）把 对话 中 的……[如：哥哥、妹妹] 换成……[如：姐姐、弟弟]，然后 请 一组 同学 来 对话。

Qǐng dàjiā bǎ duìhuà gǎichéng xùshùtǐ.
（17）请 大家把 对话 改成 叙述体。

Zhèxiē dōu shì yǔ kèwén yǒuguān de tímù, qǐng xuǎnyòng qízhōng de yí gè shuō yí duàn huà. Xiān zhǔnbèi wǔ fēnzhōng.
（18）这些 都 是 与课文 有关 的题目，请 选用 其中 的一个 说 一 段 话。先 准备 五 分钟。

Kèwén zhōng shuō "··· [bú shàng dàxué yě néng chéngcái]", nǐ tóngyì bù tóngyì zhè yì guāndiǎn? Wèi shénme?
（19）课文 中 说 "……[如：不 上 大学 也 能 成才]"，你 同意 不 同意 这一 观点？ 为 什么？

Xià kè hòu, qǐng dàjiā qù··· [shāngchǎng, fànguǎn děng] tǐyàn yíxià··· [gòu wù, diǎn cān] de guòchéng.
（20）下 课 后，请 大家 去……[如： 商场、 饭馆 等] 体验一下……[如：购 物、点 餐] 的 过程。

Gāngcái, tóngxuémen zài huídá wèntí shí yǒu jǐ gè wèntí, wǒmen lái zǒngjié yíxià.
（21）刚才， 同学们 在回答问题 时 有几个问题，我们 来 总结 一下。

三、自由产出阶段课堂用语

学生针对课文的内容做了大量情景练习后，该自由发表见解、进行交际阶段的练习了，我们把这一阶段叫作自由产出阶段。虽然是进行自由交际，但是也并非没有限制，而是在教师预先设定的框架内进行交际。

具体要求——

- 让学生在教师指导下进行自由表达。
- 练习形式丰富多样。
- 设计的题目和情景贴近学生生活。
- 尽量用学过的生词和语法。
- 要事先准备，与课文内容自然衔接。

【例句】

Wǒmen de kèwén shì guānyú… [zhōngxuéshēng gāi bu gāi yōngyǒu shǒujī] de, dàjiā duì cǐ yǒu shénme xiǎngfǎ ne? Qǐng dàjiā sīkǎo wǔ fēnzhōng, ránhòu yìqǐ lái shuō yi shuō.

（1）我们的课文是关于……[如：中学生该不该拥有手机]的，大家对此有什么想法呢？请大家思考五分钟，然后一起来说一说。

Kèwén zhōng miáoxiěle yí gè rén, xiàmiàn qǐng tóngxué miáoshù bān li yí gè tóngxué de yàngzi, ràng dàjiā cāi shì shéi.

（2）课文中描写了一个人，下面请同学描述班里一个同学的样子，让大家猜是谁。

Kèwén zhōng de rénwù diǎn de cài nǐmen xǐhuan ma? Xiàmiàn gēnjù kè hòu de càidān lièchū nǐ xuǎnzé de wǎncān, bìng shuōmíng lǐyóu.

（3）课文中的人物点的菜你们喜欢吗？下面根据课后的菜单列出你选择的晚餐，并说明理由。

Kèwén zhōng, zuòzhě dài wǒmen yóulǎnle… [Cháng Jiāng Sān Xiá], jiǎshè nǐ shì yì míng dǎoyóu, míngtiān qǐng nǐ gěi dàjiā jièshào nǐ qùguo de yí gè lǚyóu jǐngdiǎn, kěyǐ zhǔnbèi yìxiē túpiàn.

（4）课文中，作者带我们游览了……[如：长江三峡]，假设你是一名导游，明天请你给大家介绍你去过的一个旅游景点，可以准备一些图片。

Míngtiān shì zhōumò, sān rén yì zǔ fēnbié bànyǎn bàba, māma hé háizi, tǎolùn zhōumò jìhuà.

（5）明天是周末，三人一组分别扮演爸爸、妈妈和孩子，讨论周末计划。

Zài zhè piān kèwén zhōng, wǒmen xuéxíle hěn duō zìrán zhīshi, xiànzài wǒmen gǎo gè zhīshi jìngsài, wǒ shuō wèntí, dàjiā qiǎngdá. Yōushèngzhě yǒu jiǎngpǐn.

（6）在这篇课文中，我们学习了很多自然知识，现在我们搞个知识竞赛，我说问题，大家抢答。优胜者有奖品。

Zhège xuéqī, wǒmen xuéxíle hěn duō gǔshī, xiàzhōu wǒmen yǐ xiǎozǔ wéi dānwèi jìnxíng yí gè gǔshī bèisòng bǐsài, qǐng tóngxuémen tíqián zhǔnbèi.

（7）这个学期，我们学习了很多古诗，下周我们以小组为单位进行一个古诗背诵比赛，请同学们提前准备。

Jǔxíng yí gè "jìzhě zhāodàihuì", nǐ shì "xīnwén fāyánrén", jiù… [Yuándàn wǎnhuì de zhǔnbèi qíngkuàng jí jiémù ānpái děng nèiróng] huídá dàjiā de tíwèn.
（8）举行一个"记者招待会"，你是"新闻发言人"，就……[如：元旦晚会的准备情况及节目安排等内容]回答大家的提问。

Xià gè xīngqī wǒmen bān yào kāi yí gè biànlùnhuì, zhǔtí shì… ["yùdào lǎorén shuāi-dǎo gāi bu gāi fú"], qǐng dàjiā zìyuàn xuǎnzé zhèng-fǎnfāng, bìng fēntóu zhǔnbèi.
（9）下个星期我们班要开一个辩论会，主题是……[如："遇到老人摔倒该不该扶"]，请大家自愿选择正反方，并分头准备。

Wǒmen jǔbàn yí cì yǎnjiǎng bǐsài, měi gè tóngxué dōu yào zhǔnbèi, zhǔtí shì… [" nián hòu de wǒ"], qǐng dàjiā hǎohāor zhǔnbèi.
（10）我们举办一次演讲比赛，每个同学都要准备，主题是……[如："20年后的我"]，请大家好好儿准备。

Zhè shì jǐ gè diàochá tímù, qǐng dàjiā rèn xuǎn qí yī qù zuò diàochá, bǎ diàochá de jiéguǒ zài kǒuyǔkè shang xiàng dàjiā kǒutóu bàogào chulai.
（11）这是几个调查题目，请大家任选其一去做调查，把调查的结果在口语课上向大家口头报告出来。

Zhè shì yì zhāng yí gè xīngqī de rìchéngbiǎo, qǐng gēnjù zìjǐ de shíjì qíngkuàng tián zhè zhāng biǎo, tiánhǎo hòu gàosu dàjiā.
（12）这是一张一个星期的日程表，请根据自己的实际情况填这张表，填好后告诉大家。

Qǐng dàjiā kàn zhè jǐ zhāng zhàopiàn, gēnjù zhàopiàn tuīduàn chū tāmen de niánlíng, zhíyè, xìngbié, xìngqù děng.
（13）请大家看这几张照片，根据照片推断出他们的年龄、职业、性别、兴趣等。

Gěi dàjiā shí fēnzhōng shíjiān zhǔnbèi.
（14）给大家十分钟时间准备。

Shàng tái biǎoyǎn de shíhou qǐng zhùyì…
（15）上台表演的时候请注意……

第四章

文科课堂用语

中学的文科包括语文、历史、德育、美术、音乐等学科，这些学科的课堂用语除具有一般课堂用语的共性之外，还有自己的一些学科特色，这是由文科教学的目的、内容、特点和要求决定的。

总体来说，文科课堂用语有以下几点共性：

一、人文性

文科又称人文社会科学，文科教学的目的，就是要培养学生的人文素养和人文精神。相比理科课堂用语，文科课堂用语更要体现人文关怀，应把对学生人文精神的塑造作为课程的教学目标。

二、形象性

文科课堂用语要能通过具体而生动的语言唤起学生的感性经验和思想感情。这样不仅能吸引学生，促使他们深刻感知所学内容，而且能发展学生的形象思维能力，引起学生的兴趣。

三、情感性

不管是语文课、德育课，还是音乐课、美术课，所学内容都蕴含着人类丰富的情感体验和表达，这当然要求教师的课堂用语不能是干巴巴的，应该在准确理解教授内容情感因素的基础上使用合适的用语来感染学生，激起学生的情感共鸣。

第一节　语文课课堂用语

语文是基础教育的一门重要学科，通过这门课程的学习，学生不但能获得语文知识，培养学习能力，还能全面提高自己的语文综合素养，所以语文历来就是中小学教育的重要组成部分。

自从语文单独设立学科以来，关于语文课堂教学方法的研究一直没有间断。许多教师结合自己的教学实践，总结经验，形成了不少行之有效的教学套路。尽管教学方法五花八门、各有所长，但任何方法都需要遵循语文教学的自身规律。传统上，语文课堂教学一般由导入新课、讲授新课、巩固练习、课堂小结、布置作业等几个环节构成。经过几十年的积淀，已经形成了一个固定的模式，也取得了显著的效果。但是，随着中小学语文新课标的制定和推广，传统的教学模式已经难以适应教学的新要求。新课程标准所倡导的以学生为中心，自主、合作、探究式的学习方式必然催生出新的教学模式，而与之相适应的教师课堂用语也应融入新的元素。

那么语文课课堂用语应该符合哪些要求呢？主要有四点：

具体要求——

- 遣词造句能体现语文之美，使学生获得审美愉悦。
- 能激发学生对语文材料的情感体验和感悟。
- 能引导学生发现语文规律，激发想象力和创造潜能。
- 能培养学生听说读写各项技能和综合运用的能力。

分类——

- 通用语
- 记叙文体裁的课堂用语
- 议论文体裁的课堂用语
- 抒情文体裁的课堂用语
- 说明文体裁的课堂用语
- 文言文课堂用语
- 作文课课堂用语

一、通用语

所谓“通用语”，是指讲解各种体裁的课文时均可使用的语言。主要包括引入学习内容的导入语，要求学生听说读写背、划分段落、归纳段意的指令语，就课文内容提出问题、启发学生思考的提问语以及总结所学、布置作业的结束语等。这里虽然主要是针对用现代汉语写的文章而言，但是有些用语也适用于讲解文言文作品。

（一）导入语

【例句】

Jīntiān wǒmen xuéxí xīn kè —— Zhū Zìqīng de《Bèiyǐng》.

（1）今天 我们 学习 新 课——朱 自清 的《背影》。

Jīntiān wǒmen lái xuéxí yì shǒu tángshī——《Chūn Xiǎo》, zuòzhě：Mèng Hàorán.
（2）今天 我们 来学习一 首 唐诗——《春 晓》，作者：孟 浩然。

Kàn dà píngmù, zánmen jīntiān xuéxí de shì shīrén Pǔxījīn de《Jiǎrú Shēnghuó Qīpiànle Nǐ》.
（3）看 大 屏幕，咱们 今天学习的 是 诗人普希金的《假如 生活 欺骗了你》。

Tóngxuémen kàn túpiàn, túpiàn shang de gùshi jiù shì jīntiān de kèwén——《Xiǎo Kēdǒu Zhǎo Māma》.
（4）同学们 看 图片，图片 上 的故事就是 今天的 课文——《小 蝌蚪 找 妈妈》。

Dàjiā xiān lái tīng yí duàn shī lǎngsòng… Gāngcái lǎngsòng de shīgē jiù shì jīntiān de xīn kè ——《Xiāngchóu》.
（5）大家 先 来 听一 段 诗 朗诵…… 刚才 朗诵 的诗歌就是 今天的 新课 ——《乡愁》。

Tóngxuémen, shuōqǐ tángshī, bù néng bù tídào Lǐ Bái. Jīntiān wǒmen lái xuéxí tā de míngpiān《Xínglùnán》.
（6）同学们， 说起 唐诗，不 能 不提到 李白。今天 我们 来学习他的 名篇《行路难》。

Shàng jǐ jié kè wǒmen lǐnglüèle Lǐ Bái shīgē de mèilì, jīntiān, ràng wǒmen yìqǐ zǒujìn Dù Fǔ de shīgē shìjiè.
（7）上 几节课 我们 领略了李白 诗歌的魅力，今天，让 我们一起走进 杜甫 的诗歌世界。

Sū Dōngpō de《Shuǐdiào Gētóu · Míngyuè Jǐ Shí Yǒu》shì kuàizhì-rénkǒu de míngzuò, qiān bǎi nián lái yìzhí wéi rénmen suǒ chuánsòng. Jīntiān wǒmen jiù lái xuéxí zhè shǒu cí.
（8）苏 东坡 的《水调 歌头·明月 几 时 有》是 脍炙人口 的 名作，千 百 年 来一直为 人们 所 传诵。今天 我们 就来学习 这 首 词。

Yǐqián wǒmen xuéxíguo yì piān wénzhāng jiào《Shàonián Rùntǔ》, hái jìde zuòzhě shì shéi ma?
（9）以前 我们 学习过一 篇 文章 叫《少年 闰土》，还记得 作者是 谁 吗？
Duì, Lǔ Xùn. Jīntiān wǒmen zài lái xuéxí tā xiě de sǎnwén《Cóng Bǎicǎoyuán Dào Sānwèi Shūwū》.
对，鲁迅。今天 我们 再来学习他写的 散文《从 百草园 到 三味 书屋》。

（二）指令语

【例句】

Qǐng gěi kèwén fēn duàn.
（1）请 给 课文 分 段。

Qǐng guīnà zuòzhě de guāndiǎn.
（2）请 归纳 作者 的 观点。

Qǐng yìqǐ dà shēng lǎngdú shēngcí.
（3）请 一起大 声 朗读 生词。

Qǐng zhùyì zhège zì de fāyīn.
（4）请 注意 这个字的发音。

Xiàmiàn wǒmen lái xuéxí kèwén.
（5）下面 我们 来学习 课文。

Qǐng huàchū chéngshàng-qǐxià de jùzi.
（6）请 画出 承上启下 的句子。

Qǐng zhǎochū běnwén de zhōngxīn guāndiǎn.
（7）请 找出 本文 的 中心 观点。

Qǐng zhǎochū zhè yí duàn de zhǔtíjù.
（8）请 找出 这一 段 的主题句。

Wǒmen lái kàn yi kàn jīntiān de shēngcí.
（9）我们 来看一看 今天的 生词。

Wǒmen lái rènshi yíxià wénzhāng de zuòzhě.
（10）我们 来认识一下 文章 的 作者。

Qí dú kèwén, zhùyì jiézòu hé gǎnqíng.
（11）齐读 课文，注意节奏和 感情。

Qǐng bǎ xiàmiàn zhè jǐ gè cí jiěshì yíxià.
（12）请 把 下面 这几个词解释一下。

Xiàmiàn wǒmen jìnrù kèwén xuéxí huánjié.
（13）下面 我们 进入课文 学习 环节。

Qǐng yòng yí jù huà gàikuò zhè yí duàn de nèiróng.
（14）请 用一句话 概括 这一 段 的 内容。

Dǎkāi shū, dàjiā yìqǐ dú yí biàn kèwén.
（15）打开 书，大家一起读一 遍 课文。

Lǎoshī dú yí biàn kèwén, tóngxuémen zǐxì tīng.
（16）老师 读一 遍 课文，同学们 仔细听。

Qǐng tóngxuémen gēnzhe lùyīn chōngmǎn gǎnqíng de lǎngdú.
（17）请 同学们 跟着 录音 充满 感情 地 朗读。

Liǎng rén yì zǔ dú kèwén, yì rén dú yí duàn, jiāotì dú.
（18）两 人一组读 课文，一人 读一 段，交替读。

Yìqǐ lái liǎojiě yíxià běnwén zuòzhě de shēngpíng.
（19）一起来了解一下 本文 作者 的 生平。

Qǐng tóngxué jièshào yíxià zhè piān wénzhāng de shídài bèijǐng.
（20）请 ×× 同学 介绍 一下 这 篇 文章 的时代 背景。

Qǐng tóngxuémen mòdú kèwén, xiǎng yi xiǎng zuòzhě de xiězuò sīlù.
（21）请 同学们 默读 课文，想 一 想 作者 的写作思路。

Qǐng bǎ kèwén fēnchéng jǐ gè bùfen, bìng gàikuò měi gè bùfen de nèiróng.
（22）请 把 课文 分成 几个部分，并 概括 每 个 部分的 内容。

Tóngxuémen zì dú kèwén, dú de shíhou huàchū bù lǐjiě de zì cí jù.
（23）同学们 自读 课文，读的 时候 画出 不理解的字词句。

Ràng wǒmen xiān kànkan zuòjiā de qíngkuàng. Lǎo Shě, Běijīngrén, …
（24）让 我们 先 看看 作家的 情况。老 舍，北京人，……

Zhè shǒu shī de xiězuò bèijǐng shì zěnyàng de ne? Wǒmen yìqǐ kàn dà píngmù.
（25）这 首 诗的写作 背景 是 怎样 的呢？我们一起看 大 屏幕。

Kuài dú kèwén, huàfēn wénzhāng de duànluò céngcì, bìng shuōshuo gè bùfen de dàyì.
（26）快读课文，划分文章的段落层次，并说说各部分的大意。

Dǎkāi kèběn, qǐng yí wèi tóngxué dú kèwén, qítā tóngxué tīng hòu píngjià yíxià.
（27）打开课本，请一位同学读课文，其他同学听后评价一下。

Wǒmen zhīdao lǐjiě yí bù zuòpǐn lí bu kāi tā de shídài bèijǐng, lǎoshī jiù lái jièshào yíxià.
（28）我们知道理解一部作品离不开它的时代背景，老师就来介绍一下。

（三）提问语

【例句】

Shéi lái gěi wǒmen jièshào yíxià zuòzhě de qíngkuàng?
（1）谁来给我们介绍一下作者的情况？

Zěnme lǐjiě kèwén de tímù?
（2）怎么理解课文的题目？

Wénzhāng de jiégòu yǒu shénme tèdiǎn?
（3）文章的结构有什么特点？

Běnwén yǔyán shang yǒu shénme tèdiǎn?
（4）本文语言上有什么特点？

Zhè wèi tóngxué huídá de hǎo bu hǎo?
（5）这位同学回答得好不好？

Qítā tóngxué hái yǒu shénme kànfǎ?
（6）其他同学还有什么看法？

Rúhé lǐjiě wénzhāng jiéwěi de yí duàn huà?
（7）如何理解文章结尾的一段话？

Zuòzhě yòng shénme cí lái xiánjiē zhè liǎng duàn?
（8）作者用什么词来衔接这两段？

Zhè piān kèwén shì ànzhào shénme shùnxù xiě de?
（9）这篇课文是按照什么顺序写的？

Nǐmen tóngyì gāngcái zhè wèi tóngxué de guāndiǎn ma?
（10）你们同意刚才这位同学的观点吗？

Tímù li nǎge cí zuì zhòngyào? Qǐng zhǎo chulai.
（11）题目里哪个词最重要？请找出来。

Zhè piān wénzhāng shì bu shì "zǒng—fēn—zǒng" de jiégòu?
（12）这篇文章是不是“总—分—总”的结构？

Zuòzhě zài zhèli wèi shénme yào yǐnyòng zhè jù míngyán?
（13）作者在这里为什么要引用这句名言？

Zhè wèi tóngxué shuō de búcuò, shéi zài lái bǔchōng yíxià?
（14）这位同学说得不错，谁再来补充一下？

Cóng tǐcái kàn, zhè piān wénzhāng shì jìxùwén háishi yìlùnwén?
（15）从体裁看，这篇文章是记叙文还是议论文？

Xiǎng yi xiǎng, wénzhāng tǐcái yǒu jǐ zhǒng, zhè piān kèwén shǔyú shénme tǐcái?
（16）想一想，文章体裁有几种，这篇课文属于什么体裁？

Dàjiā huíyì yíxià, yǐqián xuéguo de nǎ piān wénzhāng yě shì zhè wèi zuòzhě xiě de?
（17）大家回忆一下，以前学过的哪篇文章也是这位作者写的？

（四）课堂结束语

【例句】

Xiàmiàn bùzhì zuòyè.
（1）下面布置作业。

Wǒmen lái zǒngjié yíxià jīntiān de nèiróng.
（2）我们来总结一下今天的内容。

Zuìhòu, tóngxuémen zài yìqǐ dú yí biàn zhè shǒu shī.
（3）最后，同学们再一起读一遍这首诗。

Jīntiān de zuòyè shì shú dú kèwén, wánchéng liànxí.
（4）今天的作业是熟读课文，完成练习。

Hái yǒu jǐ fēnzhōng, dàjiā jì yíxià jīntiān de zuòyè.
（5）还有几分钟，大家记一下今天的作业。

Dàjiā shuō yi shuō, wǒmen zhè jié kè xuéxíle shénme?
（6）大家说一说，我们这节课学习了什么？

Tōngguò zhè liǎng jié kè de xuéxí, wǒmen liǎojiěle…
（7）通过这两节课的学习，我们了解了……

Kèwén gùshi de jiéjú zěnmeyàng ne? Wǒmen xià jié kè jìxù xuéxí.
（8）课文故事的结局怎么样呢？我们下节课继续学习。

Kàn hēibǎn , wǒmen yìqǐ bǎ jīntiān de nèiróng zǒngjié yíxià.
（9）看黑板/PPT，我们一起把今天的内容总结一下。

Jīntiān de kèwén hé shàng yì piān kèwén dōu shì xiě rén de wénzhāng, qǐng tóngxuémen kèhòu sīkǎo yíxià yǒu shénme bù tóng.
（10）今天的课文和上一篇课文都是写人的文章，请同学们课后思考一下有什么不同。

二、记叙文体裁的课堂用语

这里所说的记叙文包括记人、记事的记叙文以及一些议论性文章中的记叙部分。记叙文课堂用语主要包括就事件的发生发展过程、人物的性格特点、课文中描写和议论部分的作用、一些关键词句的含义及作用、一些特殊的记叙方法等提出问题、做出解释的用语。

【例句】

Kèwén de xùshù xiànsuǒ shì shénme?
（1）课文的叙述线索是什么？

Wéirào zhǔtí, wénzhāng xiěle jǐ jiàn shì?
（2）围绕主题，文章写了几件事？

Xiǎoshuō de jiéwěi yǔ kāitóu xiānghù zhàoyìng.
（3）小说的结尾与开头相互照应。

Zhè piān wénzhāng shì yǐ shénme shùnxù lái jìxù de?
（4）这 篇 文章 是以 什么 顺序 来记叙的？

Qǐng ànzhào shíjiān shùnxù xùshù shìqing de fāzhǎn guòchéng.
（5）请 按照 时间 顺序 叙述 事情 的 发展 过程。

Xiǎoshuō《Púliǔ Rénjiā》miáoxiěle jǐ gè zhǔyào rénwù?
（6）小说 《蒲柳 人家》描写了几个 主要 人物？

Běnwén zhǔyào biǎoxiànle Wén Yīduō xiānsheng de shénme jīngshen?
（7）本文 主要 表现了 闻 一多 先生 的 什么 精神？

Yòng jǐ jù huà gàikuò yíxià kèwén zhōng Bèiduōfēn de xíngxiàng.
（8）用 几句 话 概括一下 课文 中 贝多芬 的 形象。

Xiǎoshuō li de rénwù Cuìcui jùyǒu shénmeyàng de xìnggé tèdiǎn?
（9）小说 里的人物 翠翠 具有 什么样 的 性格 特点？

Xiǎoshuō wèi shénme dìngmíng wéi《Biānchéng》, yǒu shénme hányì?
（10）小说 为 什么 定名 为 《边城》，有 什么 含义？

Xiǎoshuō《Biānchéng》miáohuàle nǎge dìqū de zìrán fēngqíng?
（11）小说 《边城》 描画了 哪个地区的自然 风情？

《Xiàngliàn》zhè piān xiǎoshuō de qíngjié shì wéirào shénme zhǎnkāi de?
（12）《项链》 这 篇 小说 的 情节 是 围绕 什么 展开 的？

Bèiduōfēn de wàimào miáoxiě biǎoxiànle tā zěnyàng de xìnggé tèdiǎn?
（13）贝多芬 的 外貌 描写 表现了 他 怎样 的 性格 特点？

Shēnghuó zhōng xiàng Bèiduōfēn zhèyàng jiānqiáng de rén yǒu bù shǎo, bǐrú…
（14）生活 中 像 贝多芬 这样 坚强 的人 有 不 少，比如……

Liúlǎn duàn, zhǎochū miáoxiě rénwù wàimào, yǔyán de yǔjù.
（15）浏览 6 ~ 10 段，找出 描写 人物 外貌、语言 的语句。

Dàjiā kuài dú kèwén, huàchū néng jiēshì rénwù xìnggé tèzhēng de jùzi lái.
（16）大家 快 读 课文，画出 能 揭示 人物 性格 特征 的句子来。

Zhè piān kèwén cǎiyòngle dàoxù de shǒufǎ, xiān xiě shénme, hòu xiě shénme?
（17）这 篇 课文 采用了 倒叙 的 手法，先 写 什么，后 写 什么？

Xiǎoshuō sān yàosù shì rénwù, qíngjié hé huánjìng, qǐng shuōshuo zhè piān xiǎoshuō de sān yàosù shì shénme.
（18）小说 三 要素 是 人物、情节 和 环境，请 说说 这 篇 小说 的 三要素 是 什么。

Zhè bù xiǎoshuō li yǒu hěn duō xìjié miáoxiě, qǐng tóngxuémen zhǎo chulai, fēnxī yíxià tāmen de zuòyòng.
（19）这 部 小说 里 有 很 多 细节 描写，请 同学们 找 出来，分析一下 它们 的 作用。

Xiǎoshuō《Púliǔ Rénjiā》de qíngjié kěyǐ yòng yí jù huà chuàn qilai, tóngxuémen zhǎo yi zhǎo, shì nǎ jù huà?
（20）小说 《蒲柳 人家》的 情节 可以 用 一句 话 串 起来，同学们 找 一 找，是 哪句 话？

《Lín Jiàotóu Fēngxuě Shānshénmiào》zhè piān wénzhāng kèhuàle Lín Chōng zěnyàng de xìng-
（21）《林教头风雪山神庙》这篇文章刻画了林冲怎样的性

gé? Qǐng yòng jǐ gè cí gàikuò chulai.
格？请用几个词概括出来。

《Xiàngliàn》li de nǚzhǔréngōng Mǎdì'ěrdé shí nián li fāshēngle hěn dà de biànhuà, zhǎochū
（22）《项链》里的女主人公玛蒂尔德十年里发生了很大的变化，找出

zhèxiē biànhuà bìng shuōmíng yuányīn.
这些变化并说明原因。

Xiǎoshuō zhōng de jǐngwù miáoxiě chángcháng néng qǐdào xuànrǎn qìfēn, tuīdòng qíngjié hé
（23）小说中的景物描写常常能起到渲染气氛、推动情节和

biǎoxiàn rénwù xìnggé de zuòyòng, qǐng shuōshuo zuòzhě shì rúhé zài zhè bù xiǎoshuō li miáoxiě fēngxuě
表现人物性格的作用，请说说作者是如何在这部小说里描写风雪

de, nǎxiē shì zhíjiē miáoxiě, nǎxiē shì jiànjiē miáoxiě.
的，哪些是直接描写，哪些是间接描写。

三、议论文体裁的课堂用语

议论文又叫说理文，它是一种剖析事物、论述事理、发表意见、提出主张的文体。议论文的要素是论点、论据、论证。所以这种文体的课堂用语多与这三点密切相关。

【例句】

Běnwén de jiélùn shì shénme?
（1）本文的结论是什么？

Zuòzhě shì rúhé tíchū wèntí de?
（2）作者是如何提出问题的？

Wénzhāng de zhōngxīn lùndiǎn shì shénme?
（3）文章的中心论点是什么？

Zhǎochū kèwén li de bǐyù lùnzhèng.
（4）找出课文里的比喻论证。

Sù dú dì-wǔ duàn, zhǎochū guānjiànjù.
（5）速读第五段，找出关键句。

Shuō yi shuō běnwén de yǔyán yǒu hé tèdiǎn.
（6）说一说本文的语言有何特点。

Zuòzhě yào pībó de cuòwù guāndiǎn shì shénme?
（7）作者要批驳的错误观点是什么？

Sù dú kèwén, zhǎochū chéngshàng-qǐxià de duànluò.
（8）速读课文，找出承上启下的段落。

Kèwén shì cóng nǎ sān gè fāngmiàn lái tán dú shū de?
（9）课文是从哪三个方面来谈读书的？

Zuòzhě shì zěnme zhèngmíng nà zhǒng guāndiǎn cuòwù de?
（10）作者是怎么证明那种观点错误的？

Zuòzhě zài dàolǐ lùnzhèng shí, yòngle nǎxiē míngyán?
（11）作者 在道理 论证 时，用了 哪些 名言？

Tímù zhōng de “géwù-zhìzhī” shì shénme yìsi?
（12）题目 中 的“格物致知”是 什么意思？

Nǐ shìfǒu tóngyì zuòzhě de guāndiǎn? Qǐng shuōmíng lǐyóu.
（13）你是否 同意 作者的 观点？ 请 说明 理由。

Kèwén zhōng cǎiyòngle nǎxiē lùnzhèng fāngfǎ lái zhèngmíng lùndiǎn?
（14）课文 中 采用了哪些 论证 方法来 证明 论点？

Dì-bā duàn jǔ yánjiū zhúzi de lìzi zhèngmíngle shénme?
（15）第八 段 举研究竹子的例子 证明了 什么？

Zuòzhě jǔle nǎxiē lìzi lái zhèngmíng zìjǐ de guāndiǎn?
（16）作者 举了哪些例子来 证明 自己的 观点？

Jīngguò fēnxī lùnzhèng, zuòzhě déchūle zěnyàng de jiélùn?
（17）经过 分析 论证，作者 得出了 怎样 的结论？

Dì-sì duàn yùnyòngle shénme lùnzhèng fāngfǎ? Zhèngmíngle shénme?
（18）第四 段 运用了 什么 论证 方法？ 证明了 什么？

Liánxì zìjǐ de shēnghuó tántan nǐ duì zuòzhě guāndiǎn de lǐjiě.
（19）联系自己的 生活 谈谈你对 作者 观点 的理解。

Dì-èr duàn cǎiyòngle duìbǐ lùnzhèng, zuòzhě ná shénme hé shénme jìnxíng duìbǐ?
（20）第二 段 采用了对比 论证，作者 拿 什么 和 什么 进行 对比？

Běnwén xiānhòu tánle nǎ jǐ gè wèntí? Zhè jǐ gè wèntí de guānxi shì zěnyàng de?
（21）本文 先后 谈了哪几个问题？这 几个 问题的 关系是 怎样 的？

Cóng tíchū wèntí, fēnxī wèntí hé jiějué wèntí sān fāngmiàn fēnxī yíxià běnwén de lùnzhèng jiégòu.
（22）从 提出问题、分析问题和解决问题三 方面 分析一下本文 的 论证 结构。

Běnwén ràng nǐ duì dú shū yǒule nǎxiē xīn de rènshi? Jiéhé kèwén, yòng zìjǐ de huà tán yi tán.
（23）本文 让 你对读书 有了哪些新 的认识？结合课文，用 自己的 话 谈 一谈。

Yìlùnwén yǒu liǎng zhǒng: lìlùn hé bólùn. Dàjiā kàn kèwén,《Zhōngguórén Shīdiào Zìxìnlì Le Ma》shǔyú nǎ yì zhǒng?
（24）议论文有 两 种：立论和驳论。大家 看 课文，《中国人 失掉 自信力 了吗》属于哪一 种？

四、抒情文体裁的课堂用语

这里所说的抒情文包括传统意义上的散文、现代诗以及介于散文和现代诗之间的散文诗。从内容看，抒情类文章或者是直抒胸臆，或者是借事借景抒情。与这一特点相适应，抒情文常采用多种修辞方法，往往言在此而意在彼。

（一）诗歌

【例句】

Quán bān qí dú zhè shǒu shī.
（1）全 班齐读这 首 诗。

Dì-wǔ, liù jù xiěle shénme?
（2）第 五、六句写了 什么？

Qǐng dàjiā yìqǐ bèisòng zhè shǒu shī.
（3）请 大家一起背诵 这 首 诗。

Zhè shǒu shī miáoxiěle nǎxiē jǐngwù?
（4）这 首 诗 描写了哪些景物？

Yìqǐ lǎngdú, zhùyì jiézòu hé gǎnqíng.
（5）一起朗读，注意节奏和 感情。

Zhè shǒu shī shūfāle shīrén shénme gǎnqíng?
（6）这 首 诗 抒发了诗人 什么 感情？

Qǐng bǎ zhè jù shī fānyì chéng xiàndài Hànyǔ.
（7）请 把 这句诗翻译 成 现代 汉语。

Shī zhōng nǎ yí jù tǐxiànle quán shī de zhǔzhǐ?
（8）诗 中 哪一句体现了 全 诗的主旨？

Zhè shǒu shī suī shì xiě jǐng, dàn jǐng zhōng yǒu qíng.
（9）这 首 诗 虽 是 写 景，但 景 中 有 情。

Shīgē zhuāzhùle nǎxiē yìxiàng? Qǐng shuō yi shuō.
（10）诗歌 抓住了 哪些 意象？ 请 说 一 说。

Shīrén yùnyòngle shénme yìxiàng lái biǎoxiàn xiāngchóu?
（11）诗人 运用了 什么 意象 来 表现 乡愁？

Shī de zhǔzhǐjù shì nǎ jù, rúhé lǐjiě ne?
（12）诗 的主旨句是 哪 句，如何理解呢？

《Guānjū》zhè shǒu shī miáoxiěle shénme nèiróng?
（13）《关雎》这 首 诗 描写了 什么 内容？

Nǐ rènwéi gāi shī nǎ jù xiě de zuì hǎo, wèi shénme?
（14）你认为 该诗哪句写得 最 好，为 什么？

Qǐng tóngxuémen gēnzhe lùyīn chōngmǎn gǎnqíng de lǎngdú.
（15）请 同学们 跟着 录音 充满 感情 地 朗读。

Zhè jù shī zěnme lǐjiě? Qǐng tántan nǐ de kànfa.
（16）这 句诗 怎么理解？请 谈谈你的看法。

Shīwén de qián liǎng jù zài běnwén zhōng yǒu shénme zuòyòng?
（17）诗文 的 前 两 句在 本文 中 有 什么 作用？

Dú shī yào zhùyì yǔsù, gǎnqíng, zhòngyīn hé jiézòu.
（18）读 诗 要 注意语速、感情、 重音 和 节奏。

Zhè shǒu shī qián liù jù shì xiě jǐng, hòu liǎng jù shì shūqíng.
（19）这 首 诗 前 六句是 写 景，后 两 句是 抒情。

"Tǔdì" zài zhè shǒu shī zhōng yǒu shénme xiàngzhēng yìyì?
（20）"土地"在这首诗中有什么象征意义？

Shīgē de kāitóu liǎng jù zài jiégòu shang qǐ shénme zuòyòng?
（21）诗歌的开头两句在结构上起什么作用？

Xiān lái liǎojiě yíxià zuòzhě Bái Jūyì de shēngpíng jí zuòpǐn.
（22）先来了解一下作者白居易的生平及作品。

Wǒmen shǒuxiān lái liǎojiě yíxià zhè shǒu shī de xiězuò bèijǐng.
（23）我们首先来了解一下这首诗的写作背景。

Tīng lùyīn, biāochū shīgē de tíngdùn hé zhòngdú de zì cí.
（24）听录音，标出诗歌的停顿和重读的字词。

《Guān Cānghǎi》zhè shǒu shī biǎodále shīrén zěnyàng de gǎnqíng?
（25）《观沧海》这首诗表达了诗人怎样的感情？

Zuòzhě zài quán shī zhōng liúlù chū le shénmeyàng de sīxiǎng gǎnqíng?
（26）作者在全诗中流露出了什么样的思想感情？

Qǐng yí gè tóngxué lǎngdú, dàjiā tǐhuì yíxià shī de yìjìng měi.
（27）请一个同学朗读，大家体会一下诗的意境美。

Jīntiān xuéxí zhè jǐ shǒu shī, wǒmen yīnggāi jìzhù nǎxiē míngjù?
（28）今天学习这几首诗，我们应该记住哪些名句？

Jīntiān wǒmen lái xuéxí yì shǒu Lǐ Bái de shī, jiào《Jìng Yè Sī》.
（29）今天我们来学习一首李白的诗，叫《静夜思》。

Xuéwán zhè shǒu shī, wǒmen zài lái xīnshǎng Lǐ Bái de lìngwài liǎng shǒu shī.
（30）学完这首诗，我们再来欣赏李白的另外两首诗。

Tōngguò zhè jǐ shǒu shī, dàjiā shuōshuo Lǐ Bái de shī yǒu shénme tèdiǎn.
（31）通过这几首诗，大家说说李白的诗有什么特点。

Zhè shǒu shī biǎodále shīrén duì chúnpǔ nóngjiā shēnghuó de liúliàn hé xǐ'ài.
（32）这首诗表达了诗人对淳朴农家生活的留恋和喜爱。

Shī zhōng shì tōngguò shénme xíngxiàng lái biǎodá chū zhèyàng de àiguó jīqíng de?
（33）诗中是通过什么形象来表达出这样的爱国激情的？

Shī zhōng yǒu huà, qǐng dàjiā yòng zìjǐ de huà lái miáoshù shī li de huàmiàn.
（34）诗中有画，请大家用自己的话来描述诗里的画面。

Qián liù jù jǐng zhōng yǒu qíng, hòu liǎng jù qíng zhōng yǒu jǐng, quán shī qíng jǐng jiāoróng.
（35）前六句景中有情，后两句情中有景，全诗情景交融。

Zhè shǒu shī tōngguò miáoxiě… shūfāle shīrén duì… de zhēnzhì gǎnqíng.
（36）这首诗通过描写……抒发了诗人对……的真挚感情。

《Wàng Yuè》shì shīshèng Dù Fǔ de dàibiǎozuò, jīntiān wǒmen yìqǐ lái xuéxí.
（37）《望岳》是诗圣杜甫的代表作，今天我们一起来学习。

Shī zhōng de jǐngwù yǒu shénme tèdiǎn? Zuòzhě shì yòng nǎxiē cíyǔ biǎoxiàn chulai de?
（38）诗中的景物有什么特点？作者是用哪些词语表现出来的？

Yíqiè jǐng yǔ jiē qíng yǔ, shī zhōng de jǐngwù miáoxiě fǎnyìngle shīrén zěnyàng de xīnqíng?
（39）一切景语皆情语，诗中的景物描写反映了诗人怎样的心情？

Shījù “ránhòu wǒ sǐ le, lián yǔmáo yě fǔlàn zài tǔdì lǐmiàn” yǒu hé shēnyì?
（40）诗句“然后我死了，连羽毛也腐烂在土地里面”有何深意？

Shīgē biǎoxiànle zuòzhě duì péngyou de shēnhòu gǎnqíng. Cóng nǎ jù shī kěyǐ kàn chulai ne?
（41）诗歌表现了作者对朋友的深厚感情。从哪句诗可以看出来呢？

Wèile gèng hǎo de jiědú zuòzhě de qínggǎn, wǒmen lái xuéxí yí gè xīn de gàiniàn——yìxiàng!
（42）为了更好地解读作者的情感，我们来学习一个新的概念——意象！

Yuèdú Yú Guāngzhōng de《Xiāngchóu》hé Xí Mùróng de《Xiāngchóu》, shuōshuo nǐ gèng xǐhuan nǎ yì shǒu.
（43）阅读余光中的《乡愁》和席慕蓉的《乡愁》，说说你更喜欢哪一首。

《Qiántáng Hú Chūn Xíng》zhè shǒu shī xiě de shì zǎochūn jǐngxiàng. Shì cóng nǎxiē dìfang kàn chulai de ne?
（44）《钱塘湖春行》这首诗写的是早春景象。是从哪些地方看出来的呢？

《Qiūsī》 zhè shǒu sǎnqǔ miáohuìle yì fú shénme tújǐng? Biǎoxiànle zuòzhě zěnyàng de sīxiǎng gǎnqíng?
（45）《秋思》这首散曲描绘了一幅什么图景？表现了作者怎样的思想感情？

“Jiè jǐng shūqíng” shì shīgē chuàngzuò zhōng de zhǔyào shǒufǎ, qǐng fēnxī Lǐ Bái zài zhè shǒu shī zhōng shì rúhé yùnyòng zhè zhǒng shǒufǎ de.
（46）“借景抒情”是诗歌创作中的主要手法，请分析李白在这首诗中是如何运用这种手法的。

Suǒwèi yìxiàng, jiù shì zuòzhě wèi biǎodá guāndiǎn, shūfā qínggǎn suǒ jièzhù de shìwù, jiǎn ér yán zhī, jiù shì zuòzhě de qínggǎn zàitǐ.
（47）所谓意象，就是作者为表达观点、抒发情感所借助的事物，简而言之，就是作者的情感载体。

（二）散文

【例句】

Wénzhāng de xiànsuǒ shì shénme?
（1）文章的线索是什么？

Zuòzhě miáohuìle nǎxiē jǐngwù?
（2）作者描绘了哪些景物？

Běnwén de yǔyán yǒu shénme tèdiǎn?
（3）本文的语言有什么特点？

Suǒ xiě duìxiàng jùyǒu shénme tèdiǎn?
（4）所写对象具有什么特点？

Běnwén shì rúhé jiè jǐng shūqíng de?
（5）本文是如何借景抒情的？

Nǎ jù huà shì wénzhāng de zhǔzhǐ?
（6）哪句话是文章的主旨？

Zhè piān sǎnwén suǒ xiě de duìxiàng shì shénme?
（7）这 篇 散文 所 写 的 对象 是 什么？

Zì dú kèwén, tǐhuì sǎnwén de yǔyán měi.
（8）自读 课文，体会 散文 的 语言 美。

Zhè yí duàn yǒu nǎxiē xiūcí shǒufǎ? Qǐng zhǎo chulai.
（9）这 一 段 有 哪些 修辞 手法？请 找 出来。

Qǐng yòng kèwén li de cí guīnà yíxià jǐngwù de tèdiǎn.
（10）请 用 课文里的词归纳一下 景物 的 特点。

Zuòzhě tōngguò jǐngwù miáoxiě biǎodále zěnyàng de sīxiǎng gǎnqíng?
（11）作者 通过 景物 描写 表达了 怎样 的 思想 感情？

Tōngdú quánwén, tóngshí bǎ miáoxiě Jǐnán dōngtiān de cí jù huà chulai.
（12）通读 全文，同时 把 描写 济南 冬天 的词句 画 出来。

Kèwén dì-sān zìránduàn zhōng zuì néng gàikuò xuě hòu shānjǐng de tèdiǎn de yí gè cí shì?
（13）课文 第三 自然段 中 最 能 概括 雪 后 山景 的 特点的一个词是？

Dì-èr duàn shǐyòngle shénme biǎodá fāngshì?
（14）第二 段 使用了 什么 表达 方式？（叙事、描写、抒情、议论、说明）

"Xíng sǎn shén jù" shì sǎnwén zuì zhòngyào de tèdiǎn, zhè piān wénzhāng de "shén" shì shénme, "xíng" shì shénme?
（15）"形 散 神 聚"是 散文 最 重要 的 特点，这 篇 文章 的"神"是什么，"形"是 什么？

Zhè yí bùfen shǐyòngle shénme xiūcí shǒufǎ?
（16）这 一 部分 使用了 什么 修辞 手法？（比喻、拟人、排比、夸张、反复、设问、反问等）

Sǎnwén fēnwéi sān zhǒng: jìxùxìng sǎnwén, shūqíngxìng sǎnwén hé yìlùnxìng sǎnwén. Jīntiān xuéxí de kèwén shì nǎ yì zhǒng?
（17）散文 分为 三 种：记叙性 散文、抒情性 散文 和议论性 散文。今天 学习 的 课文 是 哪一 种？

Běnwén shǐyòngle shénme xiězuò shǒufǎ?
（18）本文 使用了 什么 写作 手法？（对比、烘托、象征、铺垫、借景抒情、托物言志、以物喻人等）

Shūqíng sǎnwén《Xiǎo Shí Tán Jì》yùnyòngle zhèngmiàn miáoxiě yǔ cèmiàn miáoxiě xiāngjiéhé de xiěfǎ, yǐqián xuéguo de nǎ jǐ piān kèwén yě shì zhè zhǒng xiěfǎ ne?
（19）抒情 散文《小 石 潭 记》运用了 正面 描写 与 侧面 描写 相结合的写法，以前 学过 的哪几篇 课文 也是 这 种 写法呢？

五、说明文体裁的课堂用语

说明文是以说明为主要表达方式来解说事物、阐明事理从而给人知识的文章体裁。说明文的要素包括说明的对象、方法和顺序等，因此，讲解说明文时的特色用语多围绕这几点展开。说明文的语言表达方式是运用准确、简明的语言来解说、阐释客观对象的性质、特征及其规律，并使人明白理解。

【例句】

Běn kè de shuōmíng duìxiàng shì shénme?
（1）本 课 的 说明 对象 是 什么？

Shuōmíngwén de yǔyán yǒu nǎxiē tèdiǎn?
（2）说明文 的 语言 有 哪些 特点？

Kèwén li jièshàole píngfēng de nǎxiē zuòyòng?
（3）课文 里 介绍了 屏风 的 哪些 作用？

Qǐng gàikuò měi duàn dàyì, bìng fēnxī shuōmíng shùnxù.
（4）请 概括 每 段 大意，并 分析 说明 顺序。

Gēnjù kèwén, Zhōngguó shígǒngqiáo yǒu zěnyàng de tèzhēng?
（5）根据 课文，中国 石拱桥 有 怎样 的 特征？

Qǐng ànzhào "zǒng—fēn" fǎ lái fēnxī yíxià kèwén de jiégòu.
（6）请 按照"总—分"法 来 分析 一下 课文 的 结构。

Zuòzhě wèi shénme yào yǐ Zhàozhōu Qiáo hé Lúgōu Qiáo wéi lì lái shuōmíng?
（7）作者 为 什么 要 以 赵州 桥 和 卢沟 桥 为 例 来 说明？

Xiǎng yi xiǎng, kèwén zhōng jièshàole guānyú "píng" de nǎxiē zhīshi?
（8）想 一 想，课文 中 介绍了 关于"屏"的 哪些 知识？

Dì-èr duàn nǎ jù huà shuōchūle Sūzhōu yuánlín de zǒngtǐ tèzhēng? Qǐng zhǎo chulai.
（9）第二 段 哪 句 话 说出了 苏州 园林 的 总体 特征？请 找 出来。

Wèile shuōmíng Sūzhōu yuánlín de tèdiǎn, wénzhāng cǎiyòngle nǎxiē shuōmíng fāngfǎ?
（10）为了 说明 苏州 园林 的 特点，文章 采用了 哪些 说明 方法？

Qǐng yǐ kōngjiān biànhuà wéi shùnxù, mófǎng kèwén jièshào yíxià wǒmen de xiàoyuán.
（11）请 以 空间 变化 为 顺序，模仿 课文 介绍 一下 我们 的 校园。

Kèwén shuōmíng shìwù shí xiánglüè dédàng, qǐng fēnxī yíxià nǎli xiáng xiě, nǎli lüè xiě.
（12）课文 说明 事物 时 详略 得当，请 分析 一下 哪里 详 写，哪里 略 写。

Shuōmíngwén yìbān fēnwéi nǎ liǎng lèi?
（13）说明文 一般 分为 哪 两 类？（说明文分为事物说明文和事理说明文）

Shuōmíngwén yāoqiú yǔyán zhǔnquè, jiǎnmíng, qǐng jǔ lì fēnxī zhè yí kè cíhuì shǐyòng de zhǔnquèxìng.
（14）说明文 要求 语言 准确、简明，请 举 例 分析 这 一 课 词汇 使用 的 准确性。

Běnwén shì yǐ kōngjiān shùnxù miáoxiě Gùgōng Bówùyuàn de, qǐng tóngxuémen ànzhào cóng nán dào běi de shùnxù jièshào yíxià.
（15）本文 是 以 空间 顺序 描写 故宫 博物院 的，请 同学们 按照 从 南 到 北 的 顺序 介绍 一下。

Cháng jiàn de shuōmíng shùnxù yǒu nǎxiē?
（16）常 见 的 说明 顺序 有 哪些？（常见的说明顺序有时间顺序、空间顺序和逻辑顺序）

“Yì kē nàmǐ wèixīng de yánzhì jǐnjǐn xūyào liǎng-sān nián jíkě”, zhè jù huà li de “jǐnjǐn” kě bu kěyǐ qùdiào? Qùdiào hòu huì yǒu shénme yǐngxiǎng?
（17）“一颗纳米卫星的研制仅仅需要两三年即可”，这句话里的“仅仅”可不可以去掉？去掉后会有什么影响？

Shuōmíngwén cháng jiàn de shuōmíng fāngfǎ yǒu nǎxiē?
（18）说明文常见的说明方法有哪些？（说明方法有下定义、举例子、做比较、列数字、打比方、分类别等）

Běnwén shì yì piān shìwù shuōmíngwén, shuōmíng shìwù shǒuxiān shì zhuāzhù tèzhēng, nàme zuòzhě zhuāzhùle Gùgōng Bówùyuàn de nǎxiē tèzhēng lái xiě? Qǐng zài kèwén zhōng zhǎochū dá'àn.
（19）本文是一篇事物说明文，说明事物首先是抓住特征，那么作者抓住了故宫博物院的哪些特征来写？请在课文中找出答案。

Shuōmíngwén yǒu nǎxiē cháng jiàn de jiégòu xíngshì?
（20）说明文有哪些常见的结构形式？（常见的结构形式有“总—分”式、“总—分—总”式、“分—总”式、并列式、递进式等）

六、文言文课堂用语

文言文也包括记叙、说明、议论、诗歌等体裁，所以讲解文言文作品时可以参考上面几种体裁的课堂用语。然而，文言文毕竟不同于现代汉语，讲解文言文作品时还有一些特殊用语。

【例句】

Qǐng duìzhào zhùshì, zì dú dì-yī duàn.
（1）请对照注释，自读第一段。

Zhè piān kèwén li yǒu nǎxiē tōngjiǎzì?
（2）这篇课文里有哪些通假字？

Bǎ xiàmiàn de wényán jùzi yìchéng xiàndàiwén.
（3）把下面的文言句子译成现代文。

Jiěshì xiàliè jù zhōng huà xiàn de wényán cíyǔ.
（4）解释下列句中画线的文言词语。

“Kuī gǔ wàng fǎn” de “fǎn” tōng nǎge zì?
（5）“窥谷忘反”的“反”通哪个字？

Shénme jiào “biǎo”? Zhè zhǒng wéntǐ yǒu shénme tèdiǎn?
（6）什么叫“表”？这种文体有什么特点？

Zhè jù huà li “qīzǐ” de gǔdài hányì shì shénme?
（7）这句话里“妻子”的古代含义是什么？

“Hé lòu zhī yǒu?” shì dàozhuāngjù, qǐng fānyì yíxià.
（8）“何陋之有？”是倒装句，请翻译一下。

Zhè jù huà shì shěnglüèjù, qǐng bǎ shěnglüè de cíyǔ shuō chulai.
（9）这句话是省略句，请把省略的词语说出来。

Bǐjiào xiàmiàn cíyǔ de gǔ jīn cíyì, kànkan yǒu shénme bù tóng.
（10）比较 下面 词语的 古今词义，看看 有 什么 不 同。

Jiěshì jiā diǎn de cíyǔ, bìng bǎ huà xiàn de jùzi yìchéng xiàndàiwén.
（11）解释 加 点 的词语，并 把 画 线 的句子 译成 现代文。

“Kě yǐ wéi shī yǐ” zhōng de “yǐ” shì shénme cí? Shénme yìsi?
（12）“可以为 师矣”中 的“矣”是 什么 词？什么 意思？

“Yǒu liángtián měi dì sāng zhú zhī shǔ” zhè jù huà li de “zhī” shì shénme yìsi?
（13）“有 良田 美地 桑 竹 之属”这句话里的“之”是 什么 意思？

Gǔdài Hànyǔ zhōng yí zì duō yì de cí hěn duō, qǐng gěi xiàmiàn de “qí” zì xuǎnzé zhèngquè hányì.
（14）古代 汉语 中 一字多义的词很 多，请 给 下面 的“其”字选择 正确 含义。

《Ài Lián Shuō》shǐyòngle tuōwù-yánzhì de xiězuò shǒufǎ, qǐngwèn, zuòzhě zhuāzhùle héhuā de shénme pǐngé?
（15）《爱莲 说》使用了 托物言志 的写作 手法，请问，作者 抓住了荷花 的 什么 品格？

Qǐng tóngxuémen zǒngjié yíxià zhè piān wénzhāng zhōng de tōngjiǎzì, yì cí duō yì, cílèi huóyòng hé gǔ jīn yì yì děng yǔyán xiànxiàng.
（16）请 同学们 总结一下这 篇 文章 中 的通假字、一词 多 义、词类 活用 和古今异义 等 语言 现象。

“Rènyì dōng xī” de “dōng xī” shì míngcí yòngzuò dòngcí, yìsi shì “xiàng dōng xiàng xī piāoliú”.
（17）“任意 东 西”的“东 西”是 名词 用作 动词，意思是“向 东 向 西 漂流”。

Zhè piān kèwén yǒu bù shǎo duì'ǒujù, bǐrú: “Shān bú zài gāo, yǒu xiān zé míng. Shuǐ bú zài shēn, yǒu lóng zé líng.” Hái yǒu nǎxiē? Qǐng zhǎo chulai.
（18）这 篇 课文有 不 少 对偶句，比如：“山 不在 高，有 仙 则 名。水 不 在 深，有 龙 则 灵。”还 有 哪些？请 找 出来。

“Shuō” shì wényánwén de yìlùn wéntǐ, kěyǐ zhíjiē shuōmíng shìwù huò lùnshù dàolǐ, yě kěyǐ jiè rén jiè wù lái lùnshù dàolǐ, bǐrú《Ài Lián Shuō》.
（19）“说”是 文言文 的议论文体，可以直接 说明 事物 或 论述道理，也 可以借人 借 物来 论述 道理，比如《爱 莲 说》。

七、作文课课堂用语

作文课课堂用语指布置作文任务、剖析作文思路、讲评作文时的用语。作文是语文课程的重要组成部分。作文教学的任务是培养学生的写作兴趣，协助学生获得写作内容，指导学生熟练运用书面表达技巧。

【例句】

Qǐng tóngxuémen kàn fànwén.
（1）请 同学们 看 范文。

Qǐng kàn tú xiě yì piān xiǎo gùshi.
（2）请　看图写一篇　小　故事。

Xiě zuòwén qián qǐng zǐxì shěn tí.
（3）写　作文　前　请仔细审题。

Xiě zuòwén yào zhùyì　zìjì　gōngzhěng.
（4）写　作文　要注意字迹　工整。

Zhùyì duànluò yǔ duànluò de xiánjiē.
（5）注意　段落与　段落　的衔接。

Zhè jù huà zěnme shuō xiàoguǒ gèng hǎo?
（6）这句话　怎么　说　效果　更　好？

Zhège cí zhèyàng yòng qiàdàng bú qiàdàng?
（7）这个词　这样　用　恰当不　恰当？

Wénzhāng qiánhòu quēshǎo hūyìng, zěnme gǎi?
（8）文章　　前后　缺少　呼应，怎么　改？

Xiě zuòwén yào wéirào zhōngxīn, fángzhǐ pǎo tí.
（9）写　作文　要　围绕　中心，　防止　跑题。

Zhè piān zuòwén lìyì xīnyǐng, hěn yǒu wéncǎi.
（10）这　篇　作文立意新颖，很　有　文采。

Jīntiān wǒmen lái xiě rén, qǐng kàn xiězuò yāoqiú.
（11）今天　我们　来写人，请　看　写作　要求。

Shéi lái shuō yi shuō, zhè piān zuòwén hǎo zài nǎli?
（12）谁　来　说　一　说，这　篇　作文　好　在哪里？

Qǐng yǐ　"…"　[　　"kuàilè de shǔjià shēnghuó"] wéi tí,　xiě　yì piān jìxùwén.
（13）请　以"……"[如："快乐的暑假　生活"]　为题，写一篇　记叙文。

Qǐng tóngxuémen jiāohuàn zuòwén, hùxiāng pīgǎi yíxià.
（14）请　同学们　交换　作文，　互相　批改一下。

Qǐng dàjiā　zài guānchá de jīchǔ shang zhǎnkāi hélǐ　de xiǎngxiàng.
（15）请　大家　在　观察　的基础　上　展开合理的　想象。

Hǎo wénzhāng shì gǎi chulai de, qǐng xiěwán hòu　zìjǐ　xiūgǎi yí biàn.
（16）好　文章　是　改　出来　的，请　写完　后自己修改一遍。

Qǐng tóngxuémen kàn yi kàn zhè piān zuòwén de　jùtǐ　yāoqiú shì shénme.
（17）请　同学们　看一看　这　篇　作文　的具体　要求　是　什么。

Rénwù wàimào, shéntài de miáoxiě zài wénzhāng zhōng qǐ shénme zuòyòng?
（18）人物　外貌、神态　的　描写　在　文章　　中　起　什么　作用？

Xiě zuòwén yào zhùyì xuǎn cái, xiáng lüè dédàng, xiěchū zhēnqíng shígǎn.
（19）写　作文　要　注意　选　材，详　略　得当，写出　真情　实感。

Qǐng dàjiā zài xiě zuòwén zhīqián xiān gòusī hǎo, lièchū zuòwén tígāng.
（20）请　大家在　写　作文　之前　先　构思　好，列出　作文　提纲。

Zhè jù huà biāodiǎn fúhào shǐyòng bú zhèngquè, qǐng dàjiā kànkan zěnme gǎi.
（21）这　句　话　标点　符号　使用　不　正确，　请　大家　看看　怎么　改。

Dàjiā kàn tú, zhùyì guānchá, ránhòu yòng yí jù huà gàikuò tú de nèiróng.
（22）大家 看 图，注意 观察，然后 用 一 句 话 概括 图 的 内容。

Rénwù wàimào miáoxiě yīng zhuāzhù rénwù tèzhēng, néng fǎnyìng rénwù shēnfen yǔ xìnggé.
（23）人物 外貌 描写 应 抓住 人物 特征，能 反映 人物 身份 与 性格。

Zhè wèi tóngxué de zuòwén guānchá xìzhì, xiǎngxiàng fēngfù, shì piān yōuxiù de zuòwén.
（24）这 位 同学 的 作文 观察 细致，想象 丰富，是 篇 优秀 的 作文。

Wǒmen gānggāng xuéwán《Xiàngliàn》zhè yí kè, qǐng tóngxuémen xiě yì piān dúhòugǎn.
（25）我们 刚刚 学完《项链》这 一 课，请 同学们 写 一 篇 读后感。

Zhè cì zuòwén tóngxué xiě de hěn jīngcǎi, wǒmen qǐng tā lái gěi dàjiā dú yíxià.
（26）这 次 作文 ×× 同学 写 得 很 精彩，我们 请 他 来 给 大家 读 一下。

Qǐng dàjiā kàn zhè piān zuòwén, fēnxī yíxià nǎxiē dìfang xiě de hǎo, nǎxiē dìfang xūyào xiūgǎi.
（27）请 大家 看 这 篇 作文，分析 一下 哪些 地方 写 得 好，哪些 地方 需要 修改。

Kèhuà rénwù de cháng yòng fāngfǎ yǒu sì zhǒng: wàimào (xiàoxiàng) miáoxiě, yǔyán miáoxiě, dòngzuò miáoxiě, xīnlǐ miáoxiě.
（28）刻画 人物 的 常 用 方法 有 四 种：外貌（肖像）描写、语言 描写、动作 描写、心理 描写。

第二节 历史课课堂用语

历史学是认识和阐释人类社会发展进程及其规律的一门学科。历史课程是中小学教育的一门必修课程，它通过讲述历史事件、介绍历史人物，使学生了解中外历史常识，培养学生分析历史、评价历史以及用历史的眼光看问题的能力。

以往的历史教学过于强调接受学习、死记硬背和机械训练，历史课的新课程标准倡导学生主动参与、乐于探究，注重培养学生搜集和处理信息的能力、获取新知识的能力、分析和解决问题的能力以及交流与合作的能力等。

历史课的特点——

- 故事性。历史课涉及大量的历史人物和历史事件，具有较强的故事性，从而增强了课程的趣味性，这是其他任何课程所无法比拟的。
- 规律性。人类历史发展的进程表现出一定的规律性，不同的历史人物、历史事件和历史现象之间往往有相似性，因此教学中大量采用对比和比较的方法。
- 现实性。我们学习历史的主要目的不是要记住历史事实，而是要了解人类历史发展的规律，用来分析解决现实中的各种问题，做到“古为今用”。对各种历史事件发生的原因、意义的分析，对历史人物、制度、政策措施的评价都要从历史唯物主义的角度出发。

- 内容的广泛性与分散性。历史课中包含历史、哲学、科技、文学、文化等多领域的内容，有大量的时间、地点、人物、事件、文献、发明创造、工程建筑，而且有些内容还容易混淆，如此多而杂的知识点给记忆造成了困难。
- 直观性。大量的出土文物、古建筑遗址、古代文献等为历史提供了佐证，历史课的讲解可以结合这些直观材料。

历史课课堂用语的要求——

- 准确规范。能运用规范的历史用语准确描述历史事件、历史人物和历史现象。
- 生动形象。历史是鲜活的，是有血有肉的，因此，教师要通过形象的语言引导学生在客观史实的基础上展开合理的想象，将对历史的审视置于具体的历史情境之中。
- 通俗易懂。教师的课堂用语要深入浅出，尽量口语化。
- 精练概括。历史教学的内容上下几千年，头绪繁多而复杂，教师的语言要放得开，收得拢，要有精到的归纳概括。

下面我们以课堂教学环节为框架来梳理历史课的课堂用语。

一、导入新课

历史课的导入方法很多，可以开门见山、直接导入（参考语文课导入语），也可以根据历史课的自身特点设计更活泼、更能引起学生兴趣的导入方法。下面三个例句分别采用了故事式导入、设问式导入和文艺作品式导入。

【例句】

Hěn jiǔ hěn jiǔ yǐqián, Huáng Hé yídài jīngcháng nào shuǐzāi, bǎixìng shēnghuó shífēn kùnkǔ.
（1）很久很久以前，黄河一带经常闹水灾，百姓生活十分困苦。
Dàyǔ juédìng zhìlǐ hóngshuǐ, … Gùshi jiǎngwán le, dàjiā xiǎng bu xiǎng zhīdao Dàyǔ hòulái zěnme-
大禹决定治理洪水，……故事讲完了，大家想不想知道大禹后来怎么
yàng le? Hǎo, nà wǒmen jiù lái xuéxí dì-sān kè《Huáxià Zhī Zǔ》.
样了？（学生：想。）好，那我们就来学习第三课《华夏之祖》。

Tóngxuémen, wǒmen měi nián de Wǔyuè sì rì dōu yào guò yí gè jiérì, shénme jiérì a?
（2）同学们，我们每年的五月四日都要过一个节日，什么节日啊？（学
Duì, nà nǐmen zhīdao tā de láilì ma? Zhège jiérì shì wèile
生：五四青年节。）对，那你们知道它的来历吗？（学生：不知道。）这个节日是为了
jìniàn "Wǔ-Sì Yùndòng". Nàme, shénme shì "Wǔ-Sì Yùndòng" ne? Tā fāshēng zài shénme shíhou ne? Jīn-
纪念“五四运动”。那么，什么是“五四运动”呢？它发生在什么时候呢？今
tiān, jiù ràng wǒmen lái gòngtóng xuéxí zhè yí kè.
天，就让我们来共同学习这一课。（教师板书课题《新文化运动和五四爱国运动》）

Tóngxuémen, nǐmen zhīdao zhè shǒu gē hé nǎge lìshǐ shìjiàn yǒuguān ma? yuè rì wèi shénme shì Zhōngguó rénmín yǒngyuǎn nánwàng de zuì bēicǎn de rìzi?
（3）（播放完歌曲《松花江上》）同学们，你们知道这首歌和哪个历史事件有关吗？9月18日为什么是中国人民永远难忘的最悲惨的日子？

Dàizhe zhèxiē wèntí, jīntiān wǒmen yìqǐ lái xuéxí dì-shísì kè《Nánwàng Jiǔ-Yībā》.
带着这些问题，今天我们一起来学习第十四课《难忘九一八》。

二、学习新课

这部分是课堂教学的重头戏。教师首先需要带领学生了解本课的历史史实，然后组织学生合作学习、积极探究，最后对历史事件和历史人物等做出评价。

（一）了解史实用语

在这个环节，教师多组织学生自主学习，也会对历史史实进行描述。

1. 指令语

【例句】

Qǐng liè biǎo bǐjiào yíxià Shāndǐngdòngrén hé Běijīngrén.
（1）请列表比较一下山顶洞人和北京人。

Kàn shìpín, ràng wǒmen zǒujìn "Chūnqiū Zhànguó" shíqī.
（2）看视频，让我们走进"春秋战国"时期。

Kàn kèwén, wǒmen lái liǎojiě yíxià Qín mò hēi'àn de zhèngzhì júmiàn.
（3）看课文，我们来了解一下秦末黑暗的政治局面。

Jiéhé kèwén hé hēibǎn shang de túbiǎo, shuō yi shuō Sòng-Yuán wénhuà de zhǔyào chéngjiù.
（4）结合课文和黑板上的图表，说一说宋元文化的主要成就。

Xiàmiàn wǒmen gēnjù píngmù tíshì, zìxué "Bǎi Rì Wéixīn" zhè bùfen nèiróng.
（5）下面我们根据屏幕提示，自学"百日维新"这部分内容。

Yuèdú jiàocái, qǐng guīnà chū Měiguó nèizhàn bàofā de yuányīn, dǎohuǒsuǒ hé jīngguò.
（6）阅读教材，请归纳出美国内战爆发的原因、导火索和经过。

Qǐng jǐ wèi tóngxué jièshào yíxià dì-yī cì gōngyè gémìng de xīngqǐ, guòchéng hé chéngjiù.
（7）请几位同学介绍一下第一次工业革命的兴起、过程和成就。

Yuèdú kèwén yè, sīkǎo: Liǎng Hàn de jīngjì fāzhǎn biǎoxiàn zài nǎxiē fāngmiàn?
（8）阅读课文72～74页，思考：两汉的经济发展表现在哪些方面？

Wǒmen kàn túbiǎo, yìqǐ xuéxí Táng Xuánzōng jíwèi hòu cǎiqǔle nǎxiē cuòshī lái gǒnggù tǒngzhì.
（9）我们看图表，一起学习唐玄宗即位后采取了哪些措施来巩固统治。

2. 历史描述语

【例句】

Wǒguó lìshǐ shàng dì-yī gè tǒngyī de duō mínzú de fēngjiàn wángcháo shì Qíncháo.
（1）我国历史上第一个统一的多民族的封建王朝是秦朝。

Duì Sān Guó dǐnglì júmiàn de xíngchéng qǐ zhòngyào zuòyòng de shìjiàn shì Chìbì zhī Zhàn.
（2）对三国鼎立局面的形成起重要作用的事件是赤壁之战。

Gōngyuán qián nián, Dōng Zhōu jiànlì. Dōng Zhōu fēnwéi Chūnqiū hé Zhànguó liǎng gè jiēduàn.
（3）公元前770年，东周建立。东周分为春秋和战国两个阶段。

Sì dà wénmíng gǔguó zhōng, wénhuà chuántǒng wéiyī wèi céng zhōngduànguo de shì gǔdài Zhōngguó.
（4）四大文明古国中，文化传统唯一未曾中断过的是古代中国。

nián shì jiùlì wùxū nián, yīncǐ lìshǐ shàng chēng zhè cì biànfǎ wéi "Wùxū Biànfǎ".
（5）1898年是旧历戊戌年，因此历史上称这次变法为“戊戌变法”。

"Sīchóu zhī lù" shì zhǐ qǐshǐ yú gǔdài Zhōngguó, liánjiē Yàzhōu, Fēizhōu hé Ōuzhōu de gǔdài lù shang shāngyè màoyì lùxiàn.
（6）“丝绸之路”是指起始于古代中国，连接亚洲、非洲和欧洲的古代陆上商业贸易路线。

Yāpiàn Zhànzhēng yǐhòu, Zhōngguó kāishǐ cóng fēngjiàn shèhuì zhúbù lúnwéi bànzhímíndì bàn-fēngjiàn shèhuì. Yāpiàn Zhànzhēng shì Zhōngguó jìndàishǐ de kāiduān.
（7）鸦片战争以后，中国开始从封建社会逐步沦为半殖民地半封建社会。鸦片战争是中国近代史的开端。

nián, Chálǐ Yīshì bèi tuīshàngle duàntóutái, Yīngguó chénglìle gònghéguó. nián, Yīngguó yìhuì tōngguòle《Quánlì Fǎ'àn》, yǐ fǎlǜ xíngshì xiànzhì guówáng de quánlì. Jūnzhǔ lìxiàn zhì quèlì le.
（8）1649年，查理一世被推上了断头台，英国成立了共和国。1689年，英国议会通过了《权利法案》，以法律形式限制国王的权力。君主立宪制确立了。

（二）合作探究用语

新课程标准要求历史课要充分发挥学生的主体性、积极性和参与性，培养学生探究历史问题的能力。所以教师要少灌输，多组织学生合作学习、主动探究。

【例句】

Qín mò nóngmín qǐyì de yuányīn shì shénme? Tóngxué zhī jiān shuō yi shuō.
（1）秦末农民起义的原因是什么？同学之间说一说。

Xīnhài Gémìng yǒu shénme lìshǐ yìyì? Tóngzhuō jiān jiāohuàn yíxià yìjian.
（2）辛亥革命有什么历史意义？同桌间交换一下意见。

Wèi shénme bǎ Táng Xuánzōng tǒngzhì qiánqī chēngwéi "Kāiyuán Shèngshì"? Tóngxué jiān jiāoliú jiāoliú.
（3）为什么把唐玄宗统治前期称为“开元盛世”？同学间交流交流。

Sòngcháo jiànlì hòu wèile gǒnggù tǒngzhì cǎiqǔle nǎxiē cuòshī? Liǎng rén hézuò gàikuò yíxià.
（4）宋朝建立后为了巩固统治采取了哪些措施？两人合作概括一下。

Sì gè rén yì zǔ, jìnxíng hézuò xuéxí, shuōshuo Wùxū Biànfǎ de jùtǐ nèiróng hé yìyì.
（5）四个人一组，进行合作学习，说说戊戌变法的具体内容和意义。

Zhèng Hé xià Xīyáng hé Gēlúnbù fāxiàn Xīn Dàlù shì zhōngwài lìshǐ shàng liǎng cì wěidà de
（6）郑和下西洋和哥伦布发现新大陆是中外历史上两次伟大的
yuǎnchéng hánghǎi shìjiàn, qǐng sì rén yì zǔ, tǎolùn liǎng zhě zài guīmó, mùdì, xìngzhì hé yǐngxiǎng děng
远程航海事件，请四人一组，讨论两者在规模、目的、性质和影响等
fāngmiàn yǒu hé bù tóng, jiāng bǐjiào jiéguǒ tiánrù biǎogé zhōng.
方面有何不同，将比较结果填入表格中。

（三）评价史实用语

仅仅让学生知道历史常识是不够的，学生还要知道历史事件的意义和影响、历史人物的功过是非等。教师可以先引导学生进行评价，然后给出权威的评价语。

1. 引导评价用语

【例句】

Nǐ zěnme píngjià Nápòlún zhège rénwù?
（1）你怎么评价拿破仑这个人物？

Qǐng píngjià yíxià Yángwù Yùndòng de lìshǐ yìyì.
（2）请评价一下洋务运动的历史意义。

Kējǔzhì de chuànglì duì hòushì yǒu nǎxiē jījí yìyì? Qǐng fābiǎo yíxià kànfa.
（3）科举制的创立对后世有哪些积极意义？请发表一下看法。

Rúhé píngjià gǎigé kāifàng duì xīn Zhōngguó de yǐngxiǎng? Qǐng tóngxué zhī jiān jiāoliú yíxià.
（4）如何评价改革开放对新中国的影响？请同学之间交流一下。

Yǒu rén shuō Qín Shǐhuáng shì "qiāngǔ yí dì", yě yǒu rén shuō tā shì yídài bàojūn, nǐ zěn-
（5）有人说秦始皇是“千古一帝”，也有人说他是一代暴君，你怎
me píngjià Qín Shǐhuáng de gōngguò?
么评价秦始皇的功过？

2. 教师评价用语

【例句】

Wùxū Biànfǎ suīrán shībài le, dàn tā cùjìnle sīxiǎng qǐméng, shì zīchǎn jiējí biàngé shèhuì zhì-
（1）戊戌变法虽然失败了，但它促进了思想启蒙，是资产阶级变革社会制
dù de chūbù chángshì.
度的初步尝试。

Kējǔzhì de chuànglì, wèi jiāqiáng zhōngyāng jíquán, gǒnggù tǒngyī, fāhuīle zhòngdà zuò-
（2）科举制的创立，为加强中央集权、巩固统一，发挥了重大作
yòng, yě duì jiàoyù chǎnshēngle shēnyuǎn yǐngxiǎng.
用，也对教育产生了深远影响。

Měiguó Nán-Běi Zhànzhēng wéihùle guójiā tǒngyī, fèichúle núlì zhìdù, sǎochúle zīběn zhǔ-
（3）美国南北战争维护了国家统一，废除了奴隶制度，扫除了资本主
yì fāzhǎn de zhàng'ài, wèi Měiguó zīběn zhǔyì jīngjì de qǐfēi pūpíngle dàolù.
义发展的障碍，为美国资本主义经济的起飞铺平了道路。

Qín miè liù guó, jiéshùle Chūnqiū yǐlái zhūhóu gējù de júmiàn, jiànlìle dì-yī gè tǒngyī de zhōngyāng jíquán fēngjiàn guójiā, fúhé lìshǐ fāzhǎn de cháoliú, jùyǒu jìnbù de yìyì.
（4）秦灭六国，结束了春秋以来诸侯割据的局面，建立了第一个统一的中央集权封建国家，符合历史发展的潮流，具有进步的意义。

Éguó Shíyuè Gémìng shì rénlèi lìshǐ shàng dì-yī cì qǔdé shènglì de shèhuì zhǔyì gémìng. Shìjiè shàng dì-yī gè shèhuì zhǔyì guójiā yóu cǐ dànshēng. Tā duì tuīdòng guójì shèhuì zhǔyì yùndòng de fāzhǎn jùyǒu zhòngdà yìyì.
（5）俄国十月革命是人类历史上第一次取得胜利的社会主义革命。世界上第一个社会主义国家由此诞生。它对推动国际社会主义运动的发展具有重大意义。

三、巩固练习

在学完新课后，及时通过练习来巩固，是必不可少的教学环节。

【例句】

Wǒmen lái kàn liànxítí, gǒnggù yíxià jīntiān xuéxí de nèiróng.
（1）我们来看练习题，巩固一下今天学习的内容。

Wǒmen kàn dà píngmù shang de shíjútú, shuōshuo Yāpiàn Zhànzhēng de jīngguò.
（2）我们看大屏幕上的时局图，说说鸦片战争的经过。

Jiéhé Hóngjūn Chángzhēng lùxiàntú, shuōshuo Hóngjūn zài Chángzhēng zhōng yùdàole nǎxiē kùnnan.
（3）结合红军长征路线图，说说红军在长征中遇到了哪些困难。

Dàjiā kàn hēibǎn shang de tiánkòngtí, qǐng gēnjù gāng xué de Kāiyuán Shèngshì de nèiróng tiánxiě.
（4）大家看黑板上的填空题，请根据刚学的开元盛世的内容填写。

四、课堂总结，布置作业

对所学内容进行总结并布置作业是教学的收尾环节。

（一）课堂总结用语

【例句】

Qǐng dàjiā kàn dà píngmù shang de jiégòutú, lǎoshī lái zǒngjié Suí-Táng wénhuà de zhǔyào chéngjiù.
（1）请大家看大屏幕上的结构图，老师来总结隋唐文化的主要成就。

Zhè táng kè wǒmen zhǔyào xuéxíle Měiguó Nán-Běi Zhànzhēng bàofā de yuányīn, jīngguò hé jiéguǒ.
（2）这堂课我们主要学习了美国南北战争爆发的原因、经过和结果。

Jīntiān wǒmen xuéxíle xīnwénhuà yùndòng, qǐng tóngxué lái zǒngjié yíxià yùndòng de zhǔyào nèiróng.
（3）今天我们学习了新文化运动，请同学来总结一下运动的主要内容。

（二）布置作业用语

【例句】

Nǐ shì zěnme kàndài shèhuì zhǔyì fāzhǎn dàolù de? Kè hòu sōují zīliào, xià cì kè wǒmen tǎolùn.
（1）你是怎么看待社会主义发展道路的？课后搜集资料，下次课我们讨论。

Tóngxuémen huíqu zhǎo yi zhǎo Sān Guó shíqī de gùshi, xià cì gěi dàjiā jiǎng yi jiǎng.
（2）同学们回去找一找三国时期的故事，下次给大家讲一讲。

Kè hòu, tóngxuémen biànlùn yíxià: Zhèng Hé de hángxíng yǔ Gēlúnbù de hángxíng, nǎ yí gè gèng wěidà?
（3）课后，同学们辩论一下：郑和的航行与哥伦布的航行，哪一个更伟大？

Kè hòu sīkǎo: Cóng Dōng Hàn tǒngyī dào Sān Guó dǐnglì, shì lìshǐ de jìnbù háishi dàotuì? Wèi shénme?
（4）课后思考：从东汉统一到三国鼎立，是历史的进步还是倒退？为什么？

Xuéwán “Kàng Rì Zhànzhēng” zhè yì dānyuán, tóngxuémen huíqu liǎojiě yíxià mùqián de Zhōng-Rì guānxi, xià cì tǎolùn.
（5）学完“抗日战争”这一单元，同学们回去了解一下目前的中日关系，下次讨论。

第三节　德育课课堂用语

小学的《品德与生活》《品德与社会》，初中的《思想品德》，高中的《思想政治》，统称德育课。德育课是基础教育的重要学科，目的是培养学生的良好品德，促进学生的社会性发展，为学生认识社会、参与社会、适应社会，成为具有爱心、责任心、良好行为习惯和个性品质的公民奠定基础。

以往的德育课教学过程中，常常形成教师满堂灌、学生被动听的局面，教学效果不好。新的课程标准要求以学生为主体，提倡讨论式、探究式、合作式的学习方式，使学生在德育实践活动中体验生活，感悟道德，养成良好的行为习惯。

为了完成德育课的教学任务，实现课程的教学目标，德育课教师的课堂用语应该理论联系实际，既要讲清一些理论的基本原理、逻辑关系，又要生动形象，结合学生的生活实际，深入浅出，有理有据，使学生真正理解、领会和信服，真正达到对学生进行素质教育的目的。

接下来就按照一般的教学步骤对德育课课堂用语进行梳理。

一、导入新课

导入方法多种多样，我们举例说明四种常见的方法。

（一）故事导入法

用一个有趣的故事导入新课，能吸引学生的注意力，使学生对将要学习的内容产生兴趣。

【例句】

Tóngxuémen, cóng zhège gùshi zhōng nǐ dǒng-
（老师讲《狼来了》的故事，讲完后问学生）同学们，从 这个故事 中 你 懂
dele shénme? Duì, rén bù yīnggāi shuō huǎng, shuō huǎng duō le, rénmen jiù
得了什么？（学生：不应该撒谎。）对，人不应该 说 谎， 说 谎 多了，人们就
bù xiāngxìn le, jiù huì xiàng fàng yáng de háizi yíyàng chīdào èguǒ. Suǒyǐ zuòrén yào jiǎng chéngxìn.
不 相信 了，就会 像 放 羊 的孩子一样 吃到 恶果。所以 做人 要 讲 诚信。（板书：《诚信是金》）

（二）歌曲导入法

以一首动听的歌曲导入新课，能给学生耳目一新的感觉，在这种轻松愉快的氛围中开始新课的学习，效果往往很好。

【例句】

Tóngxuémen, zhè shǒu gē hǎotīng ma?
（1）（播放歌曲《我们新疆好地方》）同学们，这 首 歌 好听 吗？（学生：好
Nǐmen tīng chulai gē li chàng de shénme le ma? Duì, jīntiān
听。）你们 听 出来 歌里 唱 的 什么 了吗？（学生：唱的是我们的家乡。）对，今天
wǒmen jiù lái xuéxí dì-yī dānyuán de dì-yī kè《Wǒ Ài Jiāxiāng Shān Hé Shuǐ》.
我们 就来学习第一 单元 的第一课《我爱 家乡 山 和 水》。（板书课题）

Tóngxuémen, gē li chàngdào de nà wèi lǎorén shì shéi? Tā zài
（2）（播放歌曲《春天的故事》）同学们，歌里 唱到 的那 位 老人 是 谁？他在
Zhōngguó de Nán Hǎi biān huàle yí gè quān shì zhǐ shénme? Zhōngguó cóngcǐ jìnrùle zěnyàng de shí-
中国 的 南 海 边 画了一个 圈 是 指 什么？ 中国 从此 进入了 怎样 的 时
dài? Tōngguò jīntiān de xuéxí, wǒmen jiù kěyǐ huídá zhèxiē wèntí le, qǐng kàn dì-sì kè dì-yī jié《Gǎigé
代？ 通过 今天 的学习，我们 就可以 回答 这些 问题了，请 看第四课第一节《改革
Kāifàng De Jīběn Guócè》.
开放 的基本 国策》。

（三）时事热点导入法

把课堂教学内容与当前关注度较高的热点问题联系起来，引发学生的思考和讨论，不失为一种活泼有效的导入方法。

【例句】

Tóngxuémen, Yúnnán Lǔdiàn fā-
（1）（幻灯显示：2014 年 8 月 3 日云南鲁甸地震图片）同学们，云南鲁甸发
shēngle yánzhòng de dìzhèn, zuòwéi tóngbāo, cǐshí yīnggāi wèi zāiqū rénmín zuò xiē shénme ne? Hǎo, jīn-
生了严重的地震，作为同胞，此时应该为灾区人民做些什么呢？好，今
tiān wǒmen lái xuéxí xīn kè——《Chéngdān Duì Shèhuì De Zérèn》.
天我们来学习新课——《承担对社会的责任》。

Tóngxuémen, zhèxiē míngxīng wèi shénme bèi zhuā
（2）（幻灯显示：几个吸毒被抓的明星）同学们，这些明星为什么被抓
qilai le? Shì de, shì dúpǐn hàile tāmen. Tāmen míngmíng zhīdao dú-
起来了？（学生：因为他们吸毒。）是的，是毒品害了他们。他们明明知道毒
pǐn yǒu hài jiànkāng, érqiě xī dú wéi fǎ, nà tāmen wèi shénme hái xī ne?
品有害健康，而且吸毒违法，那他们为什么还吸呢？（学生：拒绝不了诱惑。）
Ǹg, kějiàn jùjué bùliáng yòuhuò duōme zhòngyào, jīntiān wǒmen jiù lái xuéxí zhè fāngmiàn de zhīshi.
嗯，可见拒绝不良诱惑多么重要，今天我们就来学习这方面的知识。

（四）分析式导入法

这种方法多见于初中高中阶段，教师通过分析直接导入内容，简单明了。

【例句】

Wǒmen zhīdao xuéxiào, jiātíng, shèhuì duì wǒmen wèichéngniánrén jǐyǔle tèshū de bǎohù,
（1）我们知道学校、家庭、社会对我们未成年人给予了特殊的保护、
tèshū de ài, dànshì zhèxiē dōu shì wàijiè duì wǒmen de bǎohù, gèng zhòngyào de shì wǒmen de zìwǒ bǎo-
特殊的爱，但是这些都是外界对我们的保护，更重要的是我们的自我保
hù. Jīntiān, wǒmen jiù yìqǐ lái tànjiū rúhé yùnyòng fǎlǜ bǎohù zìjǐ.
护。今天，我们就一起来探究如何运用法律保护自己。

Shèhuì shì fùzá de, wǒmen nánmiǎn shòudào shānghài. Wǒmen wéihù quányì de zuì yǒulì de
（2）社会是复杂的，我们难免受到伤害。我们维护权益的最有力的
wǔqì jiù shì fǎlǜ. Wǒmen yīnggāi náqǐ fǎlǜ wǔqì wéihù zìjǐ de héfǎ quányì. Wǒmen yīnggāi zěnyàng
武器就是法律。我们应该拿起法律武器维护自己的合法权益。我们应该怎样
yùnyòng fǎlǜ shǒuduàn bǎohù zìjǐ ne? Jīntiān, wǒmen jiù yìqǐ lái xuéxí dì-bā kè dì-èr jié《Shàn Yòng
运用法律手段保护自己呢？今天，我们就一起来学习第八课第二节《善用
Fǎlǜ Bǎohù Zìjǐ》.
法律保护自己》。

二、学习新课

对德育课来说，学习新课并不等于学习教材。尽管教材是教学设计的基础，但我

们的教材是开放的，教师应该充分利用身边的资源创造性地使用教材，引导学生多探究，多参与活动，多让学生联系自己的生活实际。只有这样，课堂气氛才会活跃，学生也才能在感悟与体验中得到真正的提高。

这一环节的课堂用语包括以下四个方面：

（一）组织活动用语

德育课强调让学生在活动中体验，在体验中生成良好的品德。组织好形式多样的课堂活动，离不开设计合理、要求明确的课堂用语。

【例句】

Jiāxiāng zhème měi, nǐmen yòu zhème xǐhuan, lǎoshī yǒu gè jiànyì, ràng wǒmen yòng huàbǐ huàchū zìjǐ měilì de jiāxiāng ba. Huàwán hòu, bǐ yi bǐ shéi huà de zuì hǎo.
（1）家乡这么美，你们又这么喜欢，老师有个建议，让我们用画笔画出自己美丽的家乡吧。画完后，比一比谁画得最好。（画家乡）

Jiāxiāng de shān měi, shuǐ měi, rén gèng měi, jiāxiāng hái yǒu hěn duō měilì dòngrén de gùshi, xìqǔ, wǔdǎo. Wǒmen yìqǐ shuō yi shuō jiāxiāng de gùshi, yìqǐ chàng yi chàng jiāxiāng de gēqǔ ba!
（2）家乡的山美、水美、人更美，家乡还有很多美丽动人的故事、戏曲、舞蹈。我们一起说一说家乡的故事，一起唱一唱家乡的歌曲吧！（唱家乡）

Tóngxuémen, nǐmen de jiāxiāng měi ma? Rúguǒ yǒu gè Běijīng de xiǎopéngyǒu lái nǐmen de jiāxiāng, nǐmen huānyíng ma? Nà xiàmiàn tóngxuémen jiù dāngdang xiǎo dǎoyóu, bǎ nǐ jiāxiāng zuì měi de dìfang jièshào gěi Běijīng xiǎopéngyǒu.
（3）同学们，你们的家乡美吗？（学生：美。）如果有个北京的小朋友来你们的家乡，你们欢迎吗？（学生：欢迎。）那下面同学们就当当小导游，把你家乡最美的地方介绍给北京小朋友。（当导游）

yè shì wǒguó bùfen shìjiè wénhuà yíchǎn, qǐng tóngxuémen zài yè de dìtú shang zhǎochū tāmen de wèizhì lái, bǐ yi bǐ shéi zhǎo de zuì kuài.
（4）68页是我国部分世界文化遗产，请同学们在69页的地图上找出它们的位置来，比一比谁找得最快。

Xiàmiàn wǒmen lái zuò guóqí. Yāoqiú: Sì rén wéi yí gè xiǎozǔ, měi gè xiǎopéngyǒu tiē yì kē xīng. Bǐ yi bǐ nǎge xiǎozǔ zuò de zuì hǎo zuì zǐxì.
（5）下面我们来做国旗。要求：四人为一个小组，每个小朋友贴一颗星。比一比哪个小组做得最好最仔细。（发材料，做国旗）

Qǐng liǎng wèi tóngxué xiànchǎng bànyǎn《Jiāodiǎn Fǎngtán》de jìzhě, duì tóngxuémen xiànchǎng cǎifǎng: Nǐ duì zhè duàn cáiliào yǒu shénme kànfa? Nǐ zěnyàng kàndài wǎngluò de lì yǔ bì?
（6）请两位同学现场扮演《焦点访谈》的记者，对同学们现场采访：你对这段材料有什么看法？你怎样看待网络的利与弊？

Tóngxuémen, xiànzài nǐmen zhīdao jiāxiāng yǒu nǎxiē tèchǎn le ba? Lǎoshī jiù lái kǎokao dà-
（7）同学们，现在你们知道家乡有哪些特产了吧？老师就来考考大

jiā, qǐng dàjiā cāicai xiàmiàn de jǐ tiáo míyǔ zhǐ de shì Xīnjiāng shénme tèchǎn, cāizhòng yǒu jiǎng yo!
家，请大家猜猜下面的几条谜语指的是新疆什么特产，猜中有奖哟！
（课件：谜语）

Xiàmiàn jǔxíng biànlùnsài. Zhèngfāng guāndiǎn: Jiàndào lǎorén shuāidǎo yīnggāi fú. Fǎnfāng guāndiǎn: Jiàndào lǎorén shuāidǎo bù yīnggāi fú. Dàjiā kěyǐ zìyóu xuǎnzé zhèngfāng hé fǎnfāng guāndiǎn, gēnjù zhǔnbèi de cáiliào, jìnxíng biànlùn.
（8）下面举行辩论赛。正方观点：见到老人摔倒应该扶。反方观点：见到老人摔倒不应该扶。大家可以自由选择正方和反方观点，根据准备的材料，进行辩论。

Tóngxuémen, zài qiánbian de xuéxí zhōng nǐmen bùjǐn liǎojiěle qián cóng nǎli lái, hái zhīdao qián dào nǎli qù le, cóngzhōng gèng tǐhuì dào le fùmǔ zhèng qián de xīnkǔ. Nǐmen yě huì zhǎngdà, yě huì dāng jiā, xiànzài wǒmen jiù yìqǐ zuò yí gè "jiǎrú wǒ dāng jiā" de yóuxì hǎo ma? Qǐng kàn yóuxì yāoqiú.
（9）同学们，在前边的学习中你们不仅了解了钱从哪里来，还知道钱到哪里去了，从中更体会到了父母挣钱的辛苦。你们也会长大，也会当家，现在我们就一起做一个“假如我当家”的游戏好吗？请看游戏要求。

Měi gè tóngxué dōu yǒu zìjǐ de xiǎo huǒbàn, huǒbàn zhī jiān yídìng céngjīng fāshēngguo hěn duō gùshi, jīntiān wǒmen jiù yìqǐ lái zhàokāi yí gè gùshihuì, dàjiā lái jiǎngshù xiǎo huǒbàn zhī jiān de gùshi. Búguò, jīntiān de gùshihuì yǒu gè tèshū yāoqiú, měi gè tóngxué bùjǐn yào jiǎng yí gè gùshi, hái yào shuō yi shuō wèi shénme zhège gùshi gěi nǐ liúxiàle shēnkè de yìnxiàng.
（10）每个同学都有自己的小伙伴，伙伴之间一定曾经发生过很多故事，今天我们就一起来召开一个故事会，大家来讲述小伙伴之间的故事。不过，今天的故事会有个特殊要求，每个同学不仅要讲一个故事，还要说一说为什么这个故事给你留下了深刻的印象。

（二）提问用语

德育课上的提问除了用来考查学生对所学知识的掌握情况，更要联系实际、联系学生的自身情况提出问题，帮助学生面对和处理现实生活中可能遇到的问题。

【例句】

Wǒmen de jīběn guóqíng shì shénme?
（1）我们的基本国情是什么？

Nǐ xǐhuan nǐ shēnghuó de shèqū ma? Wèi shénme?
（2）你喜欢你生活的社区吗？为什么？

Tīngle lǎoshī de jiǎngshù, nǐ xiǎng shuō xiē shénme?
（3）听了老师的讲述，你想说些什么？

Nǐ rènwéi nán-nǚshēng zhī jiān yīng rúhé zhèngcháng jiāowǎng?
（4）你认为男女生之间应如何正常交往？

Shèhuì zhǔyì shìchǎng jīngjì de jīběn tèzhēng yǒu nǎxiē?
（5）社会主义市场经济的基本特征有哪些？

qǐng nǐ shuōshuo shénme shì "jiàzhíguān".
（6）××，请你说说什么是“价值观”。

Cóng shàngshù cáiliào zhōng, wǒmen kěyǐ déchū shénme jiélùn?
（7）从 上述 材料 中，我们可以得出 什么 结论？

Zài yǔ yìxìng de jiāowǎng zhōng, wǒmen yīnggāi rúhé bǎohù zìjǐ?
（8）在与异性的 交往 中，我们 应该如何保护自己？

Qǐng yí wèi tóngxué shuōshuo shénme shì "Mǎsīluò xūyào céngcì lǐlùn".
（9）请 一位 同学 说说 什么是"马斯洛需要层次理论"。

Shíxíng mínzú qūyù zìzhì zhìdù yǒu nǎxiē yōuyuèxìng, qǐng gàikuò yíxià.
（10）实行 民族区域自治制度 有哪些 优越性，请 概括一下。

Duìyú zìlì lái shuō, zài yǐxià gè zhǒng nénglì zhōng, nǐ rènwéi zuì zhòngyào de nénglì shì shénme?
（11）对于自立来说，在以下各 种 能力 中，你 认为最 重要 的能力是 什么？

Xiànzài qǐng dàjiā yuèdú kèběn, ránhòu huídá héxié wénhuà de tǐxiàn hé rúhé jiànshè héxié wénhuà.
（12）现在 请大家阅读课本，然后 回答和谐 文化 的 体现和如何 建设 和谐 文化。

Tóngxuémen, dàjiā zěnme lǐjiě "qíngqù yǔ xìngqù"? Liǎng zhě yǒu hé qūbié? Wǒ qǐng yí wèi tóngxué huídá.
（13）同学们， 大家怎么理解"情趣 与 兴趣"？两 者 有 何 区别？我 请 一 位 同学 回答。

（三）合作探究用语

德育课教材开放性强，很多问题的答案并非唯一，非常适合学生合作学习。而众多的活动需要学生共同参与，合作完成。

【例句】

Nǐmen de jiā zài nǎli ne? Xiǎng ràng lǎoshī zhīdao ma? Qǐng tóngxuémen zài xiǎozǔ nèi jièshào zìjǐ shēnghuó de shèqū.
（1）你们 的家在哪里呢？想 让 老师 知道 吗？请 同学们 在小组 内 介绍 自己 生活 的社区。

Bù tóng de qíngxù duì wǒmen de xíngwéi hé shēnghuó huì chǎnshēng nǎxiē bù tóng de yǐngxiǎng hé zuòyòng? Sì rén yì zǔ tǎolùn, ránhòu tuīxuǎn yí gè tóngxué dàibiǎo běn zǔ fā yán.
（2）不 同 的 情绪 对 我们 的 行为 和 生活 会 产生 哪些不 同 的 影响 和 作用？四人一组讨论，然后 推选 一个 同学 代表 本 组发言。

Xiǎozǔ xuǎnzé zuì xǐhuan de yì zhǒng tèchǎn lái kuā yi kuā, ràng gèng duō de rén xǐ'ài wǒmen Xīnjiāng de tèchǎn ba! Xiān zǔ nèi liànxí wǔ fēnzhōng, ránhòu zhǔnbèi tèchǎn fābùhuì.
（3）小组 选择 最 喜欢 的一 种 特产 来 夸一夸，让 更 多 的人 喜爱我们 新疆 的 特产 吧！先 组 内 练习 五 分钟，然后 准备 特产 发布会。

"Jiǎrú wǒ shì tā" huódòng: Dàjiā kàn shū shang yè de túpiàn gùshi, xiǎng yi xiǎng jiǎrú nǐ shì zhè jǐ gè háizi, nǐ huì zěnme zuò, hé tóngxué xiǎozǔ tǎolùn, bìng biǎoyǎn chūlai.
（4）"假如我是他"活动：大家 看 书 上 28 页的 图片 故事，想 一 想 假如你 是 这几个孩子，你 会 怎么 做，和 同学 小组 讨论，并 表演 出来。

Zánmen Xīnjiāng dìdà-wùbó, wùchǎn fēngfù, tōngguò kè qián de zhǔnbèi, nǐ zhīdao jiāxiāng
（5）咱们 新疆 地大物博、物产 丰富，通过 课 前 的 准备，你 知道 家乡

yǒu nǎxiē wùchǎn? Qǐng bǎ zìjǐ shúxi de wùchǎn de míngchēng, tèdiǎn zài xiǎozǔ nèi shuōshuo.
有 哪些 物产？ 请 把 自己 熟悉 的 物产 的 名称、特点 在 小组 内 说说。

Xiǎopéngyǒumen dōu hěn cōngmíng, nà lǎoshī yào kǎokao nǐmen, nǐmen zhīdao wǒmen de
（6）小朋友们 都 很 聪明，那 老师 要 考考 你们，你们 知道 我们 的

guóqí wèi shénme shì hóngsè de ma? Guóqí shang wèi shénme yǒu yì kē dà xīng, hái yǒu sì kē xiǎo xīng
国旗 为 什么 是 红色 的 吗？国旗 上 为 什么 有 一颗 大 星，还 有 四颗 小 星

ne? Nǐmen rènwéi tāmen dàibiǎole shénme? Qǐng dàjiā tǎolùn yíxià.
呢？你们 认为 它们 代表了 什么？ 请 大家 讨论 一下。

（四）联系实际用语

德育课的教学不能仅停留在理论的讲授上，最终要让良好的道德品质回归到学生的现实生活中去。因此课堂上常常用到理论联系实际的方法。

【例句】

Shuō yi shuō xuéxíle běn kè hòu, nǐ dǒngdele shénme, zìjǐ jīnhòu huì zěnyàng zuò.
（1）说 一 说 学习了 本 课 后，你 懂得了 什么，自己 今后 会 怎样 做。

Nǐ juéde réndà dàibiǎo yīnggāi jùbèi shénmeyàng de sùzhì? Jiǎrú nǐ shì réndà dàibiǎo, nǐ
（2）你 觉得 人大 代表 应该 具备 什么样 的 素质？假如 你 是 人大 代表，你

huì rúhé lǚxíng zìjǐ de zhízé?
会 如何 履行 自己 的 职责？

Fàng xué hòu, zài xiào wài de xiǎolù shang zāoyù qiǎngjié, gāi zěnme bàn? Qǐng tóngxuémen
（3）放 学 后，在 校 外 的 小路 上 遭遇 抢劫，该 怎么 办？ 请 同学们

xiǎngxiang yìngduì bànfǎ bìng fēn juésè biǎoyǎn chūlai.
想想 应对 办法 并 分 角色 表演 出来。

Huíxiǎng yíxià, nǐ zìjǐ jīnglì de zuì gāoxìng, zuì bēishāng, zuì fènnù, zuì kǒngjù de shì shì
（4）回想 一下，你 自己 经历 的 最 高兴、最 悲伤、最 愤怒、最 恐惧 的 事 是

shénme? Tā duì nǐ yǒu shénme yǐngxiǎng? Qǐng tóngzhuō zhī jiān hùxiāng shuō yi shuō.
什么？ 它 对 你 有 什么 影响？ 请 同桌 之 间 互相 说 一 说。

Tóngxuémen, ràng wǒmen liánxì zìshēn xiǎng yi xiǎng, dāng zìjǐ de xīnqíng bù hǎo, huò yùdào
（5）同学们， 让 我们 联系 自身 想 一 想，当 自己 的 心情 不 好，或 遇到

máfan shí, zìjǐ xīwàng biérén zěnyàng duìdài zìjǐ? Rúguǒ biérén zài pángbiān yìlùn zìjǐ, zìjǐ huì
麻烦 时，自己 希望 别人 怎样 对待 自己？ 如果 别人 在 旁边 议论 自己，自己 会

shì zěnyàng de gǎnjué?
是 怎样 的 感觉？

三、课堂总结，布置作业

（一）课堂总结用语

德育课的总结与其他课程的总结用语大同小异，仅举一例。

【例句】

Tōngguò zhè jié kè de xuéxí, wǒmen dǒngdele zài wǒguó shèhuì zhǔyì chūjí jiēduàn, shíxíng yǐ àn
通过 这节课的学习，我们 懂得了在我国 社会 主义初级 阶段，实行以按

láo fēnpèi wéi zhǔtǐ, duō zhǒng fēnpèi fāngshì bìngcún de zhìdù, bǎ àn láo fēnpèi hé àn shēngchǎn yàosù
劳分配为主体、多 种 分配 方式 并存 的制度，把按劳分配和按 生产 要素

fēnpèi jiéhé qilai jùyǒu kèguān bìránxìng, yě yǒu zhòngyào de yìyì.
分配结合起来具有 客观 必然性，也有 重要 的意义。

（二）布置作业用语

德育课作业不再只是死记硬背的机械式训练，实践性强、强调学生自主探究的任务式作业更能体现课程的教学目标。

【例句】

Měi rén shèjì zhìzuò yì zhāng chéngxìnkǎ, sòng gěi shēnbiān jiǎng chéngxìn de rén.
（1）每 人设计制作一 张 诚信卡，送 给 身边 讲 诚信 的人。

Jīntiān xuéxíle guóqí de yìxiē zhīshi, nàme guóqí shì shéi shèjì de? Tóngxuémen kèwài qù
（2）今天 学习了国旗的一些知识，那么国旗是 谁设计的？ 同学们 课外 去

zhǎozhao dá'àn.
找找 答案。

Kè hòu sōují yǔ xiǎo huǒbàn xiāngchǔ zhōng de fánnǎo, zhèxiē fánnǎo zìjǐ jiějuéle duōshao?
（3）课后搜集与小 伙伴 相处 中 的烦恼，这些 烦恼自己解决了 多少？

Méiyǒu jiějué de máodùn dǎsuan zěnme bàn?
没有 解决的 矛盾 打算 怎么 办？

Jīntiān wǒmen xuéxíle《Wǒ Ài Wǒ Jiā》, huíqu hòu dàjiā de láodòng shíjiàn zuòyè shì "jīn-
（4）今天 我们 学习了《我爱我 家》，回去后大家的 劳动 实践 作业是“今

tiān wǒ dāng jiā, bāng māma zuò jiāwù".
天 我 当 家，帮 妈妈 做 家务”。

Jīntiān xuéxíle《Zhēnxī Wújià De Zìzūn》, tóngxuémen huíqu hòu wǔ rén wéi yì zǔ zhǔnbèi,
（5）今天 学习了《珍惜无价的自尊》，同学们 回去后 五 人 为一组 准备，

xià cì kè wǒ qǐng liǎng gè xiǎozǔ lái yǎn yi yǎn zài shēnghuó zhōng zūnzhòng tārén de zhēnshí shìlì.
下次课我 请 两 个小组来演一演 在 生活 中 尊重 他人的 真实事例。

第四节 美术课课堂用语

中小学美术课程是学校进行审美教育的主要途径，也是实施素质教育的必修课程。在美术课的教学中，教师应通过对艺术作品的鉴赏介绍、绘画技能技法的训练辅导、创作能力的激发，培养学生敏锐的观察力、丰富的想象力和美术实践能力，激发他们的创造精神，形成基本的美术素养，陶冶高尚的审美情操，完善人格。

中小学美术课程涵盖了素描、色彩、国画、书法、篆刻、版画、雕塑、手工制作、工艺基础等内容，可划分为“造型·表现”“设计·应用”“欣赏·评述”和“综合·探索”四个学习领域。美术学习活动大致上可分为创作和欣赏两类。创作更倾向于外化，欣赏更偏重于内化。学生在课堂上以个人或集体合作的方式参与各种美术活动，尝试使用各种工具、材料，学习美术欣赏和评述的方法，丰富视觉、触觉和审美经验，体验美术活动的乐趣，获得对美术学习的持久兴趣。与此同时，通过美术课的学习，让学生了解基本美术语言的表达方式和方法，并以此表达自己的情感和思想，美化环境与生活。

美术课课堂用语是向学生传授美术知识，培养学生审美能力的课堂语言。它具有美术术语多、以视觉欣赏为主和重视动手操作的特点。下面我们以美术课的教学环节为框架来梳理美术课的典型用语。

一、导入新课

好的导入如同电视剧的精彩开头，一开始便能将学生牢牢地吸引住，激起他们的求知欲望，为整堂课的教学打下良好的基础。导入的方式多种多样。下面就来介绍美术课中常用的几种导入方法。

（一）观察导入法

让学生先对某种事物进行观察，随即导入新课。

【例句】

Dàjiā lái kàn yì zǔ Bāxī shìjièbēi de zúqiú bǐsài zhàopiàn, rènzhēn guānchá yùndòngyuán de biǎoqíng hé dòngzuò, tǐyàn yíxià sàichǎng shang de qìfēn. Hǎole, jīntiān wǒmen jiù lái xuéxí huà《Jīngcǎi De Zúqiúsài》.

（1）大家来看一组巴西世界杯的足球比赛照片，认真观察运动员的表情和动作，体验一下赛场上的气氛。（3分钟后）好了，今天我们就来学习画《精彩的足球赛》。

Tóngxuémen, nǐmen guānchá yíxià lǎoshī fā gěi nǐmen de gè zhǒng shù de túpiàn, zhùyì gè zhǒng shù de tèzhēng. Dàjiā xiǎng bu xiǎng yòng zìjǐ de huàbǐ bǎ zhèxiē shù huà xialai a? Hǎo de, jīntiān zhè jié kè wǒmen jiù xuéxí《Shù De Jiǎndān Huàfǎ》.

（2）同学们，你们观察一下老师发给你们的各种树的图片，注意各种树的特征。（几分钟后）大家想不想用自己的画笔把这些树画下来啊？（学生：想。）好的，今天这节课我们就学习《树的简单画法》。

（二）作品导入法

教师出示事先准备好的与上课内容有关的美术作品来导入新课。

【例句】

Tóngxuémen, qǐng xīnshǎng zhè jǐ fú huà,
（教师出示凡·高的《向日葵》《星夜》等作品）同学们，请 欣赏 这几幅 画，
guò yíhuìr gàosu wǒ nǐ de gǎnshòu. Hǎole, dàjiā shuōshuo gǎnshòu ba.
过一会儿告诉我你的 感受。（几分钟后）好了，大家 说说 感受 吧。（学生说感
Ǹg, dàjiā shuō de hěn hǎo, nàme zhè wèi huàjiā dàodǐ shì shéi ne? Yǒu shéi zhīdao?
受后）嗯，大家 说 得 很 好，那么 这 位 画家 到底 是 谁 呢？有 谁 知道？（学生
Méi cuò, jiù shì Fán Gāo, jīntiān wǒmen jiù zǒujìn Fán Gāo de huìhuà shìjiè.
回答是凡·高后）没 错，就是 凡·高，今天 我们 就走进 凡·高 的 绘画 世界。

（三）实物导入法

利用看得见摸得着的实物导入新课，直观，形象。

【例句】

Xiǎopéngyǒumen, lǎoshī jīntiān nálái yí gè
（教师挎着一个装满绘画工具和材料的布包说）小朋友们，老师 今天 拿来 一个
bùbāo, lǐmiàn yǒu hěn duō bǎobèi, nǐmen cāicai shì shénme? Cāi bu dào méi guānxi,
布包，里面 有 很 多 宝贝，你们 猜猜 是 什么？（学生们摇头）猜 不 到 没 关系，
qǐng jǐ gè tóngxué shànglai, měi rén mōchū yí jiàn dōngxi, kànkan néng bu néng shuōchū tā de míngzi.
请 几个 同学 上来，每 人 摸出 一件 东西，看看 能 不 能 说出 它的 名字。（几
Zhème duō dōngxi,
个学生上台摸出了剪刀、蜡笔、水彩颜料、毛笔、油画笔、橡皮泥等）这么 多 东西，
dōu shì měishùkè yào yòngdào de, jīntiān wǒmen jiù lái yí gè yí gè rènshi.
都 是 美术课 要 用到 的，今天 我们 就来 一个 一个 认识。

（四）猜谜导入法

用猜谜来开始新课可以激发学生学习的兴趣，调剂课堂气氛，是小学低年级美术课经常采用的导入形式。

【例句】

Xiǎopéngyǒu, wǒmen jīntiān huà shénme ne? Xiān lái cāi yí gè míyǔ hǎo bu hǎo?
小朋友，我们 今天 画 什么 呢？先 来猜 一个 谜语 好 不 好？（学生：好。）
Qǐng tīng: "Jiào huā bú shì huā, měilì rénrén kuā, huā kāi bù jiē guǒ, yù rè tā jiù huà."
请 听："叫 花 不是 花，美丽 人人 夸，花 开 不结 果，遇热 它就 化。"（学生：雪
Dàjiā zhēn cōngmíng, jīntiān wǒmen jiù lái xuéxí huà xuěhuā de fāngfǎ.
花，雪花。）大家 真 聪明，今天 我们 就来 学习 画 雪花 的 方法。

二、学习新课

美术课如何学习新课呢？按照学习的规律，一般分为以下几步。

（一）作品欣赏与体验

上课伊始，教师会呈现与本课内容相关的美术作品，让学生们观摩欣赏，进而通

过回答问题或讨论来习得知识。该环节用语分为两类。

1. **作品欣赏指示语**

【例句】

Xiàmiàn wǒmen lái kàn jǐ fú měishù zuòpǐn.
（1）下面 我们 来看几幅 美术 作品。

Wǒmen zhīdao sècǎi huì gěi rén lěng huò nuǎn de gǎnjué, xiàmiàn kàn túpiàn gǎnshòu yíxià.
（2）我们 知道色彩会给人 冷 或 暖的 感觉，下面 看 图片 感受 一下。

Zǐxì guānchá shū shang de túpiàn, qǐng tóngxuémen shuōshuo zhèxiē zìxíngchē de gòngtóng-diǎn shì shénme.
（3）仔细 观察 书 上 的图片，请 同学们 说说 这些 自行车 的 共同点 是 什么。

Jiǎngzhuō shang bǎifàng de shì dà diāosùjiā Luódān de zuòpǐn《Sīxiǎngzhě》de fùzhìpǐn, qǐng dàjiā xīnshǎng yíxià.
（4）讲桌 上 摆放 的是大雕塑家 罗丹 的作品《思想者》的复制品，请大家 欣赏 一下。

Guānchá zhè zǔ jìngwù, kànkan zhǔtǐ shì shénme, wùtǐ jiān de guānxi bǐlì wèizhì shì zěnme-yàng de, zài xīnli jìnxíng gòutú.
（5）观察 这 组 静物，看看 主体是 什么，物体间 的 关系比例位置 是 怎么样 的，在心里进行 构图。

Jiē xialai wǒmen yìqǐ xīnshǎng Qí Báishí, Xú Bēihóng liǎng wèi guóhuà dàshī de zuòpǐn, xīn-shǎng shí, zhùyì zàoxíng hé mòsè.
（6）接下来 我们一起 欣赏 齐 白石、徐 悲鸿 两 位 国画 大师 的作品，欣赏 时，注意 造型 和墨色。

Qǐng dàjiā kàn huàndēng shang zhǎnshì de zhè jiàn huìhuà zuòpǐn, gēnjù tā de huàfēng hé sè-cǎi jiégòu, pànduàn yíxià shǔyú shénme huàpài.
（7）请 大家看 幻灯 上 展示 的这 件 绘画 作品，根据它的 画风 和色彩结构，判断 一下属于 什么 画派。

2. **作品欣赏提问语**

【例句】

Zhè fú huà shǔyú nǎ yì zhǒng huìhuà xíngshì?
（1）这 幅 画 属于哪一 种 绘画 形式？

Mònài shì nǎge huàpài de dàibiǎo rénwù?
（2）莫奈 是 哪个 画派 的 代表 人物？

Zhèxiē xiǎo huàjiā de zuòpǐn yǔ wǒmen gāngcái huà de yǒu shénme qūbié?
（3）这些 小 画家 的作品 与 我们 刚才 画 的 有 什么 区别？

Qǐng dàjiā kàn yóuhuà《Fùqin》, sīkǎo zhè fú huà xiǎng biǎoxiàn shénme.
（4）请 大家看 油画《父亲》，思考 这幅 画 想 表现 什么。

Zhè shì yí wèi tóngxué huà de huà, dàjiā kànkan zhè fú huà huàle shénme yǒuqù de shìqing ya?
（5）这 是一位 同学 画 的 画，大家 看看 这幅画 画了 什么 有趣 的 事情 呀？

Gāngcái xīnshǎngle hěn duō yǒuqù de xié, qǐng yí gè tóngxué huídá: Xié shì yóu nǎ jǐ bùfen zǔchéng de?
（6）刚才 欣赏了 很 多 有趣 的 鞋，请 一 个 同学 回答：鞋 是 由 哪几 部分 组成 的？

（二）教师示范与讲授

俗话说：“师父领进门，修行在个人。”无论是绘画技巧，还是手工制作，教师的示范都会起到很好的教学效果，而适当的知识讲授也有助于学生理解记忆。该环节用语分为两类。

1. 教师示范用语

【例句】

Lǎoshī yòng máobǐ huà zhúzi, qǐng dàjiā zhùyì lǎoshī yòng bǐ de biànhuà.
（1）老师 用 毛笔 画 竹子，请 大家 注意 老师 用 笔 的 变化。

Jiē xialai, lǎoshī jiù wèi dàjiā shìfàn yí biàn zhìzuò shūjí fēngmiàn de guòchéng.
（2）接下来，老师 就 为 大家 示范 一 遍 制作 书籍 封面 的 过程。

Lǎoshī xiànzài yòng cǎiní zuò yì tiáo měilì de yú, zhùyì lǎoshī xiān zuò shénme, hòu zuò shénme.
（3）老师 现在 用 彩泥 做 一 条 美丽 的 鱼，注意 老师 先 做 什么、后 做 什么。

Wǒmen zhīdaole pángxiè de zǔchéng bùfen hé jīběn de huìhuà bùzhòu, jiē xialai lǎoshī shìfàn yíxià.
（4）我们 知道了 螃蟹 的 组成 部分 和 基本 的 绘画 步骤，接下来 老师 示范 一下。

Xiàmiàn lǎoshī shìfàn zhǐ fēnglíng de zuòfǎ, tóngxuémen zǐxì kàn, ránhòu xiǎozǔ tǎolùn, zǒngjié zuòfǎ.
（5）下面 老师 示范 纸 风铃 的 做法，同学们 仔细 看，然后 小组 讨论，总结 做法。

2. 教师讲授用语

【例句】

Shuǐmòhuà de yòng bǐ fēnwéi zhōngfēng, cèfēng liǎng zhǒng.
（1）水墨画 的 用 笔 分为 中锋、侧锋 两 种。

Huà shān shí yìbān kě fēnwéi sì gè jiēduàn: gōu—— cūn—— rǎn—— diǎn.
（2）画 山 石 一般 可 分为 四 个 阶段：勾——皴——染——点。

Yóuhuà cóng nèiróng shang kě fēnwéi fēngjǐng, jìngwù hé rénwù sān zhǒng.
（3）油画 从 内容 上 可 分为 风景、静物 和 人物 三 种。

Zhōngguóhuà fēnwéi shānshuǐ, huāniǎo hé rénwù sān kē, biǎoxiàn xíngshì yǒu gōngbǐ, xiěyì zhī fēn.
（4）中国画 分为 山水、花鸟 和 人物 三 科，表现 形式 有 工笔、写意 之 分。

Zhìzuò zhú qīngtíng xūyào sì bù: ① shèjì, ② zhǎo cáiliào, ③ zhìzuò, ④ zhuāngshì.
（5）制作 竹 蜻蜓 需要 四 步：① 设计，② 找 材料，③ 制作，④ 装饰。

Dàjiā yào yí bù yí bù lái.
大家要一步一步来。

（三）学生探究与合作

美术课的学习不是学生被动地接受，而是需要学生积极探究，通过合作来获得知识和技能。我们把这部分的教师用语叫作探究与合作用语。

【例句】

Tóngxuémen tǎolùn yíxià: Xiěshēng yào zhùyì shénme? Rúhé yòng xiàntiáo biǎoxiàn jìngwù?
（1）同学们　讨论一下：写生　要注意　什么？如何　用　线条　表现　静物？

Tóngxuémen qián hòu sì rén yì zǔ, yìqǐ tàntǎo bìng zhìzuò shǔyú zìjǐ de shūjí fēngmiàn.
（2）同学们　前后四人一组，一起探讨并　制作属于自己的书籍　封面。

Liǎng gè tóngxué yì zǔ, shèjì yì kuǎn xīnyǐng shíshàng de xié, bìng jièshào zuò xié yòngdào de cáiliào.
（3）两　个　同学　一组，设计一　款　新颖　时尚　的鞋，并　介绍　做鞋　用到的材料。

Xiǎng yi xiǎng nǐ xiǎng yòng cǎiní zuò shénme, xiǎnghǎole shuō gěi tóngzhuō tīngting, kànkan shéi de xiǎngfa zuì yǒuqù.
（4）想　一　想你　想　用　彩泥做　什么，想好了　说　给　同桌　听听，看看谁　的　想法　最　有趣。

Zài huà shēngyīn zhīqián, tóngxuémen hùxiāng shuōshuo: Nǐ dǎsuan zěnyàng biǎoxiàn zhè zhǒng shēngyīn? Yòng nǎxiē gōngjù hé fāngfǎ lái chuàngzuò?
（5）在　画　声音　之前，同学们　互相　说说：你　打算　怎样　表现　这　种声音？　用　哪些　工具　和　方法　来　创作？

Kàn huàndēng shang Hélán huàjiā Fán Gāo de zuòpǐn《Yèjiān Lùtiān Kāfēiwū》, sì gè rén yì zǔ, tǎolùn yíxià huà li de lěngsè hé nuǎnsè.
（6）看　幻灯　上　荷兰　画家　凡·高　的　作品《夜间　露天　咖啡屋》，四个　人一组，讨论一下　画里的　冷色　和　暖色。

（四）动手实践与创作

美术课是一门实践性很强的课程，课堂上常常会让学生画一画、做一做，教师先要安排实践任务，活动过程中还要指导学生。该环节用语分为两类。

1. 布置实践任务用语

【例句】

Xiàmiàn wǒmen jiù yòng zìjǐ xǐhuan de fāngfǎ huàchū "xīn zhōng xǐ'ài de lǎoshī".
（1）下面　我们　就　用　自己　喜欢　的　方法　画出"心　中　喜爱　的老师"。

Tóngxuémen xiǎnghǎo huà shénme le ba? Nà jiù náchū huàzhǐ hé bǐ kāishǐ huà ba.
（2）同学们　想好　画　什么　了吧？那　就拿出　画纸　和　笔开始　画吧。

Měi gè tóngxué dōu yǒule zìjǐ xiǎng huà de dòngwù, jiù qǐng bǎ nǐ xīn zhōng de dòngwù huà chulai ba!
（3）每　个　同学　都　有了自己　想　画　的　动物，就　请　把你心　中　的　动物　画出来吧！

Tóngxuémen kěyǐ huà yǒuqù de kèwài huódòng, jiérì zhōng fāshēng de shì děng, tóngxuémen dàdǎn de huà ba.
（4）同学们可以画有趣的课外活动、节日中发生的事等，同学们大胆地画吧。

Dàjiā náchū huàbǐ, kāidòng nǎojīn, shèjì yí liàng hé biérén bù yíyàng de zìxíngchē, bǐ yi bǐ shéi de zuòpǐn zuì yǒu chuàngyì.
（5）大家拿出画笔，开动脑筋，设计一辆和别人不一样的自行车，比一比谁的作品最有创意。

Ànzhào zhèxiē bùzhòu, lǎoshī jiù zuòchūle yì zhāng piàoliang de shūjí fēngmiàn, jiē xialai, tóngxuémen dòng shǒu zhìzuò zìjǐ de shūjí fēngmiàn.
（6）按照这些步骤，老师就做出了一张漂亮的书籍封面，接下来，同学们动手制作自己的书籍封面。

2. 教师指导用语

【例句】

Xiān huàchū shù de jīběn xíngzhuàng, zài huàchū shù shang de dōngxi, sìzhōu de huánjìng, zuìhòu túshang yánsè.
（1）先画出树的基本形状，再画出树上的东西、四周的环境，最后涂上颜色。

Huà sùmiáo tóuxiàng shí, xiān gōulè chū tóubù lúnkuò, zài dìng sāntíng-wǔyǎn, ránhòu shēnrù kèhuà xìbù.
（2）画素描头像时，先勾勒出头部轮廓，再定三庭五眼，然后深入刻画细部。

Wǒmen kěyǐ lìyòng gòutú shǒuduàn, bǎ zhǔtǐ fàng zài héshì de wèizhì, huò jièzhù xiàntiáo lái yǐndǎo guānzhòng de shìxiàn.
（3）我们可以利用构图手段，把主体放在合适的位置，或借助线条来引导观众的视线。

Tóngxuémen zài huà de shíhou yídìng yào zhùyì jiāng zhǔtǐwù huà de dà xiē, zhèyàng cái néng tǐxiàn chū tā zài huàmiàn zhōng de zhǔtǐ dìwèi.
（4）同学们在画的时候一定要注意将主体物画得大些，这样才能体现出它在画面中的主体地位。

Dàjiā xiān gòusī, ránhòu gēnjù gòusī qīngqīng de bǎ jǐngwù huà chulai, zhùyì yào tūchū zhǔtǐ bùfen. Zuìhòu xiūgǎi yíxià, zhùyì huàmiàn gòutú, xiàntiáo de liúchàng.
（5）大家先构思，然后根据构思轻轻地把景物画出来，注意要突出主体部分。最后修改一下，注意画面构图、线条的流畅。

（五）作品展示与讲评

课堂创作后紧接着是作品的展评。通过展示和评价，学生们可以互相学习，提高审美能力，教师也能了解学生对本课知识技能的掌握情况。该环节用语分为两类。

1. 展示用语

【例句】

Qǐng tóngxuémen bǎ wánchéng de zuòpǐn tiēdào zhǎnshìbǎn shang.
（1）请 同学们 把 完成 的 作品 贴到 展示板 上。

Wánchéng de tóngxué, kěyǐ bǎ zuòpǐn fàngdào zhǎnlǎntái shang, ràng dàjiā xīnshǎng xīnshǎng.
（2）完成 的 同学，可以把作品 放到 展览台 上，让 大家 欣赏 欣赏。

Qǐng xiàng nǐ de tóngxué zhǎnshì yíxià nǐ de huàzuò, bìng shuōshuo nǐ de chuàngzuò sīlù.
（3）请 向 你的 同学 展示 一下你的 画作，并 说说 你的 创作 思路。

2. 讲评用语

【例句】

Dàjiā jiāohuàn zuòpǐn, hùxiāng píngjià yíxià.
（1）大家 交换 作品，互相 评价一下。

Tóngxuémen yìqǐ lái píng yi píng shéi huà de zuì hǎo.
（2）同学们 一起来 评 一 评 谁 画 得 最 好。

tóngxué de huà gòusī qiǎomiào, sècǎi yànlì, shì fú jiāzuò.
（3）×× 同学 的 画 构思 巧妙，色彩 艳丽，是 幅 佳作。

tóngxué shèjì de fúzhuāng kuǎnshì xīnyǐng, hěn yǒu xiǎngxiànglì.
（4）×× 同学 设计 的 服装 款式 新颖，很 有 想象力。

Zhǎnbǎn shang shì dàjiā shèjì de fúzhuāng xiàoguǒ, nǐmen kànkan nǎge zǔ zuò de zuì hǎo,
（5）展板 上 是 大家 设计 的 服装 效果，你们 看看 哪个 组 做 得 最 好，
píngchū yī, èr, sān míng.
评出 一、二、三 名。

三、布置作业

美术课的课外作业强调学生的动手创作，往往需要提交美术作品。

【例句】

Kè hòu wánchéng yì fú jìngwù xiěshēng.
（1）课 后 完成 一幅 静物 写生。

Xiǎozǔ hézuò shèjì zhìzuò yí gè zhǐ fēnglíng.
（2）小组 合作 设计 制作 一个 纸 风铃。

Gěi zìjǐ xǐhuan de xiǎo dòngwù huà yì fú shuǐmòhuà.
（3）给 自己 喜欢 的 小 动物 画 一幅 水墨画。

Shàng wǎng sōusuǒ zīliào, kànkan Yīngguó yǒu nǎxiē yǒu tèsè de xié.
（4）上 网 搜索 资料，看看 英国 有 哪些 有 特色 的 鞋。

Yǐ《Shēnghuó Zhōng De Qùshì》wéi tí, chuàngzuò yì fú huìhuà zuòpǐn.
（5）以《生活 中 的 趣事》为 题，创作 一幅 绘画 作品。

第五节　音乐课课堂用语

音乐课程是九年义务教育阶段面向全体学生的一门必修课。通过音乐教育，培养和提高学生感受美、表现美、鉴赏美、创造美的能力，陶冶情操，发展个性，启迪智慧，丰富和发展形象思维，激发创新意识和创造能力，全面提升学生的素养。

在音乐课上，学生通过聆听经典音乐作品和教师的讲解，学习并掌握力度、节拍、旋律等音乐基本常识，在音乐的体验与感受中，享受审美过程的愉悦。通过亲身参与演唱、演奏、编创等艺术实践活动，了解音乐创作的基本方法，积累感性经验，为音乐表现和创造能力的进一步发展奠定基础。另外通过了解中外音乐发展的简要历史和代表性音乐家，初步识别不同时代、不同民族的音乐，感知不同艺术门类的主要表现手段和艺术形式特征。

音乐课课堂用语必须服务于音乐课的教学目标，教师在组织好课堂教学的基础上，运用规范的音乐术语讲解音乐常识、教授音乐技能，利用各种教学形式充分激发学生的学习兴趣和热情，还能通过多种教学手段提高学生的音乐素养和音乐审美能力，让其充分体验到音乐的美感。

下面我们以音乐课的教学环节为框架来梳理音乐课的课堂用语。

一、导入新课

音乐课的导入方法灵活多样，除了直接导入外，最常见的是音乐作品导入、影像导入、实物导入等。

（一）作品导入法

将本堂课学习的音乐作品播放出来，用作品自身的感染力吸引学生，是很常用的一种方法。

【例句】

Tóngxuémen, gānggāng tīngdào de zhè shǒu gē hǎo bu hǎotīng?

（教师播放《幸福拍手歌》，然后问）同学们，刚刚听到的这首歌好不好听？（学生：好听。）

Nà wǒmen jīntiān jiù lái xué chàng zhè shǒu Měiguó értóng gēqǔ《Xìngfú Pāi Shǒu Gē》, hǎo ma?

那我们今天就来学唱这首美国儿童歌曲《幸福拍手歌》，好吗？（学生：好——）

（二）影像导入法

音乐是听觉艺术，但往往也离不开视觉影像。当我们听到一段音乐时，眼前常常浮现出一个画面、一部电影或者一位作曲家的模样。反过来，用影像导入音乐作品，不但形象生动，也有助于理解音乐作品。

【例句】

Tóngxuémen, jīntiān lǎoshī gěi dàjiā dàilái yìxiē túpiàn, qǐng zài yīnyuè de bànzòu xià xīnshǎng
（1）同学们，今天老师给大家带来一些图片，请在音乐的伴奏下欣赏
ba! Nǐ tīngdàole xiē shénme, kàndàole xiē shénme?
吧！（教师播放京剧剧照，观看后提问）你听到了些什么，看到了些什么？（学生
Hǎo, jīntiān wǒmen jiù lái xuéxí dì-sì dānyuán de dì-yī kè《Shēng Dàn Jìng Chǒu Huì
答：京剧。）好，今天我们就来学习第四单元的第一课《生旦净丑荟
Jīngcuì》.
精粹》。

Tóngxuémen, nǐmen zhīdao zhè shì shénme
（2）（教师播放《音乐之声》的电影歌舞片段）同学们，你们知道这是什么
diànyǐng ma? Gàosu dàjiā, zhè shì zhùmíng de yīnyuè diànyǐng《Yīnyuè Zhī Shēng》,
电影吗？（学生答不出来）告诉大家，这是著名的音乐电影《音乐之声》，
lǐmiàn yǒu hǎojǐ shǒu dòngtīng de gēqǔ, jīntiān jiù lái xué chàng yíxià.
里面有好几首动听的歌曲，今天就来学唱一下。

（三）实物导入法

和很多艺术形式一样，音乐也是反映现实生活的，生活中的很多事物都与音乐有千丝万缕的联系，拿出一个看得见摸得着的实物，常常就会联想到某个音乐作品。

【例句】

Tóngxuémen, lǎoshī shǒu li ná de shì shénme?
（教师举着红领巾问学生）同学们，老师手里拿的是什么？（学生：红领巾。）
Wèi shénme nǐmen měi tiān yào dài hónglǐngjīn, nǐmen zhīdao ma?
为什么你们每天要戴红领巾，你们知道吗？（学生：因为我们是少先队员。）
Duì, hónglǐngjīn shì Wǔxīng-Hóngqí de yì jiǎo. Nàme zuòwéi shàoxiānduìyuán, nǐmen zhīdao duìgē shì nǎ
对，红领巾是五星红旗的一角。那么作为少先队员，你们知道队歌是哪
yì shǒu gēqǔ ma? Méi guānxi, wǒmen jīntiān jiù lái xué chàng《Zhōngguó Shàonián
一首歌曲吗？（学生：不知道。）没关系，我们今天就来学唱《中国少年
Xiānfēngduì Duìgē》.
先锋队队歌》。

二、学习新课

音乐课的活动大体分为作品欣赏和艺术实践两块。学习过程中需要教师的讲解、示范和指导，学生要自主探究、积极协作来完成学习任务。

（一）作品欣赏与探究

教师在播放音乐、舞蹈等作品前发出明确指令并提出探究性问题，要求学生认真聆听，体验、感受并理解音乐的感性特征与精神内涵。

1. 欣赏指令语

【例句】

Dàjiā yìqǐ lǎngdú yí biàn gēcí.
（1）大家一起朗读一遍歌词。

Qǐng tóngxuémen kànzhe gēcí, tīng yí biàn zhè shǒu gē.
（2）请 同学们 看着 歌词，听 一 遍 这 首 歌。

Wǒmen yìqǐ tīng lùyīn fànchàng, zhùyì gēqǔ de sùdù hé qíngxù.
（3）我们 一起 听 录音 范唱，注意 歌曲 的 速度 和 情绪。

Gēqǔ shì zěnyàng miáoshù zǔguó xiàng huāyuán de? Ràng wǒmen yìqǐ lái dú gēcí.
（4）歌曲 是 怎样 描述 祖国 像 花园 的？让 我们 一起 来 读 歌词。

Yǐngpiàn zhōng hái yǒu yì shǒu chāqǔ jiào《Mù Yáng Qǔ》, wǒmen jìnxíng duìbǐ xīnshǎng.
（5）影片 中 还有 一 首 插曲 叫《牧 羊 曲》，我们 进行 对比 欣赏。

Yuèqǔ yǒu sān gè bù tóng de zhǔtí, wǒmen lái fēn duàn xīnshǎng. Shǒuxiān qǐng tīng dì-yī duàn.
（6）乐曲 有 三 个 不 同 的 主题，我们 来 分 段 欣赏。首先 请 听 第一 段。

Qǐng tóngxuémen xīnshǎng yì shǒu gēqǔ, tīngwán gàosu wǒ, zhè shǒu gēqǔ shì nǎ wèi gē-
（7）请 同学们 欣赏 一 首 歌曲，听完 告诉 我，这 首 歌曲 是 哪 位 歌
chàngjiā chàng de.
唱家 唱 的。

Xiǎopéngyǒumen, xiàmiàn tīng yì shǒu zánmen Xīnjiāng de wǔqǔ《Jiérì Wǔqǔ》, kěyǐ biān
（8）小朋友们，下面 听 一 首 咱们 新疆 的 舞曲《节日 舞曲》，可以 边
tīng biān tiào yo.
听 边 跳 哟。

Lǎoshī zhèr yǒu yì shǒu shǎoshù mínzú de gēqǔ, qǐng dàjiā tīng yi tīng, kànkan néngfǒu tīng-
（9）老师 这儿 有 一 首 少数 民族 的 歌曲，请 大家 听 一 听，看看 能否 听
chū tā yǔ nǎge shǎoshù mínzú de yīnyuè fēnggé xiāngsì.
出 它 与 哪个 少数 民族 的 音乐 风格 相似。

Qǐng tīng yí duàn yīnyuè, tīngwán hòu shuōshuo nǐmen de gǎnshòu. Nǐ néng xiǎngxiàng dào
（10）请 听 一 段 音乐，听完 后 说说 你们 的 感受。你 能 想象 到
rénmen zài zuò shénme ma? Néng tīngchū shì shénme yuèqì zhǔzòu jiù gèng hǎo le.
人们 在 做 什么 吗？能 听出 是 什么 乐器 主奏 就 更 好 了。

Chūntiān bùguāng dàyǔ hé xiǎoyǔ chūlai chàng gē, lián xiǎo mógu yě chūlai tiào wǔ ne! Xiàn-
（11）春天 不光 大雨 和 小雨 出来 唱 歌，连 小 蘑菇 也 出来 跳 舞 呢！现
zài ràng wǒmen lái xīnshǎng yí duàn《Xiǎo Mógu》de wǔdǎo piànduàn, kànkan xiǎo mógu zài gàn shénme.
在 让 我们 来 欣赏 一 段《小 蘑菇》的 舞蹈 片段，看看 小 蘑菇 在 干 什么。

Xiànzài qǐng nǐmen bìshang yǎnjing, lǎoshī gěi nǐmen fàng liǎng duàn yīnyuè《Tiějiàng Bō'ěr-
（12）现在 请 你们 闭上 眼睛，老师 给 你们 放 两 段 音乐《铁匠 波尔
kǎ》hé《Yáolán Qǔ》, zài xīnshǎng de guòchéng zhōng nǐmen kěyǐ bǎ zìyǐ de gǎnshòu yòng dòngzuò
卡》和《摇篮 曲》，在 欣赏 的 过程 中 你们 可以 把 自己 的 感受 用 动作
biǎoxiàn chulai.
表现 出来。

2. 提问探究语

【例句】

Zhè shì nǎ bù dònghuàpiàn de chāqǔ?
（1）这 是哪部 动画片 的插曲？

Zhè shǒu gē de jiézòu yǒu shénme tèdiǎn?
（2）这 首 歌的节奏有 什么 特点？

Zhè duàn yīnyuè biǎoxiànle zěnyàng de qíngxù hé nèiróng?
（3）这 段 音乐 表现了 怎样 的 情绪和 内容？

《Sòng Wǒ Yì Zhī Méiguihuā》shì yòng shénme yuèqì yǎnzòu de?
（4）《送 我一枝 玫瑰花》是 用 什么 乐器 演奏 的？

Tīngwán dì-jiǔ jiāoxiǎngqǔ, nǐ juéde Bèiduōfēn xiǎng biǎodá shénmeyàng de gǎnqíng?
（5）听完 第九 交响曲，你觉得 贝多芬 想 表达 什么样 的 感情？

Qǐngwèn diànyǐng《Liú Sānjiě》de chāqǔ zhǔyào cǎiyòngle shénme yǎnchàng xíngshì?
（6）请问 电影《刘三姐》的 插曲 主要 采用了 什么 演唱 形式？

《Mài Bào Gē》de zhǔréngōng shì shéi? Zhè shǒu gēqǔ jiǎngshùle yí gè shénme gùshi?
（7）《卖 报 歌》的 主人公 是 谁？这 首 歌曲 讲述了一个 什么 故事？

Zhè shǒu gē yǔ yǐwǎng xué de gēqǔ jiépāi bù tóng, guānchá zuǒ shàng jiǎo, gēqǔ shì jǐ pāizi?
（8）这 首 歌与 以往 学 的歌曲节拍不 同，观察 左 上 角，歌曲是几拍子？

Tīngwán xiǎodiào gémìng liànxíqǔ, nǐ gǎnjué Xiāobāng wèi wǒmen miáoshùle yí gè zěnyàng de shìjiè?
（9）听完 C小调 革命 练习曲，你感觉 肖邦 为 我们 描述了一个 怎样的世界？

（二）教师示范与讲授

如今多媒体教学在音乐教育中十分常见，但这并不能取代教师的示范作用。良好准确的范唱、范奏能激发学生的学习兴趣，有助于学生对音乐的理解和模仿，最终提高课堂教学效果。而对音乐知识和音乐技能的讲授和指导，也是音乐课堂上不可或缺的教学行为。

1. 示范用语

【例句】

Tīng lǎoshī fànchàng, zhùyì jiézòu hé huàn qì de dìfang.
（1）听 老师 范唱，注意节奏 和 换 气的地方。

Lǎoshī xiān yòng dízi chuīzòu yí biàn, ránhòu dàjiā mófǎng.
（2）老师 先 用 笛子吹奏 一 遍，然后大家 模仿。

Xiàmiàn lǎoshī jiāo yíxià xīnjiāngwǔ de fēnjiě dòngzuò, dàjiā zhùyì kàn.
（3）下面 老师 教 一下 新疆舞 的分解 动作，大家注意看。

Xiàmiàn wǒmen yòng wǔdǎo jiāng zhè shǒu gēqǔ biǎoxiàn chulai, xiān kàn lǎoshī zuò yí biàn.
（4）下面 我们 用 舞蹈 将 这 首 歌曲 表现 出来，先 看 老师 做一 遍。

Lǎoshī lái shìfàn yíxià tītàwǔ de jīběn wǔbù, zhùyì zhànzī: tóu zhèng, shēn zhí, jiān zhǎn,
（5）老师 来示范 一下踢踏舞的基本舞步，注意 站姿：头 正，身 直，肩 展，
xīguānjié hé huáiguānjié yào fàngsōng.
膝关节 和 踝关节 要 放松。

2. 指导用语

【例句】

Yǎnchàng zhuāngshìyīn shí yào kuài ér qīng.
（1）演唱 装饰音 时 要 快 而 轻。

Shǐyòng shāchuí shí lìliang yào xiàng xià, yào jízhōng lìliang.
（2）使用 沙锤 时 力量 要 向 下，要 集中 力量。

Zhè shǒu gē yào zhùyì huàn qì de dìfang, sì xiǎo jié yí huàn qì.
（3）这 首 歌要注意 换 气的 地方，四 小 节一 换 气。

Chàng gāoyīn shí yào bǎ sǎngzi yādī, xiàng xià yòng lì, bù néng diào sǎngzi.
（4）唱 高音 时 要 把 嗓子压低，向 下 用 力，不 能 吊 嗓子。

Jiéshùjù shì yí gè qī pāi de chángyīn, yào yòng jiào cháng de qìxī lái yǎnchàng.
（5）结束句是一个七拍的 长音，要 用 较 长 的气息来 演唱。

Wǒmen zěnyàng bǎ zhè shǒu gēqǔ chàng de gèng hǎotīng ne? Kěyǐ cóng sùdù, lìdù, gē-
（6）我们 怎样 把这 首 歌曲 唱 得 更 好听 呢？可以 从 速度、力度、歌
chàng fāngfǎ shang kǎolǜ.
唱 方法 上 考虑。

Qǐng biāojì chūxiàn xiūzhǐfú de dìfang, yǎnchàng shí yào xiǎoxīn, xiūzhǐfú de qián yí gè yīn yào
（7）请 标记 出现 休止符的 地方，演唱 时 要 小心，休止符的 前 一个 音 要
zhùyì kòngzhì shízhí.
注意 控制 时值。

Bā fēn xiūzhǐfú chù shēngdòng de biǎoxiànle xiǎo gūniang huānkuài huópō de yīnyuè xíngxiàng,
（8）八 分休止符 处 生动 地 表现了 小 姑娘 欢快 活泼的 音乐 形象，
yǎnchàng shí yào zuòdào shēng duàn qì bú duàn.
演唱 时要 做到 声 断 气不 断。

3. 讲授用语

【例句】

《Mài Bào Gē》shì yīnyuèjiā Niè Ěr shìjì niándài chuàngzuò de kuàizhì-rénkǒu de ér-
（1）《卖 报 歌》是 音乐家 聂耳 20 世纪 30 年代 创作 的 脍炙人口 的儿
tóng gēqǔ.
童 歌曲。

Zài zhè shǒu gēqǔ zhōng, sì èr pāi yǔ sì sān pāi jiāotì chūxiàn, jiàozuò "biànhuàn pāizi".
（2）在 这 首 歌曲 中，四二拍与四三 拍交替 出现，叫作 “变换 拍子”。

Jīngjù shì zài Běijīng xíngchéng de xìqǔ jùzhǒng zhī yī, zhìjīn yǐ yǒu jiāngjìn èrbǎi nián de lìshǐ.
（3）京剧是在北京形成的戏曲剧种之一，至今已有将近二百年的历史。

《Shàolín Shàolín》shì nánshēng sì chóngchàng de yǎnchàng xíngshì, ér《Mù Yáng Qǔ》zé shì nǚshēng dúchàng.
（4）《少林少林》是男声四重唱的演唱形式，而《牧羊曲》则是女声独唱。

Ài'ěrlán de tītàwǔ fēnwéi huāshì wǔbù hé jīběn wǔbù. Wǒmen xuéxí jiǎndān de jīběn wǔbù.
（5）爱尔兰的踢踏舞分为花式舞步和基本舞步。我们学习简单的基本舞步。

Zhè shǒu gēqǔ xuánlǜ yōuměi, shì nánshēng sì chóngchàng. Nánshēng sì chóngchàng jiù shì yóu liǎng wèi nángāoyīn, yí wèi nánzhōngyīn hé yí wèi nándīyīn yǎnchàng de gēqǔ. Měi rén chàng yí gè shēngbù, chàng de xuánlǜ gè bù xiāngtóng.
（6）这首歌曲旋律优美，是男声四重唱。男声四重唱就是由两位男高音，一位男中音和一位男低音演唱的歌曲。每人唱一个声部，唱的旋律各不相同。

《Duōláimī》shì zhùmíng yǐngpiàn《Yīnyuè Zhī Shēng》de chāqǔ,《Yīnyuè Zhī Shēng》céng rónghuò zuì jiā yǐngpiàn, zuì jiā jiǎnjí děng wǔ xiàng Àosīkǎ Jīnxiàngjiǎng, qízhōng de《Xuěrónghuā》《Gūdú De Mùyángrén》《Duōláimī》děng gēqǔ jūn guǎng wéi liúchuán.
（7）《哆来咪》是著名影片《音乐之声》的插曲，《音乐之声》曾荣获最佳影片、最佳剪辑等五项奥斯卡金像奖，其中的《雪绒花》《孤独的牧羊人》《哆来咪》等歌曲均广为流传。

Jīntiān wǒmen jiù lái xuéxí "qiáng", qǐng dàjiā kàn dà píngmù. "Qiáng" shì yīnyuè zhōng de yì zhǒng lìdù jìhao, zài yīnyuè zhōng wǒmen yìbān yòng lái biǎoshì "qiáng". Yǐhòu nǐmen zài yīnyuè zhōng yùdào jiù zhīdao tā biǎoshì "qiáng" le.
（8）今天我们就来学习“强”，请大家看大屏幕。“强”是音乐中的一种力度记号，在音乐中我们一般用“f”来表示“强”。（出示“f”）以后你们在音乐中遇到“f”就知道它表示“强”了。

（三）音乐实践与创作

音乐课各领域的教学只有通过聆听、演唱、探究等多种实践形式才能得以实施。学生在亲身参与这些实践活动的过程中，获得对音乐的直接经验和丰富的情感体验，为掌握音乐相关知识和技能、领悟音乐内涵、提高音乐素养打下良好的基础。此类课堂用语分为两小类。

1. 试唱试演用语

【例句】

Tóngxuémen gēnzhe lùyīn qīng shēng chàng yi chàng.
（1）同学们跟着录音轻声唱一唱。

Ràng wǒmen lái xuéxí yǎnchàng zhè shǒu gēqǔ hǎo ma?
（2）让我们来学习演唱这首歌曲好吗？

nǐ lái shì chàng yíxià dì-èr duàn.
（3）××，你来试 唱 一下第二 段。

nǐ dàilǐng dàjiā chàng yí biàn zhè shǒu gē.
（4）××，你带领 大家 唱 一遍 这 首 歌。

Gēnzhe gāngqín bànzòu, zìjǐ shìzhe chàng yi chàng qǔpǔ.
（5）跟着 钢琴 伴奏，自己试着 唱 一 唱 曲谱。

Qǐng dàjiā zài tīng yí biàn gēqǔ, tīng de shíhou gēnzhe hēng chàng.
（6）请 大家再 听 一 遍 歌曲，听 的 时候 跟着 哼 唱。

Dàjiā zài páiliàn shí dōu hěn rènzhēn, nǎge xiǎozǔ yuànyì shàng tái lái zhǎnshì?
（7）大家在 排练 时 都 很 认真，哪个小组 愿意 上 台来展示？

Xiànzài lǎoshī bǎ tóngxuémen fēnwéi liǎng gè dà zǔ, fēnbié yǎnchàng liǎng gè shēngbù.
（8）现在 老师 把 同学们 分为 两 个 大组，分别 演唱 两 个 声部。

Lǎoshī qǐng nǚtóngxué suí yīnyuè biǎoyǎn gēqǔ《Wǒmen De Zǔguó Shì Huāyuán》, nántóngxué dāng píngwěi.
（9）老师 请 女同学 随 音乐 表演 歌曲《我们 的 祖国 是 花园》，男同学 当 评委。

Lǎoshī jīntiān zhǔnbèile yí miàn dà gǔ, xiàmiàn qǐng yí wèi tóngxué shànglai qiāo yíxià, érqiě shì yòng lì qiāo.
（10）老师 今天 准备了一 面 大 鼓，下面 请 一 位 同学 上来 敲 一下，而且 是 用 力 敲。

Xiàmiàn wǒmen xiān tīng lùyīn fànchàng, ránhòu xiǎo shēng gēn chàng yí biàn gēcí, zài tīng bànzòu yīnyuè gēn chàng yí biàn.
（11）下面 我们 先 听 录音 范唱，然后 小 声 跟 唱 一遍歌词，再 听 伴奏 音乐 跟 唱 一 遍。

Yǐ xiǎozǔ wéi dānwèi liànxí, měi xiǎozǔ sì zhì liù rén, wǔ fēnzhōng hòu měi gè xiǎozǔ pài yì míng dàibiǎo yǎnchàng, quán bān tóngxué yìqǐ diǎnpíng, bǐbi shéi chàng de zuì hǎo.
（12）以小组 为 单位 练习，每 小组四至六人，五 分钟 后 每 个 小组 派 一 名 代表 演唱，全 班 同学 一起 点评，比比 谁 唱 得 最好。

2. 创作引导语

【例句】

Xiàmiàn dàjiā fāhuī xiǎngxiànglì, yòng zìjǐ xǐhuan de fāngshì biǎoxiàn gēqǔ.
（1）下面 大家发挥 想象力，用 自己喜欢 的 方式 表现 歌曲。

Měi wèi tóngxué yòng dízi jíxìng biānchuàng yí duàn yuèqǔ, biǎodá kǎoshì hòu yúkuài de xīnqíng.
（2）每 位 同学 用 笛子即兴 编创 一 段 乐曲，表达 考试 后 愉快 的 心情。

Rúhé biǎoxiàn xìngfú de gǎnjué ne? Qǐng měi wèi tóngxué chuàngzuò yí gè xuánlǜ, hēng chàng chulai.
（3）如何 表现 幸福 的 感觉 呢？请 每 位 同学 创作 一个旋律，哼 唱 出来。

Zhè duàn yīnyuè hěn měi, xiànzài qǐng tóngxuémen gěi yuèqǔ tiánshang cí, kànkan shéi de gē-
（4）这 段 音乐 很 美，现在 请 同学们 给 乐曲 填上 词，看看 谁 的 歌
cí xiě de zuì hǎo.
词写得 最 好。

Dàjiā píngshí tiào wǔ dōu tiào de hěn hǎo, xiànzài xiǎozǔ hézuò, gěi zhè duàn gēqǔ pèishang
（5）大家 平时 跳 舞 都 跳得 很 好，现在 小组 合作，给 这 段 歌曲 配上
héshì de wǔdǎo.
合适 的 舞蹈。

三、课堂总结

把本堂课所学的音乐知识、音乐技能等做简要的概括总结，并鼓励学生将音乐融入现实生活。

【例句】

Wǒmen jīntiān xuéxíle Wéiwú'ěrzú gēqǔ《Wǒmen De Zǔguó Shì Huāyuán》, Wéiwú'ěrzú xiǎo-
（1）我们 今天 学习了 维吾尔族 歌曲《我们 的 祖国 是 花园》，维吾尔族 小
péngyǒu yòng gēshēng hé wǔdǎo biǎoxiànle duì zǔguó dà jiātíng de zànměi hé rè'ài, dàjiā huí jiā hòu bié
朋友 用 歌声 和 舞蹈 表现了 对 祖国 大家庭 的 赞美 和 热爱，大家 回 家 后 别
wàngle gěi nǐmen de bàba māma biǎoyǎn biǎoyǎn.
忘了 给 你们 的 爸爸 妈妈 表演 表演。

Zhè jié kè wǒmen tōngguò yǎnchàng gēqǔ《Gǎn Hǎi De Xiǎo Gūniang》tǐhuìle "gǎn hǎi" de
（2）这 节 课 我们 通过 演唱 歌曲《赶 海 的 小 姑娘》体会了"赶 海"的
qíngjǐng, gǎnshòule yīnyuè huānkuài huópō de qíngxù. Yǒu jīhuì dehuà, xīwàng tóngxuémen néng hé zì-
情景，感受了 音乐 欢快 活泼 的 情绪。有 机会 的话，希望 同学们 能 和 自
jǐ de bàba māma yìqǐ zài qù kànkan měilì de dàhǎi.
己 的 爸爸 妈妈 一起 再 去 看看 美丽 的 大海。

Tóngxuémen, wǒmen zhè jié kè xuéle shénme zhīshi? Zài zhè jié kè li wǒmen yǒu nǎxiē dōng-
（3）同学们，我们 这 节 课 学了 什么 知识？在 这 节 课 里 我们 有 哪些 东
xi fāchū de shì qiáng de shēngyīn? Nǎxiē shì ruò de shēngyīn? Zài yīnyuè li, zhǐyǒu jìnxíng qiáng ruò duì-
西 发出 的 是 强 的 声音？哪些 是 弱 的 声音？在 音乐 里，只有 进行 强 弱 对
bǐ de yīnyuè cái shì zuì měi de yīnyuè, ràng wǒmen yìqǐ xiǎngshòu měimiào de yīnyuè ba!
比 的 音乐 才 是 最 美 的 音乐，让 我们 一起 享受 美妙 的 音乐 吧！

第五章

理科课堂用语

中学的理科有数学、物理、化学、地理、生物等，这些学科的课堂用语除了具有一般课堂用语的共性外，还有自己特殊的要求。

一、准确性

理科研究的是有关自然科学及其规律，有许多定义、原理、公式、定律等，都是从客观世界中抽象出来的，是用推敲再三的语句准确地表述出来的。所以，教师在讲述时必须准确严谨。

二、逻辑性

理科教学重在讲授规律性的知识，以及事物的特性、联系和变化，所以理科课堂用语更讲究逻辑性。它要求教师的表述具有层次性、条理性、严密性和关联性。

第一节　数学课课堂用语

数学是研究数量关系和空间形式的科学。作为对于客观现象抽象概括而逐渐形成的科学语言与工具，不仅是自然科学和技术科学的基础，而且在人文科学与社会科学中发挥着越来越大的作用。数学教育既要使学生掌握现代生活和学习中所需要的数学知识与技能，更要发挥数学在培养人的理性思维和创新能力方面不可替代的作用。

数学课的特点——

- 概念、定理多。教材中有大量的概念、公式、法则、公理、定理、逆定理、推论、性质等，这些都是解决相关数学问题的重要工具。
- 例题、练习多。紧跟在公理、定理、推论、性质等后面都有一些例题，课后还有大量练习题，这是为了使学生通过多练习来理解、掌握这些工具，以便以后能灵活运用。
- 系统性强。中学数学的全部知识成一个前后紧密联系的大系统，后面知识的学习必须以前面学的知识为基础。这就决定了在数学课的教学中复习旧知识对新课的学习是非常重要的。

- 逻辑性、规范性强。对各种概念、定理、推论、性质等的描述准确、严谨、精练，而且一般都有成立的限制条件；论证、推理严密，符合逻辑；解题有严格的规范，要遵循一定的步骤、格式。

数学课课堂用语要为数学课的教学目标服务，要适应数学课的教学规律。

数学课课堂用语的要求——

- 准确性。数学中每个概念都有确切的含义，每个定理都有确切的条件制约其结论。因此，数学语言必须用词确切、语言严谨，不能似是而非、模棱两可。
- 逻辑性。逻辑严谨是数学的特点之一，授课中不论是概念的引入，定理的证明，还是公式的推导，都要遵循逻辑规律，语言表达系统、连贯，合乎逻辑。
- 简洁性。数学语言是一种逻辑性很强的语言。在授课中，教师必须语言精练，言简意明，做到字字句句都有一定的目的。
- 形象性。联系学生较熟悉和可模拟的生活进行教学，能吸引学生的注意力。
- 趣味性。数学课堂教学的趣味性是激发学生爱好数学的重要因素之一，教师在组织教学时，应该用活泼多样的形式，通过形象生动的实例揭示数学的内在美以及各部分知识之间的内在联系，让学生感到数学并非只是枯燥乏味的数字和字母。
- 启迪性。要善于运用分析、综合、推理、比较、概括等方法指导学法，探求规律，提高学生的思维能力。

下面我们以课堂教学环节为框架来梳理数学课的课堂用语。

一、创设情境，导入新课

在现今的数学课堂上，创设问题情境通常是教学的第一个环节。它不仅把现实生活和数学学习联系起来，还能够避免数学课的枯燥乏味，活跃课堂气氛，激发学习兴趣。

一般来说，在中、低年级更适合创设生动直观的情境，比如故事情境、游戏情境、模拟表演情境等，而高年级则更适合创设现实情境，比如发现式情境、实践情境等。

【例句】

Xiǎopéngyǒu, shàng jié kè, wǒmen yìqǐ yóulǎnle értóng lèyuán, zài nàli wǒmen shǔle wùtǐ
（1）小朋友，上节课，我们一起游览了儿童乐园，在那里我们数了物体

de gèshù, zhīdao shǔ yi shǔ shì xuéxí shùxué de yì zhǒng fāngfǎ. Zhè jié kè zánmen yìqǐ dào yì suǒ nóng-
的个数，知道数一数是学习数学的一种方法。这节课咱们一起到一所农

cūn xiǎoxué qù kànkan.
村 小学 去 看看。（呈现“比一比”的例题情景图）

Tóngxuémen, nǐmen zhīdao jīnzìtǎ yǒu duō gāo ma?
（2）（教师展示金字塔图片，问学生）同学们，你们 知道金字塔有 多 高 吗？

Nà wǒ gěi nǐmen jiǎng yí gè Tàilèsī qiǎo cè jīnzìtǎ gāodù de gùshi.
（学生：不知道。）那 我 给 你们 讲 一个泰勒斯（Thales）巧 测金字塔高度的故事。

… Gùshi jiǎngwán le, yuánlái Tàilèsī lìyòngle xiāngsì sānjiǎoxíng pàndìng dìnglǐ suànchūle jīnzìtǎ
……故事 讲完 了，原来泰勒斯利用了相似 三角形 判定 定理 算出了 金字塔

de gāodù. Zhè zhèng shì wǒmen jīntiān xuéxí de nèiróng.
的高度。这 正 是 我们 今天 学习的 内容。

Tóngxuémen, jīntiān lǎoshī gěi nǐmen dàiláile liǎng wèi xiǎopéngyǒu.
（3）同学们， 今天 老师 给你们 带来了两 位 小朋友。（出示课件长方形和正

Kàn, zhīdao tāmen jiào shénme míngzi ma? Duì, zhè jié kè wǒ-
方形）看，知道 它们 叫 什么 名字 吗？（学生：长方形、正方形。）对，这节课 我

men jiù lái rènshi yíxià tāmen liǎ.
们 就来认识一下 它们 俩。

Wǔniánjí xiàxuéqī wǒmen xuéxíle liǎng zhǒng lìtǐ túxíng: chángfāngtǐ hé zhèngfāngtǐ. Zhè jié
（4）五年级 下学期 我们 学习了两 种 立体图形：长方体 和 正方体。这 节

kè, wǒmen jìxù yánjiū lìtǐ túxíng yuánzhù hé yuánzhuī.
课，我们继续研究立体图形 圆柱 和 圆锥。

Rúguǒ xiǎng zhīdao nǎ zhāng kǎpiàn dà
（5）（教师出示长方形和平行四边形的卡片，问）如果 想 知道 哪 张 卡片 大

xiē, gāi zěnme bàn? Nǐmen yǒu hǎo bànfǎ ma?
些，该 怎么 办？你们 有 好 办法 吗？（学生：算出两张卡片的面积，再比较。）

Chángfāngxíng de miànjī zěnme suàn? Nà píngxíng sìbiānxíng
长方形 的 面积 怎么 算？（学生：长方形的面积 = 长 × 宽。）那 平行 四边形

de miànjī zěnme suàn ne? Nà jīntiān wǒmen jiù lái xuéxí píngxíng sìbiān-
的 面积 怎么 算 呢？（学生摇头表示不知道）那 今天 我们 就来学习 平行 四边

xíng miànjī de jìsuàn.
形 面积的计算。

二、合作探究，解决问题

问题情境提出后，下一步是解决问题。教师在教授解题思路时应注意启发引导，鼓励学生自主探究、合作学习。

【例句】

Zuò "xiǎngxiang zuòzuo" dì-yī tí, zuòwán hòu tóngzhuō zhī jiān jiāoliú suànfǎ.
（1）做 “想想 做做”第一题，做完 后 同桌 之间 交流 算法。

Sì rén yì zǔ, shuōshuo bǎifēnshù hé fēnshù yǒu nǎxiē qūbié hé liánxì.
（2）四人一组，说说 百分数 和 分数 有 哪些 区别和联系。

Xiànzài jiě zhè dào tí， yǒu kùnnan de tóngxué kěyǐ yǔ tóngzhuō shāngliang yíxià.
（3）现在 解 这 道 题，有 困难 的 同学 可以 与 同桌 商量 一下。

Liǎng rén yí gè xiǎozǔ，zhǎochū xiàliè fāngchéngzǔ de jiě，bìng shuōmíng jiě tí sīlù.
（4）两 人 一个 小组，找出 下列 方程组 的 解，并 说明 解题 思路。

Guānchá shàngmiàn liǎng gè děngshì，nǐ fāxiàn fēnshù
（5）（板书：3÷4=3 / 4，3÷5=3 / 5）观察 上面 两 个 等式，你 发现 分数

hé chúfǎ yǒu shénme guānxi? Tóngzhuō zhī jiān shuō yi shuō.
和 除法 有 什么 关系？ 同桌 之 间 说 一 说。

Qǐng dàjiā lìyòng zhǔnbèi hǎo de píngxíng sìbiānxíng hé jiǎndāo，tōngguò jiǎn，pīn děng fāngfǎ
（6）请 大家 利用 准备 好 的 平行 四边形 和 剪刀，通过 剪、拼 等 方法

bǎ yí gè píngxíng sìbiānxíng zhuǎnhuà chéng zìjǐ huì jìsuàn miànjī de túxíng. Xiǎozǔ huódòng，yíhuìr
把 一个 平行 四边形 转化 成 自己 会 计算 面积 的 图形。小组 活动，一会儿

huìbào.
汇报。

Chéngfǎ gēn wǒmen yǐqián xuéguo de jiāfǎ hé jiǎnfǎ yíyàng，yě yǒu biǎoshì chéngfǎ de fú-
（7）乘法 跟 我们 以前 学过 的 加法 和 减法 一样，也 有 表示 乘法 的 符

hào，chéngfǎ suànshì gè bùfen yě yǒu zìjǐ de míngchēng，qǐng dàjiā kàn kèběn hòu xiān hùxiāng shuō yi
号，乘法 算式 各 部分 也 有 自己 的 名称， 请 大家 看 课本 后 先 互相 说 一

shuō，zài shuō gěi quán bān tīng.
说，再 说 给 全 班 听。

三、练习巩固，应用拓展

数学课堂上经常学习一些概念、定理和公式，比较抽象，通过做练习，可以让学生更好地掌握，并把所学的知识应用到解决实际问题中。

【例句】

Wánchéng kèběn dì yè de liànxí.
（1）完成 课本 第 4 页 的 练习。

Qiú xiàmiàn jǐ gè píngxíng sìbiānxíng de miànjī.
（2）求 下面 几个 平行 四边形 的 面积。

Xiàliè hánshù zhōng，nǎxiē shì èrcì hánshù?
（3）下列 函数 中，哪些 是 二次 函数？

Xuéle jīntiān de shùxué zhīshi， nǐ juéde néng jiějué nǎxiē wèntí?
（4）学了 今天 的 数学 知识，你 觉得 能 解决 哪些 问题？

Wǒmen jiù yòng gāngcái xué de jiě tí fāngfǎ lái jiějué jǐ gè shíjì wèntí.
（5）我们 就 用 刚才 学 的 解题 方法 来 解决 几个 实际 问题。

Dàjiā kàn kè hòu liànxí yī， yòng chéngfǎ suànchū sì fú tú zhōng shuǐguǒ de shùliàng.
（6）大家 看 课 后 练习 一，用 乘法 算出 四幅 图 中 水果 的 数量。

Dàjiā zhǎngwò de hěn hǎo，xiàmiàn qǐng yòng jīntiān xuéxí de fāngfǎ lái zuò jǐ dào tí.
（7）大家 掌握 得 很 好，下面 请 用 今天 学习 的 方法 来 做 几 道 题。

Xiàliè shìzi zhōng nǎxiē shì èryuán yīcì fāngchéng? Qǐng guīnà èryuán yīcì fāngchéng de tèdiǎn.
（8）下列式子中哪些是二元一次方程？请归纳二元一次方程的特点。

四、课堂总结，布置作业

【例句】

Jīntiān wǒmen xuéxíle píngxíngxiàn, píngxíng gōnglǐ jí tuīlùn, qǐng dàjiā kè hòu rènzhēn fùxí.
（1）今天我们学习了平行线、平行公理及推论，请大家课后认真复习。

Tōngguò jīntiān de xuéxí, wǒmen zhīdaole yuánzhùtǐ de miànjī jìsuàn gōngshì, qǐng dàjiā wánchéng liànxícè dì-sān tí.
（2）通过今天的学习，我们知道了圆柱体的面积计算公式，请大家完成练习册第三题。

Xǔduō shíjì wèntí kěyǐ yòng jīntiān xuéxí de èrcì hánshù lái jiějué, qǐng nǐ liánxì shíjì shēnghuó, biān yí dào èrcì hánshù yìngyòngtí, bìng xiěchū hánshù guānxishì.
（3）许多实际问题可以用今天学习的二次函数来解决，请你联系实际生活，编一道二次函数应用题，并写出函数关系式。

Jīntiān wǒmen yìqǐ rènshile bǎifēnshù, tōngguò bǎifēnshù duì zìjǐ de xuéxiào yǒule gèng shēnkè de liǎojiě, huíqu hòu, qǐng dàjiā zhǎozhao shēnbiān de bǎifēnshù, jì zài běnzi shang, xià cì shàng kè gàosu quán bān tóngxué.
（4）今天我们一起认识了百分数，通过百分数对自己的学校有了更深刻的了解，回去后，请大家找找身边的百分数，记在本子上，下次上课告诉全班同学。

以上是数学课四大环节所使用的课堂用语。由于数学涉及大量的概念、定理、公式，教师在上课时也免不了经常使用讲解语和提问语。

五、讲解语

正确理解数学概念和定理是掌握数学基础知识的前提。学生如果不能很好地理解数学中的各种概念和定理，就不能掌握各种法则、公式，从而也就不能进行计算和论证。因此，讲清概念和定理，使学生正确地理解其含义，对于提高数学教学质量具有重要意义。

（一）概念讲解语

【例句】

Suǒwèi xiāngsì sānjiǎoxíng, jiù shì sān jiǎo duìyìng xiāngděng, sān biān duìyìng chéng bǐlì de liǎng gè sānjiǎoxíng.
（1）所谓相似三角形，就是三角对应相等、三边对应成比例的两个三角形。

Zài zhèngmíng bùděngshì de xìngzhì zhīqián, wǒmen xiān míngquè yíxià tóng xiàng bùděngshì
（2）在证明不等式的性质之前，我们先明确一下同向不等式

hé yì xiàng bùděngshì de gàiniàn.
和异 向 不等式 的 概念。

Shénme jiào yīyuán yīcì fāngchéngshì? Jiù shì hányǒu yí gè wèizhīshù, bìngqiě wèizhīshù de
（3）什么 叫 一元一次 方程式？ 就 是 含有一个 未知数，并且 未知数 的
cìshù shì yī cì de děngshì.
次数是一次的 等式。

Shùzhóu shàng yí gè shù suǒ duìyìng de diǎn yǔ yuándiǎn de jùlí jiàozuò gāi shù de juéduìzhí.
（4）数轴 上 一个 数 所 对应 的 点 与 原点 的距离叫作 该 数的 绝对值。
Juéduìzhí zhǐ néng wéi fēifùshù.
绝对值 只 能 为 非负数。

Biǎoshì yí gè shù shì lìng yí gè shù de bǎi fēn zhī jǐ de shù, jiàozuò bǎifēnshù. Bǎifēnshù yě
（5）表示 一个 数 是 另 一个 数 的 百 分 之几的 数，叫作 百分数。百分数 也
jiàozuò bǎifēnlǜ huò bǎifēnbǐ.
叫作 百分率 或 百分比。

（二）定理讲解语

【例句】

Jīntiān wǒmen xuéxí liǎng gè dìnglǐ: ① Guò liǎng diǎn yǒu qiě zhǐ yǒu yì tiáo zhíxiàn. ② Liǎng
（1）今天 我们 学习 两 个定理：①过 两 点 有 且只 有 一 条 直线。② 两
diǎn zhī jiān xiànduàn zuì duǎn.
点 之 间 线段 最 短。

Tōngguò gāngcái de lìtí, wǒmen kěyǐ déchū xiàmiàn de jǐhé dìnglǐ: Zài rènhé yí gè zhíjiǎo
（2）通过 刚才 的例题，我们 可以 得出 下面 的几何定理：在 任何 一个 直角
sānjiǎoxíng zhōng, liǎng tiáo zhíjiǎobiān de píngfāng zhī hé yídìng děngyú xiébiān de píngfāng. Zhè jiù shì
三角形 中，两 条 直角边 的 平方 之和一定 等于 斜边 的 平方。这 就是
zhùmíng de gōugǔ dìnglǐ.
著名 的 勾股 定理。

Èrcì hánshù dìngyì: Xíng rú shì chángshù, de hánshù jiào-
（3）二次 函数 定义：形 如 $y=ax^2+bx+c$（a、b、c 是 常数，$a\neq 0$）的函数 叫
zuò de èrcì hánshù, jiàozuò èrcì hánshù de xìshù, jiàozuò yīcìxiàng de xìshù, jiàozuò cháng-
作 x 的二次 函数，a 叫作 二次 函数 的系数，b 叫作 一次项 的系数，c 叫作 常
shùxiàng.
数项。

Shèyǐng dìnglǐ, yòu chēng "Ōujǐlǐdé dìnglǐ", yóu gǔ Xīlà zhùmíng shùxuéjiā Ōujǐlǐdé
（4）射影 定理，又 称 “欧几里得定理”，由 古希腊 著名 数学家 欧几里得
tíchū, nèiróng shì: Zài zhíjiǎo sānjiǎoxíng zhōng, xiébiān shang de gāo shì liǎng tiáo zhíjiǎobiān zài xiébiān
提出，内容 是：在 直角 三角形 中，斜边 上 的 高 是 两 条 直角边 在 斜边
shèyǐng de bǐlì zhōngxiàng, měi yì tiáo zhíjiǎobiān yòu shì zhè tiáo zhíjiǎobiān zài xiébiān shang de shèyǐng
射影 的比例 中项，每一条 直角边 又 是 这 条 直角边 在 斜边 上 的 射影
hé xiébiān de bǐlì zhōngxiàng.
和 斜边 的 比例 中项。

六、提问语

课堂提问是一项设疑、激趣、引思的综合性教学艺术，是实现教学反馈的方式之一，它能开启学生心智、促进学生思维、增强学生的主动参与意识，是数学课不可缺少的教学手段。

【例句】

Zhè dào tí yǒu jǐ zhǒng jiěfǎ?
（1）这 道题有几 种 解法？

Zěnyàng qiú yí gè shù de juéduìzhí?
（2）怎样 求一个 数 的 绝对值？

Fāngchéngshì li de zhí shì duōshao?
（3）方程式 1 里的 x 值是 多少？

Nǐ rènwéi lì de nǎ zhǒng jiěfǎ bǐjiào hǎo?
（4）你 认为 例 4 的哪 种 解法比较 好？

Zhège hánshù guānxishì li zìbiànliàng yǒu jǐ gè?
（5）这个 函数 关系式里 自变量 有几个？

Yǒu méiyǒu yì zhǒng jì bú shì zhèngshù yòu bú shì fùshù de shù ne?
（6）有 没有一 种 既不是 正数 又不是负数的 数呢？

Yǒulǐshù kě fēnwéi zhèngshù hé fùshù liǎng dà lèi，duì ma? Wèi shénme?
（7）有理数可分为 正数 和负数 两 大类，对 吗？为 什么？

Nǎ wèi tóngxué lái jiǎngjiang nǐ zuò de dì-yī tí? Shuōshuo nǐ de jiě tí sīlù.
（8）哪 位 同学 来 讲讲 你做 的第一题？ 说说 你的解题思路。

第二节　物理课课堂用语

物理学是一门基础自然科学，它所研究的是物质的基本结构、最普遍的相互作用、最一般的运动规律以及所使用的实验手段和思维方法。

初中阶段的物理课程要让学生学习初步的物理知识与技能，经历基本的科学探究过程，受到科学态度和科学精神的熏陶；它是以提高全体学生的科学素质、促进学生的全面发展为主要目标的自然科学基础课程。高中物理课程则要求学生继续学习基本的物理知识与技能；体验科学探究过程，了解科学研究方法；增强创新意识和实践能力，发展探索自然、理解自然的兴趣与热情；认识物理学对科技进步以及文化、经济和社会发展的影响；为终身发展，形成科学世界观和科学价值观打下基础。

物理课的特点——

- 实验多。观察物理现象、制订实验方案和开展实验是中学物理教学实施的基本手段。

- 概念、定律多。物理课有大量的物理概念、定律、公式、物理单位。让学生理解概念、掌握规律并使其有关能力得到发展是中学物理教学过程的中心问题。
- 题目多。物理概念、规律与数学运算相结合，定性分析与定量计算相结合是中学物理教学过程的难点。
- 与实际联系密切。物理学的研究对象，如力、光、电、磁等与人们日常生活密切相关。

物理课课堂用语的要求——

以实验为基础的物理学科，知识具有可见性，但是其定义、规律的描述和公式的表达又具有较强的抽象性。因此，物理课的课堂用语既要生动形象，充满趣味性、实践性，又要准确、规范，合乎逻辑，富于启发。

下面我们以课堂教学环节为框架来梳理物理课的课堂用语。

一、导入新课

物理课可以采用多种导入方法，应根据教授内容灵活采用。这里列举三种常用方法。

（一）生活实例导入法

物理知识及规律是对日常生活现象的观察和总结，反过来，很多日常用品也是利用了物理学原理服务于人们。利用生活实例导入新课，能调动学生的生活经验，激发他们的学习热情。

【例句】

Yǒu xiē xǐshǒujiān li ānzhuāngle rèfēng gānshǒuqì, shǒu yí kàojìn, jiù yǒu rèfēng chuī chulai,
（1）有些洗手间里安装了热风干手器，手一靠近，就有热风吹出来，
shīshī de shǒu jiù gān le. Qǐngwèn tóngxuémen, zhè shì lìyòngle shénme yuánlǐ ne? Jīntiān xuéxí de wùlǐ
湿湿的手就干了。请问同学们，这是利用了什么原理呢？今天学习的物理
zhīshi zhènghǎo kěyǐ jiěshì zhège xiànxiàng, qǐng kàn xīn kè《Qìhuà Yǔ Yèhuà》.
知识正好可以解释这个现象，请看新课《汽化与液化》。

（2）（教师播放视频：足球在草地上滚动越来越慢，最后停下来；矿泉水瓶盖上
Tóngxuémen, zhèxiē xiànxiàng dōu yǔ shénme yǒuguān? Hěn hǎo, Nà
有许多竖纹）同学们，这些现象都与什么有关？（学生：摩擦。）很好，那
mócā zǒng shì zǔlì ma? Mócā rúhé yǐngxiǎng wǒmen de shēnghuó ne? Jīntiān wǒmen jiù yìqǐ lái xué-
摩擦总是阻力吗？摩擦如何影响我们的生活呢？今天我们就一起来学
xí mócālì.
习摩擦力。

（二）实验导入法

物理课中有大量的实验，先让学生观察实验，引起学生的好奇心和学习兴趣，也

是不错的导入方法。

【例句】

Tóngxuémen, shàngshù xiànxiàng shì zěnme yǐnqǐ de ne?
（1）（教师做“折射断筷”实验）同学们，上述现象是怎么引起的呢？
Néng bu néng yòng yǐqián de zhīshi jiěshì? Méi guānxi, jīntiān xuéxí de nèiróng
能不能用以前的知识解释？（学生回答不上来）没关系，今天学习的内容
——guāng de zhéshè yuánlǐ, kěyǐ gàosu nǐ dá'àn.
——光的折射原理，可以告诉你答案。

（2）（教师做“筷子提米实验”：在一玻璃杯内放入一定量的米，加入适量的水，插
Tóngxuémen,
入筷子，放置浸泡一段时间，用手去抽出筷子，杯子和米一起被提起来了）同学们，
shì bu shì hěn yǒuqù? Wèi shénme bēizi hé mǐ yìqǐ bèi tí qilai le ne? Zhè lǐmiàn yǒu shénme wùlǐ
是不是很有趣？为什么杯子和米一起被提起来了呢？这里面有什么物理
yuánlǐ? Zhè jié kè, wǒmen jiù lái jiēkāi qízhōng de àomì.
原理？这节课，我们就来揭开其中的奥秘。

（三）旧知导入法

与其他课程一样，物理课本的知识安排是从易到难成体系的。因此以前学习的知识往往是新学知识的基础。这样，教师利用旧知引出新课就显得顺理成章。

【例句】

Tóngxuémen, qiánmiàn wǒmen yǐjīng xuéguole tánlì hé zhònglì liǎng zhǒng lì, jīntiān wǒmen
（1）同学们，前面我们已经学过了弹力和重力两种力，今天我们
zài lái rènshi yì zhǒng lì —— mócālì. Hǎo, qǐng dǎkāi shū kàn dì-bā kè《Mócālì》.
再来认识一种力——摩擦力。好，请打开书看第八课《摩擦力》。

Wǒmen yǐjīng rènshile fúlì, bìngqiě liǎojiěle sān zhǒng jìsuàn fúlì de fāngfǎ, tāmen fēnbié
（2）我们已经认识了浮力，并且了解了三种计算浮力的方法，它们分别
shì… Zhè sān zhǒng fāngfǎ dōu yǒu qí júxiànxìng, jīntiān wǒmen
是……（师生共同回忆，教师板书）这三种方法都有其局限性，今天我们
xuéxí yì zhǒng jì jiǎndān yòu pǔbiàn shìyòng de fāngfǎ, zhè zhǒng fāngfǎ shì nián qián yóu gǔ Xīlà
学习一种既简单又普遍适用的方法，这种方法是2000年前由古希腊
xuézhě Ājīmǐdé fāxiàn de, suǒyǐ chēng zhī wéi Ājīmǐdé yuánlǐ.
学者阿基米德发现的，所以称之为阿基米德原理。

Wǒmen qiánmiàn xuéxíle tòujìng. Dàjiā xiǎng yi xiǎng, tòujìng yǒu nǎxiē zuòyòng ne?
（3）我们前面学习了透镜。大家想一想，透镜有哪些作用呢？（生1答：可以用凸透镜制作照相机。生2答：用凸透镜可以将物体放大。生3答：用凹透
Shuō de dōu hěn hǎo. Dàjiā kànguo dònghuàpiàn《Húluwá》ma? Lǐmiàn
镜可以矫正人的视力。）说得都很好。大家看过动画片《葫芦娃》吗？里面
yǒu yí gè húluwá yǒu qiānlǐyǎn, nénggòu kàndào hěn yuǎn de dōngxi, dàjiā xiǎng bu xiǎng yōngyǒu tā de
有一个葫芦娃有千里眼，能够看到很远的东西，大家想不想拥有他的

bĕnlĭng? Wŏmen zhĭyào jièzhù yí gè gōngjù jiù kĕyĭ shíxiàn dàjiā de yuànwàng, nà jiù shì
本领？（学生：想。）我们 只要 借助一个 工具 就可以 实现 大家的 愿望，那 就是
wŏmen jīntiān yào xuéxí de wàngyuǎnjìng.
我们 今天 要 学习的 望远镜。

二、学习新课

这一环节的课堂用语可以从四个方面来介绍。

（一）实验用语

实验用语指与课堂演示实验相关的用语。物理课有大量的实验，物理学从本质上说是一门实验科学，物理规律的发现和物理理论的建立都必须以严格的物理实验为基础，并受到实验的检验。课堂演示实验主要是为了培养学生的观察能力、分析能力、创新能力，为物理规律的引入做铺垫，或者在引入规律后用实验进行验证，加深学生的印象。在做演示实验时，首先应该尽量让学生了解实验装置的工作原理，不仅要让学生关注所观察的现象，同时要让学生理解该物理现象是用来说明什么问题和怎样说明问题的。

【例句】

Shŏuxiān, wŏmen yìqĭ lái zuò liǎng gè shíyàn.
（1）首先， 我们一起来 做 两 个 实验。

Zài kāiguān héshang de shùnjiān, xiǎo dēngpào yŏu shénme biànhuà?
（2）在 开关 合上 的 瞬间，小 灯泡 有 什么 变化？

Qĭng shèjì yí gè xiǎo shíyàn, zhèngmíng guāng de zhéshè xiànxiàng.
（3）请 设计一个 小 实验，证明 光 的 折射 现象。

Tōngguò gāngcái de shíyàn, nĭmen déchūle shénme jiélùn?
（4）通过 刚才 的 实验，你们 得出了 什么 结论？

qĭng bǎ nĭ shèjì de shíyàn gĕi dàjiā jièshào yíxià.
（5）××，请 把你设计的 实验 给大家 介绍 一下。

Qĭng gēnjù shíyàn jiéguŏ, huìzhì “wēndù—shíjiān” qūxiàn.
（6）请 根据 实验 结果，绘制“温度—时间”曲线。

Lǎoshī lái zuò yí gè shíyàn, qĭng dàjiā zĭxì guānchá, ránhòu huídá wèntí.
（7）老师 来 做一个 实验，请 大家仔细 观察，然后 回答 问题。

Tōng diàn hòu, xiǎo cízhēn zhĭshì fāngxiàng yŏu shénme tèdiǎn? Zhè shuōmíngle shénme?
（8）通 电 后，小 磁针 指示 方向 有 什么 特点？这 说明了 什么？

Cè chulai de shùzhí yŭ shíjìzhí yŏu shénme piānchā? Shì piān dà háishi piān xiǎo?
（9）测 出来的 数值 与实际值 有 什么 偏差？是 偏 大 还是 偏 小？

Tōngguò shàngshù shíyàn, wŏmen kĕyĭ déchū zhèyàng de jiélùn: …. Zhè jiù shì zhùmíng
（10）通过 上述 实验，我们 可以得出 这样 的结论：……。这就是 著名
de… dìnglǜ.
的……定律。

Gěi nǐ diànyuán, diànliújì, yǐzhī diànzǔ, kāiguān hé wèizhī diànzǔ gè yì zhī, rúhé shèjì cèliáng diànzǔ de diànlù? Shuōshuo nǐ de shèjì yuánlǐ.
（11）给你 电源、电流计、已知电阻、开关 和未知电阻各一只，如何设计测量 电阻的电路？ 说说 你的设计原理。

Zhè jié kè wǒmen yánjiū bō de gànshè xiànxiàng, rúguǒ tóngshí tóurù liǎng gè xiǎo shízǐ, xíngchéngle liǎng liè bō, dāng tāmen xiāng yù zài yìqǐ shí yòu huì zěnyàng? Qǐng zhùyì guānchá xiàmiàn de shíyàn.
（12）这节课我们 研究波的干涉 现象，如果 同时 投入两 个 小石子，形成了 两 列波，当 它们 相 遇在一起时 又 会 怎样？ 请 注意 观察 下面 的实验。

（二）提问用语

物理课堂提问是优化课堂教学的必要手段之一，也是教师教学艺术的重要组成部分。提问不但可以活跃课堂气氛，激发学生的学习兴趣，了解学生对知识的掌握情况，还可以诱发学生思考，开发学生智力，调节学生思维节奏，与学生做情感的双向交流。

【例句】

Gǎibiàn diànliú yǒu nǎxiē fāngfǎ?
（1）改变 电流 有 哪些 方法？

Zhònglì de dàxiǎo gēn shénme yīnsù yǒuguān?
（2）重力 的 大小 跟 什么 因素 有关？

Rèshuǐpíng shì rúhé fángzhǐ rè chuándì de?
（3）热水瓶 是如何 防止 热 传递 的？

Jǔ lì shuōmíng yìngyòng gànggǎn yuánlǐ de gōngjù.
（4）举例 说明 应用 杠杆 原理的 工具。

Xiǎngxiang shénme tiáojiàn xià huì fāshēng guāng de zhéshè.
（5）想想 什么 条件 下 会 发生 光 的 折射。

Shéi lái guīnà yíxià shénme jiào guāng de zhéshè xiànxiàng?
（6）谁 来归纳一下 什么 叫 光 的 折射 现象？

Qǐng tóngxuémen sīkǎo yíxià, mócālì shì zài shénme qíngkuàng xià chǎnshēng de?
（7）请 同学们 思考一下，摩擦力是 在 什么 情况 下 产生 的？

Dàjiā sīkǎo yí gè wèntí: Fúlì de dàxiǎo kěnéng yǔ shénme yīnsù yǒuguān?
（8）大家思考一个问题：浮力的 大小 可能 与 什么 因素 有关？

Yǐqián wǒmen xuéguo diàn néng shēng cí, nàme fǎn guòlai, dàjiā xiǎng yi xiǎng, cí néng bu néng shēng diàn ne?
（9）以前 我们 学过 电 能 生 磁，那么反 过来，大家 想一 想，磁 能 不能 生 电 呢？

Gēnjù nǐ de shēnghuó jīngyàn, qǐng cāixiǎng yíxià huádòng mócālì de dàxiǎo kěnéng gēn nǎ-
（10）根据你的 生活 经验，请 猜想 一下 滑动 摩擦力的大小 可能 跟哪

xiē yīnsù yǒuguān.
些因素有关。

Zhìliàng wéi de wùtǐ fàng zài shuǐpíng dìmiàn shang, shòudào yí gè yǔ shuǐpíng fāngxiàng
（11）质量为m的物体放在水平地面上，受到一个与水平方向
chéng dù jiǎo de xié xiàng yòu shàng fāng lālì de zuòyòng, wùtǐ zài shuǐpíng dìmiàn yídòngle
成45度角的斜向右上方拉力f的作用，物体在水平地面移动了s
mǐ, wèn: Lālì duì wùtǐ yǒu méiyǒu zuò gōng?
米，问：拉力对物体有没有做功？

（三）合作探究用语

物理学是以观察、实验为基础的科学。“转变学生的学习方式，提倡自主学习、探究学习和合作学习，从而最终学会学习，为构建学习化的社会打下基础”是新课程实施的核心任务和显性任务。在新课程理念下，教学的中心是学生，教师既是课堂教学的设计者、合作者、促进者，同时也是课堂的管理者。中学物理课堂中，应把教学的侧重点由教师的“教”转到学生的“学”上来，从而更好地调动学生学习物理的积极性，突出学生学习的主体作用。在物理课中，观察现象、进行实验、讨论原理等很多时候都离不开学生之间的合作探究。教师要做好组织引导工作。

【例句】

Bǎ zìjǐ de cāixiǎng huà chulai, tóngzhuō zhī jiān jiāoliú yíxià.
（1）把自己的猜想画出来，同桌之间交流一下。

Wánchéng shíyàn hòu, xiǎozǔ jiāoliú yíxià: Shíyàn hòu dédào shénme jiélùn?
（2）完成实验后，小组交流一下：实验后得到什么结论？

Wǒmen yīnggāi rúhé shèjì shíyàn qù yànzhèng wǒmen de cāixiǎng? Qǐng xiǎozǔ tǎolùn tǎolùn.
（3）我们应该如何设计实验去验证我们的猜想？请小组讨论讨论。

Qǐng tóngxuémen gēnjù qiánmiàn de shíyàn zuòchū zìjǐ de cāixiǎng, bìng shuōchū cāixiǎng de
（4）请同学们根据前面的实验做出自己的猜想，并说出猜想的
gēnjù.
根据。

Mócālì yǔ wùtǐ yùndòng sùdù hé jiēchù miànjī shìfǒu yǒuguān? Qǐng tóngxuémen jìxù tànjiū,
（5）摩擦力与物体运动速度和接触面积是否有关？请同学们继续探究，
ránhòu huìbào.
然后汇报。

Liǎng rén hézuò, lìyòng zhuōzi shang de tòujìng, zǔchéng yí gè wàngyuǎnjìng, kànkan wàng-
（6）两人合作，利用桌子上的透镜，组成一个望远镜，看看望
yuǎnjìng xūyào shénmeyàng de tòujìng.
远镜需要什么样的透镜。

Tōngguò Àosītè shíyàn, wǒmen zhīdao diànliú zhōuwéi cúnzài cíchǎng, diàn néng shēng cí.
（7）通过奥斯特实验，我们知道电流周围存在磁场，电能生磁。

Xiànzài dàjiā nìxiàng sīwéi yíxià， cí shìfǒu yě néng shēng diàn ne? Tóngxuémen tǎolùn wǔ fēnzhōng, rán-
现在 大家逆向思维一下，磁是否也 能 生 电呢？同学们 讨论五 分钟，然
hòu shuōshuo cí zài shénme qíngkuàng xià cái huì shēng diàn.
后 说说 磁在 什么 情况 下才会 生 电。

Tóngxuémen, xiàmiàn zuò shíyàn yánjiū fèiténg xiànxiàng. Shíyàn shí， zhùyì fēn gōng hézuò,
（8）同学们， 下面 做 实验 研究 沸腾 现象。实验 时，注意分 工 合作，
yí gè tóngxué fùzé jìshí， dì-èr gè tóngxué fùzé cāozuò jiǔjīngdēng, dì-sān gè fùzé jìlù shùjù， dà-
一个 同学 负责计时，第二个 同学 负责 操作 酒精灯，第三 个负责记录数据，大
jiā yìqǐ guānchá qìpào hé wēndù de biànhuà.
家一起 观察 气泡 和 温度的 变化。

Jīntiān wǒmen lái yánjiū yǐngxiǎng huádòng mócālì dàxiǎo de yīnsù，qǐng tóngxuémen gēnjù
（9）今天 我们 来 研究 影响 滑动 摩擦力大小的 因素，请 同学们 根据
zìjǐ de shēnghuó jīngyàn hé yǐqián suǒ xué de wùlǐ zhīshi cāixiǎng yíxià，bìng zài běnzi shang lièchū kě-
自己的 生活 经验 和 以前 所 学 的物理知识 猜想 一下，并 在本子 上 列出可
néng de yǐngxiǎng yīnsù，ránhòu tóngzhuō zhī jiān jiāohuàn kànfa.
能 的 影响 因素，然后 同桌 之 间 交换 看法。

Tōngguò gāngcái de tǎolùn，wǒmen kěyǐ tíchū xiàmiàn liǎng gè jiǎshè： Tóng zhǒng wùzhì
（10）通过 刚才 的 讨论，我们可以提出 下面 两 个假设：① 同 种 物质
de wùtǐ zhìliàng yǔ tǐjī yǒuguān， tǐjī dà de zhìliàng dà， tǐjī xiǎo de zhìliàng xiǎo. Tóng tǐjī de bù
的物体 质量 与体积 有关，体积大的 质量 大，体积小 的 质量 小。② 同 体积的不
tóng wùzhì de wùtǐ zhìliàng yìbān bù xiāngděng. Jiē xiàlai, qiánhòu zhuō sì rén yì zǔ jìnxíng tǎolùn， shèjì
同 物质的物体 质量 一般 不 相等。接下来，前后 桌 四人 一组 进行 讨论，设计
chū shíyàn lái zhèngmíng zhè liǎng gè jiǎshè. Wǔ fēnzhōng hòu，bǎ nǐmen xiǎozǔ de yánjiū qíngkuàng
出 实验 来 证明 这 两 个假设。五 分钟 后，把 你们 小组 的 研究 情况
jièshào gěi qítā xiǎozǔ, bìng jiēshòu qítā xiǎozǔ de zhìyí hé zīxún.
介绍 给其他小组，并 接受其他小组 的质疑和咨询。

（四）结论用语

做完实验、集体讨论后必然形成结论，结论用语要简明扼要。

【例句】

Yīncǐ， qìtǐ yèhuà yǒu liǎng zhǒng fāngshì： Jiàngdī wēndù. Yāsuō tǐjī.
（1）因此，气体液化 有 两 种 方式：① 降低 温度。② 压缩 体积。

Yóucǐ wǒmen déchū jiélùn：Wùtǐ dòngnéng de dàxiǎo yǔ tā de sùdù hé zhìliàng yǒuguān.
（2）由此 我们 得出结论：物体 动能 的 大小 与它的速度 和 质量 有关。

Shíyàn shùjù zhèngmíng：Wùtǐ suǒ shòu fúlì dàxiǎo děngyú wùtǐ páikāi yètǐ suǒ shòu zhòng-
（3）实验 数据 证明： 物体 所 受 浮力大小 等于 物体排开液体所 受 重
lì zhī dàxiǎo.
力之 大小。

Huídá de fēicháng hǎo. Wǒmen bǎ zhè zhǒng xiànxiàng jiàozuò diàncí gǎnyìng, chǎnshēng de
（4）回答 得 非常 好。我们 把 这 种 现象 叫作 电磁 感应， 产生 的

diànliú jiào gǎnyìng diànliú.
电流 叫 感应 电流。

Wǒmen kěyǐ fāxiàn yǐxià guīlǜ： Zài yālì xiāngtóng shí，jiēchùmiàn yuè cūcāo huádòng mó-
（5）我们 可以发现以下规律：在压力 相同 时，接触面 越 粗糙 滑动 摩

cālì yuè dà，zài jiēchùmiàn de cūcāo chéngdù xiāngtóng shí， yālì yuè dà huádòng mócālì yuè dà.
擦力 越 大，在 接触面 的 粗糙 程度 相同 时，压力越大 滑动 摩擦力 越 大。

三、巩固练习，延伸应用

学习完新知识，需要趁热打铁，通过做练习来巩固强化。物理知识从生活现象中发现和总结出来，反过来还要解释日常现象，教师应培养学生利用所学知识解决实际问题的能力。

【例句】

Shēnghuó zhōng yǒu nǎxiē guāng de zhéshè xiànxiàng? Qǐng jǔ lì shuōmíng.
（1）生活 中 有 哪些 光 的 折射 现象？ 请 举例 说明。

Duìbǐ xiàmiàn sān zhāng tú，shuōshuo fǎnyìngle zěnyàng de wùlǐ xiànxiàng.
（2）对比 下面 三 张 图，说说 反映了 怎样 的物理 现象。

Qǐng lìyòng Ājīmǐdé yuánlǐ，duì tú zhōng suǒ shì xiànxiàng fābiǎo yìjian.
（3）请 利用 阿基米德原理，对 图 中 所 示 现象 发表 意见。

Xiàmiàn zuò tiánkòngtí hé xuǎnzétí， fùxí yíxià yāqiáng de zhīshi.
（4）下面 做 填空题 和 选择题，复习一下 压强 的知识。

Liánxì shēnghuó shíjì xiǎng yi xiǎng nǎxiē dìfang huì yòngdào mìdù zhīshi.
（5）联系 生活 实际 想 一 想 哪些 地方 会 用到 密度 知识。

Dàjiā xiǎng yi xiǎng，rénmen zài zuò shénme shìqing shí lìyòngle mócālì de yuánlǐ?
（6）大家 想 一 想，人们 在 做 什么 事情 时 利用了 摩擦力 的 原理？

Shēnghuó zhōng dōu yǒu nǎxiē gànggǎn? Fēnbié shǔyú shénme lèixíng? Qǐng tóngxuémen
（7）生活 中 都 有 哪些 杠杆？ 分别 属于 什么 类型？ 请 同学们

jǔ lì.
举例。

Gēnjù yǐ xué zhīshi，huàchū yǐxià jǐ gè gànggǎn de dònglì，dònglìbì， zǔlì， zǔlìbì.
（8）根据 已 学 知识，画出 以下 几个 杠杆 的 动力、动力臂、阻力、阻力臂。

Qǐng dàjiā yùnyòng jīntiān xuéxí de shīzhòng hé chāozhòng de yuánlǐ lái jiěshì diàntī shàngshēng
（9）请 大家 运用 今天 学习 的 失重 和 超重 的 原理 来 解释 电梯 上升

hé xiàjiàng duì réntǐ de yǐngxiǎng.
和 下降 对 人体 的 影响。

四、课堂总结，布置作业

总结用语要准确简练，布置作业用语灵活多样。

（一）课堂总结用语

【例句】

Zhè jiù shì jīntiān wǒmen yào xuéxí de dì-sì zhǒng jìsuàn fúlì de fāngfǎ.
（1）这就是今天我们要学习的第四种计算浮力的方法。

Xiàmiàn wǒmen gēnjù bǎnshū yìqǐ zǒngjié yíxià zhè jié kè xuéxí de diàncí zhīshi.
（2）下面我们根据板书一起总结一下这节课学习的电磁知识。

Jīntiān wǒmen xuéxíle mócālì, qǐng tóngxuémen hùxiāng jiāoliú yíxià nǐmen yǒu nǎxiē shōuhuò.
（3）今天我们学习了摩擦力，请同学们互相交流一下你们有哪些收获。

（二）布置作业用语

【例句】

Yuèdú kèběn dì yè de "quánfǎnshè", liǎojiě tā zài guāngxiān zhōng de zuòyòng.
（1）阅读课本第30页的"全反射"，了解它在光纤中的作用。

Jìzhù jīntiān xuéxí de mìdù de gàiniàn, zhǎo yi zhǎo sān zhǒng dōngxi de mìdù, xià jié kè gàosu dàjiā.
（2）记住今天学习的密度的概念，找一找三种东西的密度，下节课告诉大家。

Huí jiā hòu, lìyòng tòujìng zhìzuò yí gè wàngyuǎnjìng hé xiǎnwēijìng. Méiyǒu tòujìng de, kěyǐ zhǎo yìxiē tòujìng de tìdàipǐn.
（3）回家后，利用透镜制作一个望远镜和显微镜。没有透镜的，可以找一些透镜的替代品。

第三节 化学课课堂用语

化学是一门以实验为基础的自然科学。《初中化学新课程标准》指出，化学是自然科学的重要组成部分，它侧重于研究物质的组成、结构和性能的关系，以及物质转化的规律和调控手段。《高中化学新课程标准》则进一步指出，化学是在原子、分子水平上研究物质的组成、结构、性质及其应用的一门基础自然科学，其特征是研究分子和创造分子。义务教育阶段的化学课程体现了启蒙性、基础性。一方面提供给学生未来发展所需要的最基础的化学知识和技能，培养学生运用化学知识和科学方法分析和解决简单问题的能力；另一方面使学生从化学的角度逐步认识自然与环境的关系，分析有关的社会现象。高中化学课程则在九年义务教育的基础上，以进一步提高学生的科学素养为宗旨，激发学生学习化学的兴趣，帮助学生获得未来发展所必需的化学知识、技能和方法，提高学生的科学探究能力，引导学生认识化学对促进社会进步和提高人类生活质量方面的重要影响，形成科学的价值观和实事求是的科学态度。

整个中学化学的内容可以分为两大块：化学实验和化学理论知识。与其学科特点相应，化学教师的课堂用语也有其自身特色。

化学课的特点——

- 实验多。化学也是一门以实验为基础的科学，化学课的实验在理科中是最多的。化学实验涉及大量药品、仪器，实验现象直观、有趣。
- 符号、方程式多。各种化学元素、化合物、化学反应等都可以用化学符号或方程式表示出来。
- 概念、术语多。化学课有大量的常用概念和术语，教师应引导学生准确记忆、理解和应用。
- 与日常生活联系密切。化学产品在人们生活中无处不在，人们的衣食住行无不与化学有关。

化学课课堂用语的要求——

- 准确严谨，简明扼要。要准确阐明概念的内涵和外延，正确运用化学术语，以事实为依据，合理推论。语言要精辟，抓住要点，不要长篇大论，不着边际。
- 要生动、形象、有趣。作为一门自然科学，化学教材中的语言是专业性很强的书面语言，在教学中可以把它们变成浅显易懂、比较活泼的口头语言。
- 要有启发性。实验在化学中占有重要地位，教学中要从直观的实验入手，逐渐引出抽象的理论知识。

下面我们以课堂教学环节为框架来梳理化学课的课堂用语。

一、导入新课

化学课导入手段多样，这里列举最常用的几种方法。

（一）生活事例导入法

教师通过生活常识、新闻逸事等引入新课。导入的内容贴近生活，容易引起学生的亲近感。

【例句】

Dàjiā zhīdao, gōngyè shì guómín jīngjì de mìngmài, ér méi shì gōngyè de "liángshi", shíyóu shì gōngyè de "xuèyè", méi hé shíyóu shì fēicháng zhòngyào de yuánliào. Jīntiān, wǒmen jiù lái xuéxí xīn kè《Méi Hé Shíyóu》.

大家知道，工业是国民经济的命脉，而煤是工业的“粮食”，石油是工业的“血液”，煤和石油是非常重要的原料。今天，我们就来学习新课《煤和石油》。

（二）实验导入法

化学课有大量的实验，先让学生观察某个实验，使学生产生好奇心和探究兴趣，然后带出学习内容，也是不错的导入方法。

【例句】

Lǎoshī zuò yí gè shíyàn, dàjiā zǐxì guānchá. Qǐngwèn, báizhǐ
老师做一个实验，大家仔细观察。（教师演示白纸的脱水实验）请问，白纸
wèi shénme huì biànhēi? Yào xiǎng zhīdao qízhōng de yuányīn, wǒmen xūyào liǎo-
为什么会变黑？（学生：不清楚。）要想知道其中的原因，我们需要了
jiě liúsuān de wùlǐ hé huàxué xìngzhì, qǐng kàn xīn kè.
解硫酸的物理和化学性质，请看新课。（板书“硫酸的化学性质”）

（三）旧知导入法

旧知导入法是教师通过复习已学知识，进而开始新课题的导入方式。老师应充分利用原有知识与新知识的相关性、系统性，温故而知新，提出新的课题，使学生不知不觉地进入学习新课的角色。

【例句】

Zài shàng yì jié kè zhōng, wǒmen gòngtóng xuéxíle dì-èr zhāng《Mó'ěr Fǎnyìngrè》de dì-yī jié《Mó-
在上一节课中，我们共同学习了第二章《摩尔反应热》的第一节《摩
ěr》, zhè yì jié wǒmen jiāng xuéxí dì-èr jié《Qìtǐ Mó'ěr Tǐjī》, zài jìnrù xīn kè zhīqián wǒmen xiān
尔》，这一节我们将学习第二节《气体摩尔体积》，在进入新课之前我们先
gòngtóng huíyì yíxià yǒuguān mó'ěr zhìliàng de gàiniàn.
共同回忆一下有关摩尔质量的概念。

二、学习新课

（一）实验用语

新的课程标准要求把培养学生学习化学的兴趣、提高科学素养放在首要位置。实验是化学的灵魂，是化学的魅力和激发学生学习兴趣的主要源泉，更是培养和发展学生思维能力和创新能力的重要方法和手段。以实验为基础是化学学科的重要特征之一。根据实验操作者的不同，化学实验也可分为教师课堂演示实验和学生实验。这里我们只讨论教师课堂演示实验。因为化学课的实验最多，所以在这里要详细介绍化学实验用语。

1. 实验指令用语

实验指令用语是教师在指导学生进行实验时发出的指令，指令用语要具体明确，合乎化学的专业性表述。

【例句】

Qǐng xiěchū gāngcái huàxué fǎnyìng de fǎnyìng fāngchéngshì.
（1）请 写出 刚才 化学 反应 的 反应 方程式。

Qǔ yì píng qìtǐ guānchá, guīnà qí wùlǐ xìngzhì.
（2）取一 瓶 H_2S 气体 观察，归纳 其 物理 性质。

Jiāng qìtǐ tōngrù diǎnshuǐ zhōng, guānchá fāshēng de xiànxiàng.
（3）将 H_2S 气体 通入 碘水 中，观察 发生 的 现象。

Fēnbié xiàng liǎng gè shìguǎn suǒ dé róngyè zhōng jiārù wú sè de fēntài shìyè, zhèndàng, guānchá xiànxiàng bìng jìlù.
（4）分别 向 两 个 试管 所得 溶液 中 加入 无色 的 酚酞 试液，振荡，观察 现象 并 记录。

Yǒu sì gè jíqìpíng, fēnbié chōngmǎnle kōngqì, dànqì, èryǎnghuàtàn hé yǎngqì, shì yòng jiǎndān de fāngfǎ jiāyǐ jiànbié.
（5）有 四 个 集气瓶，分别 充满了 空气、氮气、二氧化碳 和 氧气，试 用 简单 的 方法 加以 鉴别。

Jiāng fēnbié chéng yǒu hé qìtǐ de liǎng jíqìpíng kǒu duì kǒu bìng chōuqù bōlipiàn shǐ zhī hùnhé, guānchá bìng miáoshù xiànxiàng.
（6）将 分别 盛 有 H_2S 和 SO_2 气体 的 两 集气瓶 口 对 口 并 抽去 玻璃片 使 之 混合，观察 并 描述 现象。

Tōngguò chūzhōng huàxué de xuéxí, rènshi dào chúnshuǐ shì bù dǎo diàn de, nàme chúnshuǐ shì bu shì juéduì bù dǎo diàn ne? Xiàmiàn wǒmen zuò yí gè shíyàn lái yànzhèng yíxià.
（7）通过 初中 化学 的 学习，认识 到 纯水 是 不 导 电 的，那么 纯水 是 不 是 绝对 不 导 电 呢？下面 我们 做 一 个 实验 来 验证 一下。

2. 实验操作用语

实验操作用语是教师在演示实验过程中的用语。化学实验有严格的操作规范。实验操作用语最重要的要求是准确性和专业性，不能太过生活化。

【例句】

Àn tú zǔzhuāng yíqì, bìng jiǎnchá zhuāngzhì de qìmìxìng.
（1）按图 组装 仪器，并 检查 装置 的 气密性。

Yòng shìguǎn qǔ shǎo liàng yuán róngyè, xiàng shìguǎn zhōng dījiā lǜhuàbèi róngyè, chǎnshēng báisè chéndiàn.
（2）用 试管 取 少 量 原 溶液，向 试管 中 滴加 氯化钡 溶液，产生 白色 沉淀。

Yòng bōlibàng yǐnliú, yán shāobēibì huǎnmàn de xiàng shuǐ děng yètǐ zhōng zhùrù nóng liúsuān, bìng bù tíng jiǎobàn.
（3）用 玻璃棒 引流，沿 烧杯壁 缓慢 地 向 水 等 液体 中 注入 浓 硫酸，并 不 停 搅拌。

Wǎng zhǔfèi de zhēngliúshuǐ zhōng zhú dī dījiā bǎohé de róngyè, dāng róngyè biàn
（4）往 煮沸 的 蒸馏水 中 逐滴 滴加 饱和 的 $FeCl_3$ 溶液，当 溶液 变

hónghèsè shí, lìjí tíngzhǐ jiā rè.
红褐色时，立即停止加热。

Jiāng shìzhǐ zhì yú gānjìng de biǎomiànmǐn zhōng, yòng gānjìng de bōlibàng zhàn qǔ dài
（5）将pH试纸置于干净的表面皿中，用干净的玻璃棒蘸取待

cè yè diǎn zài shìzhǐ shàng, jìngzhì bàn fēnzhōng hòu yǔ biāozhǔn bǐsèkǎ duìzhào.
测液点在pH试纸上，静置半分钟后与标准比色卡对照。

3. 实验现象描述用语

实验中会发生各种特定的实验现象，描述用语要准确规范。

【例句】

Róngyè yóu wú sè biànwéi lánlǜsè.
（1）溶液由无色变为蓝绿色。

Shìguǎn nèi chǎnshēng hóngzōngsè qìtǐ.
（2）试管内产生红棕色气体。

ránshāo shí chéng dànlánsè huǒyàn.
（3）CO、CH_4燃烧时呈淡蓝色火焰。

Shíyàn wánbì, qǐng yí wèi tóngxué miáoshù shíyàn xiànxiàng.
（4）实验完毕，请一位同学描述实验现象。

Tóngpiàn biǎomiàn chǎnshēng dàliàng qìpào, bìng zhújiàn róngjiě, zuìhòu xiāoshī.
（5）铜片表面产生大量气泡，并逐渐溶解，最后消失。

Kěyǐ kàndào, hóngrè de tóngsī zài lǜqì zhōng jùliè ránshāo, shǐ jíqìpíng li chōngmǎn zōng-
（6）可以看到，红热的铜丝在氯气中剧烈燃烧，使集气瓶里充满棕

huángsè de yān, zhè zhǒng yān shíjìshang shì lǜhuàtóng de wēixiǎo jīngtǐ zàochéng de.
黄色的烟，这种烟实际上是氯化铜的微小晶体造成的。

（二）提问用语

课堂提问是化学课堂教学的重要环节之一，恰如其分的提问不但可以活跃课堂气氛，激发学生的学习兴趣，还可以增进师生交流，提高学生的思维能力。

【例句】

Ránshāo hòu de chǎnwù rúhé jiǎnyàn?
（1）燃烧后的产物如何检验？

Wǒmen xuéguo de cháng yòng yǎnghuàjì yǒu nǎxiē?
（2）我们学过的常用氧化剂有哪些？

Yǐngxiǎng wùzhì tǐjī dàxiǎo de yīnsù yǒu nǎxiē?
（3）影响物质体积大小的因素有哪些？

Biànbié shuǐ hé jiǔjīng yǒu nǎxiē fāngfǎ? Shéi lái shuōshuo?
（4）辨别水和酒精有哪些方法？谁来说说？

Nǐ yǐqián zài shénme shíyàn zhōng xūyào yòngdào yǔ cǐ xiāngtóng de shíyàn zhuāngzhì?
（5）你以前在什么实验中需要用到与此相同的实验装置？

Gēnjù lízǐ fǎnyìng fāshēng de tiáojiàn, nǎxiē lízǐ zài róngyè zhōng bù néng dàliàng gòng-
（6）根据离子反应发生的条件，哪些离子在溶液中不能大量共

cún? Qǐng jǔ lì shuōmíng.
存？请举例说明。

Nǎ zhǒng shìjì kěyǐ jiànbié hé ?
（7）哪种试剂可以鉴别 NaCl、$BaCl_2$ 和 Na_2CO_3？

Zài zhèxiē hányǎngsuān zhōng, nǐ guānchá dào tāmen yǒu shénme tèdiǎn ma?
（8）在这些含氧酸（H_2SO_4、HNO_3、H_3PO_4）中，你观察到它们有什么特点吗？

Jiǎwán de huàxué xìngzhì rúhé? Jiǎwán néng fāshēng shénme fǎnyìng?
（9）甲烷的化学性质如何？甲烷能发生什么反应？

（三）合作探究用语

在化学课中，观察现象、进行实验、讨论原理等课堂活动都是教师组织学生通过积极探究、合作学习来完成的。教师要凭借规范的课堂用语做好安排组织工作。

【例句】

Qǐng guānchá nà de yǎnghuàwù yǒu nǎxiē wùlǐ xìngzhì, xiǎozǔ jiāoliú.
（1）请观察钠的氧化物有哪些物理性质，小组交流。

Tōngguò yǐshàng shíyàn xiànxiàng kě déchū shénme jiélùn? Tóngzhuō jiāohuàn kànfa.
（2）通过以上实验现象可得出什么结论？同桌交换看法。

Rúhé yànzhèng hǎidài hé shíyán zhōng shìfǒu hányǒu diǎn yuánsù? Qǐng zǔchéng sì rén xiǎozǔ hézuò xuéxí, shèjì shíyàn, zhùyì fēn gōng. Shíyàn hòu, shāngtǎo shíyàn jiélùn.
（3）如何验证海带和食盐中是否含有碘元素？请组成四人小组合作学习，设计实验，注意分工。实验后，商讨实验结论。

（四）结论用语

结论用语是做完实验或者集体探究后得出结论时使用的课堂用语，是对实验结果或化学知识的概括性表述。

【例句】

Yǎnghuà fǎnyìng de tèdiǎn shì···
（1）氧化反应的特点是……

Jiǎwán shì wú sè wú wèi de qìtǐ, nán róng yú shuǐ, bǐ kōngqì qīng.
（2）甲烷是无色无味的气体，难溶于水，比空气轻。

Xiànzài wǒmen yígòng zhīdao sān zhǒng kěyǐ dédào èryǎnghuàtàn de fāngfǎ le.
（3）现在我们一共知道三种可以得到二氧化碳的方法了。

Tōngguò shàngmiàn de shíyàn, wǒmen kěyǐ zǒngjié chū yánsuān de huàxué xìngzhì zhǔyào yǒu: ···
（4）通过上面的实验，我们可以总结出盐酸的化学性质主要有：……

Tàn zài shàngshù liǎng gè fǎnyìng zhōng dōu zuò huányuánjì. Zhè liǎng gè fǎnyìng dōu tǐxiàn-
（5）碳在上述两个反应中都做还原剂。这两个反应都体现

le tàn de huányuánxìng.
了碳的 还原性。

Ránshāo xūyào tóngshí jùbèi liǎng gè tiáojiàn: Yī shì yí dìng de wēndù, èr shì yào yǔ yǎngqì
（6）燃烧 需要 同时 具备 两 个 条件：一是一 定 的 温度，二是 要 与 氧气
jiēchù.
接触。

Shíyàn gàosu wǒmen, chúnshuǐ néng wēiruò dǎo diàn zhè yí xiànxiàng de běnzhì shì: Shuǐ shì
（7）实验 告诉 我们， 纯水 能 微弱 导 电 这一 现象 的本质 是：水 是
jí ruò de diànjiězhì.
极弱的 电解质。

Yǐngxiǎng wùzhì tǐjī de yīnsù yǒu wàiyīn (① wēndù, ② yāqiáng) hé nèiyīn (① wùzhì suǒ
（8）影响 物质体积的因素 有 外因（①温度，②压强）和 内因（①物质 所
hán wēilì shù, ② wēilì běnshēn de dàxiǎo, ③ wēilì jiān de jùlí) liǎng zhǒng.
含 微粒 数，②微粒 本身 的大小，③微粒间 的距离）两 种。

Yóu shàngshù fǎnyìng kěyǐ kānchū, yǒude fǎnyìng guòchéng zhōng fàngchū rèliàng, yǒude fǎn-
（9）由 上述 反应 可以 看出，有的 反应 过程 中 放出 热量，有的 反
yìng què yào xīshōu rèliàng, shuōmíng huàxué fǎnyìng zǒngshì bànsuí rèliàng de biànhuà. Tōngcháng yòng
应 却 要 吸收 热量，说明 化学 反应 总是 伴随 热量 的 变化。 通常 用
biǎoshì xī rè fǎnyìng, biǎoshì fàng rè fǎnyìng.
“−Q”表示 吸热 反应，“+Q”表示 放 热 反应。

Cóng jiǎwán de huàxué xìngzhì kě zhī, jiǎwán de wěndìngxìng shì xiāngduì de, zài yídìng
（10）从 甲烷 的 化学 性质 可知，甲烷 的 稳定性 是 相对 的，在 一定
tiáojiàn xià, tā kě yǔ yìxiē wùzhì qǐ huàxué fǎnyìng. Jiǎwán shì zhòngyào de ránliào, rénlèi xūyào tā.
条件 下，它 可与一些 物质 起 化学 反应。甲烷 是 重要 的 燃料，人类 需要 它。
Dàn tā yě yǒu duì rénlèi búlì de yímiàn, tā shì yì zhǒng wēnshì qìtǐ, xiāngtóng shùliàng de qìtǐ yǐnqǐ
但 它 也 有 对 人类 不利 的 一面，它 是一 种 温室 气体，相同 数量 的 气体 引起
de wēnshì xiàoyìng bǐ èryǎnghuàtàn hái dà, yě bù róng hūshì.
的 温室 效应 比 二氧化碳 还 大，也 不 容 忽视。

三、课堂总结，布置作业

（一）课堂总结用语

【例句】

Zhè jié kè wǒmen duìbǐ xuéxíle liúhuàqīng hé qīngliúsuān de xìngzhì, fēnxī, tǎolùnle liúhuà-
（1）这 节课 我们 对比 学习了 硫化氢 和 氢硫酸 的 性质，分析、讨论了 硫化
qīng de shíyànshì zhì fǎ.
氢 的 实验室 制 法。

Tōngguò běn táng kè, wǒmen zhǎngwòle yǐquē de huàxué xìngzhì hé zhǔyào yòngtú, bìng lǐ-
（2）通过 本 堂 课，我们 掌握了 乙炔的 化学 性质 和 主要 用途，并 理
jiěle yǐquē fēnzǐ de jiégòu yǔ xìngzhì de xiānghù guānxi.
解了 乙炔 分子 的 结构 与 性质 的 相互 关系。

Yǐshàng jiù shì wǒmen zhè jié kè suǒ yào jiǎng de nèiróng, ràng wǒmen gòngtóng huíyì yíxià,
（3）以上 就是 我们 这节课所要 讲 的 内容，让 我们 共同 回忆一下，
shǒuxiān wǒmen gěichūle yǐngxiǎng wùzhì tǐjī dàxiǎo de yīnsù, ránhòu déchū bìng jiěshìle qìtǐ mó'ěr
首先 我们 给出了 影响 物质体积大小的因素，然后 得出 并 解释了气体摩尔
tǐjī gàiniàn jí Āfújiādéluó dìnglǜ. Kè hòu tóngxuémen yào rènzhēn fùxí, bìng yùxí xià yì jié kè de
体积概念及阿伏伽德罗定律。课 后 同学们 要 认真 复习，并 预习下一节课的
nèiróng.
内容。

（二）布置作业用语

【例句】

Huíqu hòu, qǐng zhěnglǐ běn jié nèiróng zhōng de suǒyǒu huàxué fāngchéngshì.
（1）回去 后，请 整理 本 节 内容 中 的 所有 化学 方程式。

Bǐjiào pái kōngqì fǎ hé pái shuǐ fǎ shōují qìtǐ gèzì de yōudiǎn hé quēdiǎn.
（2）比较 排 空气 法和排 水 法收集气体各自的 优点 和 缺点。

Kè hòu diàochá cháng yòng huàxué diànchí de zhǒnglèi, míngchēng, xià jié kè bàogào diàochá
（3）课 后 调查 常 用 化学 电池 的 种类、名称， 下节课 报告 调查
jiéguǒ.
结果。

Qǐng shèjì yí gè shíyàn, zhèngmíng èryǎnghuàtàn bǐ kōngqì de mìdù dà, bìng huàchū shíyàn
（4）请 设计一个实验， 证明 二氧化碳 比 空气 的密度大，并 画出 实验
zhuāngzhì tú.
装置 图。

第四节 生物课课堂用语

生物科学是自然科学中的基础学科之一，是研究生物现象和生命活动规律的一门科学。它是农林、医药卫生、环境保护及其他有关应用科学的基础。初中生物课程选取了生物体的结构层次、生物与环境、植物、动物、人类生理等主题，对科学探究和生物技术等也有涉及。目的是既要让学生理解基础的生物学知识，又要让学生领悟生物学家在研究过程中所持有的观点以及解决问题的思路和方法。高中生物课程分为必修和选修两个部分。必修部分包括“分子与细胞”“遗传与进化”“稳态与环境”3 个模块，选修部分有“生物技术实践”“生物科学与社会”和“现代生物科技专题”3 个模块。在义务教育的基础上，高中生物课将进一步提高学生的生物科学素养。尤其是发展学生的科学探究能力，帮助学生理解生物科学、技术和社会的相互关系，增强学生对自然和社会的责任感，促进学生形成正确的世界观和价值观。

生物课的特点——

- 与人们的日常生活密切相关。人类本身即是生物圈的一部分。人们每天都会接触许多动物和植物及生理卫生部分的内容，如关于消化、呼吸、泌尿等八大系统的知识以及遗传、生物技术、生态等与人们日常生活、医疗保健、疾病预防、环境保护息息相关的内容。因此在教学中要随时与实际相联系。
- 教学依赖直观教具。生物课课堂教学的主要特色就是教师结合大量的实物、标本、挂图、模型、演示器、替代物或多媒体等各种直观教具讲授理论知识，理论讲授与直观教具的展示水乳交融，浑然一体。教师借助这些直观手段集中学生的注意力，发散学生的思维，锻炼学生的观察、动手及探究等能力，大大提高了学生的学习兴趣和学习效率。
- 适于探究式教学。生物科学不仅是众多事实和理论，也是一个不断探究的过程。新课程标准倡导探究性学习，力图改变学生的学习方式，引导学生主动参与、乐于探究、勤于动手，逐步培养学生收集和处理科学信息的能力、获取新知识的能力、分析和解决问题的能力，以及交流与合作的能力等。

生物课课堂用语的要求——

- 规范使用生物学术语和表述方式。作为一门成体系的科学，生物学在漫长的发展过程中，形成了自己特有的概念术语和表述方式，教师应准确熟练地使用它们来开展教学，为学生开启生物世界的大门。
- 注重与现实生活的联系。生物课是一门实践性很强的课程，无论是新课的导入、知识讲解中的举例，还是练习的内容、作业的布置都离不开日常生活。教师要积极引导，努力培养学生利用生物知识和生物学思维方式解释世界、解决实际问题的能力。
- 多鼓励和引导学生进行科学探究。观察与实验是生物课教学的重要手段，为学生进行合作探究提供了巨大的空间。教师应利用合理的课堂用语将学生组织起来，分配任务，给予一定的指导，让他们获得独立探寻生命奥秘的乐趣。

下面我们以课堂教学环节为框架来梳理生物课的课堂用语。

一、导入新课

介绍四种比较常用的导入方法。

（一）问题导入法

老师提出与日常生活密切相关的问题，引起学生的兴趣和思考，进而导入新课。

【例句】

Wèi shénme wǒmen měi tiān yào chī bù tóng de shíwù? Gè zhǒng shíwù zhōng hányǒu nǎxiē
（1）为什么我们每天要吃不同的食物？各种食物中含有哪些

yíngyǎng ne? Zhè jié kè wǒmen jiù lái xuéxí《Shíwù Zhōng De Yíngyǎng》.
营养呢？这节课我们就来学习《食物中的营养》。

Tóngxuémen, shēngwùjiè yǒu xiē wēishēngwù hěn xiǎo hěn xiǎo, shì ròuyǎn kàn bú dào de, rú-
（2）同学们，生物界有些微生物很小很小，是肉眼看不到的，如

guǒ wǒmen xiǎng guānchá tāmen gāi zěnme bàn ne? Duì, nà nǐmen huì shǐ-
果我们想观察它们该怎么办呢？（学生：用显微镜。）对，那你们会使

yòng xiǎnwēijìng ma? Hǎo, jīntiān wǒmen jiù lái xuéxí yíxià xiǎnwēijìng de shǐyòng
用显微镜吗？（学生：不会。）好，今天我们就来学习一下显微镜的使用

fāngfǎ.
方法。

（二）旧知导入法

新旧知识之间有相关性和递进性，教师可以利用与新内容密切相关的旧知识搭桥过渡，在复习旧知识的基础上引出新知识。

【例句】

Tōngguò dì-èr jié de xuéxí, wǒmen zhīdao huánjìng duì shēngwù yǒu hěn dà yǐngxiǎng, nàme
（1）通过第二节的学习，我们知道环境对生物有很大影响，那么

shēngwù zěnyàng shìyìng huánjìng, tāmen duì huánjìng yǒu shénme yǐngxiǎng ne? Wǒmen jīntiān jiù lái
生物怎样适应环境，它们对环境有什么影响呢？我们今天就来

xuéxí dì-sān jié《Shēngwù Duì Huánjìng De Shìyìng Hé Yǐngxiǎng》.
学习第三节《生物对环境的适应和影响》。

Shàng jié kè, wǒmen liǎojiěle biǎnxíng dòngwù hé xiànxíng dòngwù de zhǔyào tèzhēng, zhǐchū-
（2）上节课，我们了解了扁形动物和线形动物的主要特征，指出

le zhēntǐqiāng hé jiǎtǐqiāng de jiégòu tèdiǎn, nàme jīntiān wǒmen jiù yǐ qiūyǐn wéi lì, xuéxí yì zhǒng
了真体腔和假体腔的结构特点，那么今天我们就以蚯蚓为例，学习一种

zhēntǐqiāng dòngwù——huánjié dòngwù.
真体腔动物——环节动物。

（三）生活现象导入法

生物科学与日常生活联系密切，如果能利用学生熟悉的身边事物或现象导入新课，会起到事半功倍的作用。

【例句】

Wǒ xiān wèn dàjiā yí gè wèntí, wèi shénme nǐ yì shēng xialai jiù shì hēi yǎnjing, huáng pífū,
（1）我先问大家一个问题，为什么你一生下来就是黑眼睛、黄皮肤、

hēi tóufa, ér yìxiē wàiguórén yǒu lán yǎnjing, bái pífū, huáng tóufa ne? Wǒmen běn jié kè jiù lái jiědá
黑头发，而一些外国人有蓝眼睛、白皮肤、黄头发呢？我们本节课就来解答

zhège wèntí.
这个问题。

Tóngxuémen, nǐmen yǒu méiyǒu fāxiàn, shuǐguǒ fàngjiǔ le jiù bù tián le, luóbo fàngjiǔ le huì kōngxīn, guòle dōng de suànbàn huì biànqīng, zhè shì wèi shénme ne? Zhè dōu hé zhíwù de hūxī zuòyòng yǒuguān, jīntiān zánmen jiù lái xuéxí zhè fāngmiàn de zhīshi.
（2）同学们，你们有没有发现，水果放久了就不甜了，萝卜放久了会空心，过了冬的蒜瓣会变轻，这是为什么呢？这都和植物的呼吸作用有关，今天咱们就来学习这方面的知识。

二、学习新课

生物课既有其他课程的共性，也有自己的特点，在教授新课的时候，四类课堂用语使用频率非常高，分别举例说明。

（一）讲解用语

生物课教学的任务之一是向学生准确无误地传授生物学知识。除了用直观教具等手段以外，用科学、准确的语言表达概念、定义、原理、结论、规律，讲授生物体的形态结构和生理功能等，更是生物教师责无旁贷的任务，我们把这部分内容叫作生物知识的讲解语。

【例句】

Xiǎnwēijìng de shǐyòng bùzhòu kěyǐ guīnà wéi: qǔ jìng hé ānfàng, duì guāng, guānchá.
（1）显微镜的使用步骤可以归纳为：取镜和安放，对光，观察。

Dì-yī gè fāxiàn xìjūn de shì Lièwén Hǔkè, ér wēishēngwùxué zhī fù shì Bāsīdé.
（2）第一个发现细菌的是列文·虎克，而微生物学之父是巴斯德。

Juélèi zhíwù dàdōu jùyǒu gēn, jīng, yè. Xǔduō juélèi zhíwù dìmiàn shang zhílì shēngzhǎng de bùfen, bú shì jīng, ér shì yè. Zhèxiē juélèi zhíwù de jīng zé héngwò zài dìxià shēngzhǎng, xíngzhuàng xiàng gēn.
（3）蕨类植物大都具有根、茎、叶。许多蕨类植物地面上直立生长的部分，不是茎，而是叶。这些蕨类植物的茎则横卧在地下生长，形状像根。

Mìfēng zài fāyù guòchéng zhōng jīnglìle luǎn, yòuchóng, yǒng, chéngchóng sì gè shíqī, yòuchóng de xíngtài jiégòu hé shēnghuó xíxìng yǔ chéngchóng de xiǎnzhù bù tóng, suǒyǐ mìfēng de fāyù guòchéng chēngwéi wánquán biàntài fāyù.
（4）蜜蜂在发育过程中经历了卵、幼虫、蛹、成虫四个时期，幼虫的形态结构和生活习性与成虫的显著不同，所以蜜蜂的发育过程称为完全变态发育。

Tóngxuémen zǒngjié de fēicháng hǎo, xiàng qīngwā zhèyàng yòutǐ shēnghuó zài shuǐ zhōng, yòng sāi hūxī, chéngtǐ jì néng shēnghuó zài shuǐ zhōng, yě néng shēnghuó zài cháoshī de lùdì shang, zhǔ-
（5）同学们总结得非常好，像青蛙这样幼体生活在水中，用鳃呼吸，成体既能生活在水中，也能生活在潮湿的陆地上，主

yào yòng fèi hūxī de dòngwù cái shì liǎngqī dòngwù.
要 用 肺呼吸的 动物 才是 两栖 动物。

Guānghé-zuòyòng, shì zhǐ lǜsè zhíwù hé mǒuxiē xìjūn, zài kějiànguāng de zhàoshè xià, jīng-
（6）光合作用，是指绿色植物和某些细菌，在可见光的照射下，经
guò guāngfǎnyìng hé tànfǎnyìng, lìyòng guānghé sèsù, jiāng èryǎnghuàtàn hé shuǐ zhuǎnhuà wéi yǒujī-
过光反应和碳反应，利用光合色素，将二氧化碳和水转化为有机
wù, bìng shìfàng chū yǎngqì（huò qīngqì）de shēnghuà guòchéng.
物，并释放出氧气（或氢气）的生化过程。

Xuèyè zhōng yǒu dàliàng de xuèxìbāo, zhèxiē xìbāo yǔ xuèjiāng gòngtóng zǔchéng xuèyè,
（7）血液中有大量的血细胞，这些细胞与血浆共同组成血液，
wánchéng wùzhì yùnshū děng gōngnéng, suǒyǐ, xuèyè shì yì zhǒng zǔzhī, shǔyú jiédì zǔzhī, yòu yīnwei
完成物质运输等功能，所以，血液是一种组织，属于结缔组织，又因为
xuèyè kěyǐ liúdòng, suǒyǐ jiàozuò liúdòng de zǔzhī.
血液可以流动，所以叫作流动的组织。

Wǒmen guānchá xìbāo jiégòu tú: Zuì wài céng shì tòumíng de xìbāobì, qǐ bǎohù hé zhīchí
（8）我们观察细胞结构图：最外层是透明的细胞壁，起保护和支持
xìbāo de zuòyòng, jǐn tiē xìbāobì de shì xìbāomó, zhíwù xìbāo zhōng yǒu yí gè jìnsì qiúxíng de xìbāo-
细胞的作用，紧贴细胞壁的是细胞膜，植物细胞中有一个近似球形的细胞
hé, xìbāomó yǔ xìbāohé zhī jiān de jiégòu shì xìbāozhì, xìbāozhì li yǒu yèpào, yèpào nèi de xìbāoyè
核，细胞膜与细胞核之间的结构是细胞质，细胞质里有液泡，液泡内的细胞液
hányǒu duō zhǒng wùzhì.
含有多种物质。

（二）提问用语

提问能促进学生思考，推动教学的顺利进行，是教师常用的教学手段，它贯穿于生物课的各个环节。

【例句】

Hé fēishēngwù xiāng bǐ, shēngwù yǒu nǎxiē tèzhēng?
（1）和非生物相比，生物有哪些特征？

Zǎolèi zhíwù duōshù shēnghuó zài shénme huánjìng zhōng?
（2）藻类植物多数生活在什么环境中？

Pànduàn qiūyǐn qián-hòuduān de jiǎnbiàn fāngfǎ shì shénme?
（3）判断蚯蚓前后端的简便方法是什么？

Xìjūn yǔ dòng-zhíwù xìbāo zuì dà de bù tóng shì shénme?
（4）细菌与动植物细胞最大的不同是什么？

Lǜsè zhíwù jìnxíng guānghé-zuòyòng, xūyào shénme tiáojiàn?
（5）绿色植物进行光合作用，需要什么条件？

Nǐ néng yòng zìjǐ de yǔyán miáoshù xìbāo fēnliè de guòchéng ma?
（6）你能用自己的语言描述细胞分裂的过程吗？

Guānchá táixiǎn túpiàn, shuōshuo táixiǎn zhíwù yǒu shénme tèdiǎn.
（7）观察 苔藓 图片，说说 苔藓 植物 有 什么 特点。

Zhíwù xìbāo yóu nǎ jǐ bùfen zǔchéng? Gè bùfen fēnbié jùyǒu shénmeyàng de gōngnéng?
（8）植物 细胞 由 哪几部分 组成？各部分 分别具有 什么样 的 功能？

Tōngguò yǐshàng de zīliào fēnxī yǔ tǎolùn, wǒmen kěyǐ gàikuò chū hūxīdào jùyǒu shénme zuòyòng ne?
（9）通过 以上 的资料分析与讨论，我们可以概括 出呼吸道具有 什么 作用 呢？

Qǐng tóngxuémen zǐxì guānchá kèběn yè xiàfāng de tú, kànkan hūxī xìtǒng yóu nǎxiē qìguān zǔchéng. Shéi lái shuō yi shuō?
（10）请 同学们 仔细 观察 课本 43 页 下方 的图，看看 呼吸系统 由 哪些 器官 组成。谁 来 说 一 说？

（三）合作探究用语

生物课特别适合“合作探究”的学习方式。教师以小组为单位将学生组织起来，以讨论的形式研讨与课文相关问题的解决方案，学生在讨论中一般要“倾听”“交流”“协作”和“分享”。经过讨论探究，最终获得新的知识和能力。

【例句】

Qǐng dàjiā yuèdú yè de zīliào, sì rén yì zǔ tǎolùn: Hūxīdào yǒu nǎxiē zuòyòng?
（1）请 大家阅读 44 页的 资料，四人一组讨论：呼吸道 有 哪些 作用？

Kè qián ràng gègè xiǎozǔ duì dòngwù zài rénlèi shēnghuó zhōng de zuòyòng jìnxíngle diàochá, xiàmiàn nǎge xiǎozǔ zhǎnshì yíxià?
（2）课 前 让 各个小组 对 动物 在人类 生活 中 的 作用 进行了 调查，下面 哪个小组 展示 一下？

Guānyú shēngmìng de qǐyuán, yǒu hěn duō zhǒng jiǎshuō. Nǐ juéde nǎ zhǒng shuōfa zuì yǒu dàolǐ? Qǐng dàjiā tǎolùn yíxià.
（3）关于 生命 的 起源，有 很 多 种 假说。你觉得 哪 种 说法 最 有 道理？ 请 大家 讨论 一下。

Shēngwù yīnsù shì rúhé yǐngxiǎng shēngwù shēnghuó de ne? Qǐng dàjiā xiān zìzhǔ xuéxí kèběn yè shēngwù yīnsù xiāngguān nèiróng.
（4）生物 因素是如何 影响 生物 生活 的呢？请大家 先 自主学习课本 16 ~ 17 页 生物 因素 相关 内容。

Zài nóngtián li nóngmín yào gěi yùmǐ pēnsǎ nóngyào, zhè shì wèi shénme? Sì rén yì zǔ jìnxíng fēnxī tǎolùn.
（5）在 农田 里 农民 要 给玉米喷洒 农药，这 是 为 什么？四人一组 进行 分析讨论。

Zìránjiè zhōng xìjūn hé zhēnjūn hái néng yǔ dòngwù huò zhíwù gòngshēng zài yìqǐ, nà shénme shì gòngshēng ne? Zǐxì yuèdú yè, tóngzhuō hézuò zhǎochū guānjiàncí.
（6）自然界 中 细菌和 真菌 还 能 与 动物 或 植物 共生 在一起，那 什么 是 共生 呢？仔细阅读 68 页，同桌 合作 找出 关键词。

Tánglèi, dànbáizhì, zhīfáng duì réntǐ yǒu shénme zuòyòng ne? Tāmen yòu shì nǎxiē shíwù tígōng de ne? Quēfá shíhou de zhèngzhuàng shì shénme? Qǐng tóngxuémen yuèdú dì yè de kèwén, zài shū shang huà chulai, xiǎozǔ tǎolùn.
（7）糖类、蛋白质、脂肪对人体有什么作用呢？它们又是哪些食物提供的呢？缺乏时候的症状是什么？请同学们阅读第22页的课文，在书上画出来，小组讨论。

Shǒuxiān, yuèdú quánwén bìng dúlì de duì tànjiū tígāng zhōng de wèntí jìnxíng sīkǎo, fēnxī, zhǎochū dá'àn. Ránhòu, zài zǔzhǎng de zǔzhī xià jìnxíng yǒu jìhuà de tǎolùn, fēnxī, jiāoliú. Zuìhòu, jiāng yǒu yíhuò de wèntí jìlù xialai.
（8）首先，阅读全文并独立地对探究提纲中的问题进行思考、分析，找出答案。然后，在组长的组织下进行有计划的讨论、分析、交流。最后，将有疑惑的问题记录下来。

（四）实验用语

生物课实验用语包括提醒学生注意语、实验操作解说语、启发学生思考语、对实验设计和结果进行评价语等，使用非常广泛。

【例句】

Tōngguò zhège shíyàn wǒmen nénggòu déchū shénme jiélùn?
（1）通过这个实验我们能够得出什么结论？

Qǐng gè zǔ bǎ nǐmen de shíyàn jiéguǒ huìbào yíxià.
（2）请各组把你们的实验结果汇报一下。

Qǐng tóngxuémen biān huìtú biān miáoshù chū xìbāo fēnliè de guòchéng.
（3）请同学们边绘图边描述出细胞分裂的过程。

Bǎ zàibōpiàn, gàibōpiàn cāshì gānjìng, yǐ bìmiǎn zázhì chūxiàn zài shìyě zhōng.
（4）把载玻片、盖玻片擦拭干净，以避免杂质出现在视野中。

Xiànzài qǐng gè xiǎozǔ dàibiǎo zhǎnshì běn zǔ shíyàn jiéguǒ, bìng xùshù shíyàn cāozuò fāngfǎ.
（5）现在请各小组代表展示本组实验结果，并叙述实验操作方法。

Měi zǔ tóngxué biān guānchá xīnzàng móxíng, biān kàn xīnzàng jiěpōutú, fēn zǔ sīkǎo xiàmiàn sān gè wèntí.
（6）每组同学边观察心脏模型，边看心脏解剖图，分组思考下面三个问题。

Wèile zhèngmíng guāng shì zhíwù guānghé-zuòyòng de bìyào tiáojiàn, qǐng sì gè rén yì zǔ shèjì yí gè shíyàn fāng'àn.
（7）为了证明光是植物光合作用的必要条件，请四个人一组设计一个实验方案。

Biān kàn shū biān cāozuò xiǎnwēijìng jìnxíng guānchá, bìng bǎ nǐ guānchá de guòchéng jí suǒ guānchá dào de wùxiàng zhǎnshì gěi dàjiā.
（8）边看书边操作显微镜进行观察，并把你观察的过程及所观察到的物像展示给大家。

Línshí zhuāngpiàn de zhìzuò bùzhòu kěyǐ gàikuò chéng jǐ gè zì：cā → dī → qǔ → zhǎn → gài → rǎn → xī. Qǐng tóngxuémen ànzhào bùzhòu zìjǐ zhìzuò yí gè yángcōng biǎopí línshí zhuāngpiàn.
（9）临时 装片 的 制作 步骤 可以 概括 成 几个字：擦→滴→取→展→盖→染→吸。请 同学们 按照 步骤 自己 制作 一个 洋葱 表皮 临时 装片。

Tōngguò shàngmiàn de zhèxiē shíyàn, wǒmen kěyǐ déchū zhèyàng de jiélùn：Zhíwù de zhǒnglèi bù tóng, suǒyǐ gè zhǒng chéngfèn de hánliàng yě bù xiāngtóng. Zài gānzào de zhǒngzi li, yǒujīwù zǒngshì bǐ wújīwù duō.
（10）通过 上面 的 这些 实验，我们 可以 得出 这样 的 结论：植物 的 种类 不 同，所以 各 种 成分 的 含量 也 不 相同。在 干燥 的 种子 里，有机物 总是 比 无机物 多。

三、巩固练习，延伸应用

通过练习可以巩固新学的知识，通过联系实际问题可以学以致用，我们把这一部分的用语叫作练习与应用环节的课堂用语。

【例句】

Wǒmen xiàmiàn zuò tiánkòngtí, gǒnggù yíxià jīntiān xuéxí de zhīshi.
（1）我们 下面 做 填空题，巩固 一下 今天 学习 的 知识。

Dàjiā kàn shānhú yǔ shānhúchóng túpiàn, sīkǎo yí gè wèntí：Tāmen shì shēngwù háishi fēishēngwù? Wèi shénme?
（2）大家 看 珊瑚 与 珊瑚虫 图片，思考 一个 问题：它们 是 生物 还是 非生物？ 为 什么？

Qǐng zǒngjié dòngwù gěi rénlèi dàiláile nǎxiē hǎochù, nǎxiē dòngwù huì gěi rénlèi dàilái wēihài.
（3）请 总结 动物 给 人类 带来了 哪些 好处，哪些 动物 会 给 人类 带来 危害。

Qīngwā duì rénlèi yǒu hěn duō hǎochù, dànshì qīngwā de shùliàng zhèngzài jiǎnshǎo, dàjiā shuōshuo, gāi zěnme bǎohù zhè zhǒng yǒuyì de dòngwù ne?
（4）青蛙 对 人类 有 很 多 好处，但是 青蛙 的 数量 正在 减少，大家 说说，该 怎么 保护 这 种 有益的 动物 呢？

Wàikē dàifu zài gěi bìngrén zuò shǒushù zhīqián, yào jìnxíng yángé de xiāodú, shǒushù shí hái yào dàishang xiāoguo dú de kǒuzhào hé shǒutào, qǐng yòng jīntiān de zhīshi jiěshì yíxià zhèyàng zuò de hǎochù.
（5）外科 大夫 在 给 病人 做 手术 之前，要 进行 严格 的 消毒，手术 时 还 要 戴上 消过 毒的 口罩 和 手套，请 用 今天 的 知识 解释 一下 这样 做 的 好处。

四、课堂总结，布置作业

（一）课堂总结用语

【例句】

Lǎoshī bǎ běn jié kè de zhòngyào nèiróng biānchéngle shùnkǒuliū, qǐng tóngxuémen qí dú yí biàn.
（1）老师 把 本 节 课 的 重要 内容 编成了 顺口溜，请 同学们 齐读 一 遍。

Tóngxuémen kàn hēibǎn, yìqǐ zuò tiánkòngtí, zǒngjié yíxià jīntiān xuéxí de yúlèi de zhīshi.
（2）同学们 看 黑板，一起 做 填空题，总结 一下今天 学习的鱼类的知识。

Tōngguò běn jié kè de xuéxí, wǒmen xuédàole guānyú lùdì dòngwù de nǎxiē zhīshi ne?
（3）通过 本节课的学习，我们 学到了 关于陆地 动物 的哪些知识呢？××，
nǐ lái gěi dàjiā shuōshuo.
你来给大家 说说。

Běn jié kè wǒmen liǎojiěle zhíwù yìshēng suǒ yào jīnglì de jiēduàn, bìng zhìdìngle yànzhèng
（4）本 节课 我们 了解了植物 一生 所要经历的 阶段，并 制订了 验证
zhǒngzi méngfā de huánjìng tiáojiàn de jìhuà. Jiéguǒ huì shì shénme yàngzi ne? Qǐng dàjiā zài kè hòu yí-
种子 萌发 的 环境 条件 的计划。结果 会 是 什么 样子 呢？请 大家在课后一
dìng yào zhùyì guānchá.
定 要注意 观察。

Tōngguò zhè jié kè de xuéxí, wǒmen zhǎngwòle nǎxiē nèiróng ne? Wǒmen liǎojiěle hūxī xì-
（5）通过 这节课的学习，我们 掌握了 哪些 内容 呢？我们 了解了呼吸系
tǒng de zǔchéng, hūxīdào de zuòyòng yǐjí yān, hóu de zuòyòng, tóngshí yě liǎojiěle yìxiē yǒuguān hūxī
统 的 组成，呼吸道的 作用 以及咽、喉 的 作用，同时 也了解了一些 有关 呼吸
xìtǒng jíbìng de zhīshi.
系统 疾病的知识。

Tōngguò xuéxí, wǒmen zhīdao xìjūn hé zhēnjūn zài zìránjiè zhōng yǒu hěn dà zuòyòng, jì yǒu
（6）通过 学习，我们 知道细菌和 真菌 在自然界 中 有 很 大 作用，既有
yǒu hài de yímiàn, yě yǒu yǒulì de yímiàn, rúhé xuǎnyòng xìjūn hé zhēnjūn wèi rénlèi fúwù, xià jié kè
有 害的 一面，也有 有利的 一面，如何 选用 细菌和 真菌 为 人类 服务，下节课
wǒmen hái jiāng xiángxì xuéxí.
我们 还 将 详细 学习。

Běn jié kè wǒmen tōngguò zhìzuò bìng guānchá zhíwù xìbāo de línshí zhuāngpiàn, rènshile
（7）本 节课 我们 通过 制作 并 观察 植物细胞的临时 装片，认识了
zhíwù xìbāo de jīběn jiégòu, gèng zhòngyào de shì wǒmen xuéhuìle zhìzuò línshí zhuāngpiàn de fāngfǎ hé
植物细胞的基本结构，更 重要 的是 我们 学会了 制作 临时 装片 的方法和
huà shēngwù jiǎntú, gèng duō de zhīshi hái xū jìnyíbù de shíjiàn hé gǒnggù.
画 生物 简图，更 多 的知识 还需进一步的 实践 和 巩固。

（二）布置作业用语

【例句】

Kè hòu wánchéng jiàocái yè liànxí dì xiǎo tí.
（1）课后 完成 教材63页练习第1、3 小题。

Kè hòu guānchá jǐ zhǒng kūnchóng, gěi tāmen fēn lèi, shuōshuo měi zhǒng kūnchóng de tèzhēng.
（2）课后 观察 几种 昆虫，给它们 分类，说说 每 种 昆虫 的 特征。

Qǐng dàjiā huíqu hòu yùnyòng suǒ xué de zhīshi shì zuò yíxià suānnǎi, xià cì shàng kè dàilái gěi
（3）请 大家回去后 运用 所 学的知识 试 做一下 酸奶，下次 上 课带来给
dàjiā chángchang.
大家 尝尝。

Kè hòu tóngxué zhī jiān tǎolùn yíxià kèlóng rén de wèntí, tántan nǐ duì zhège wèntí de tàidù. Xià cì shàng kè huìbào.
（4）课后 同学 之间 讨论一下克隆 人的问题，谈谈你对 这个问题的态度。下次 上 课汇报。

Kè hòu xúnzhǎo xiàoyuán li yǒu méiyǒu zǎolèi zhíwù, juélèi zhíwù hé táixiǎn. Zhùyì tāmen de shēnghuó huánjìng, jìlù xialai.
（5）课后 寻找 校园 里有 没有 藻类 植物、蕨类植物和 苔藓。注意 它们的 生活 环境，记录下来。

Guānchá yí gè xīngqī li nǐ jiā chī de fàncài, jìlù xialai, bìng fēnxī shànshí shìfǒu hélǐ, ránhòu gěi māma tíchū zuò fàn de yìjian hé jiànyì.
（6）观察 一个星期里你家吃的饭菜，记录下来，并 分析 膳食 是否合理，然后 给妈妈 提出 做饭 的 意见和建议。

Bàba xǐhuan yǎng huā, dōngtiān lái le, yóuyú dānxīn huā bèi dòngsǐ, jiù bǎ huā bānjìn wòshì. Qǐng nǐ gēnjù suǒ xué de hūxī zhīshi shìzhe jiěshì yíxià zhèyàng zuò hǎo bu hǎo, bìng gàosu bàba.
（7）爸爸 喜欢 养 花，冬天 来了，由于 担心 花 被 冻死，就把 花 搬进 卧室。请 你根据 所 学 的呼吸知识 试着 解释一下 这样 做 好不 好，并 告诉爸爸。

第五节　地理课课堂用语

地理学是研究地理环境以及人类活动与地理环境相互关系的科学。初中地理包括地球与地图、世界地理、中国地理、乡土地理四个部分。课程目标是使学生了解地理的基本知识，获得基本的地理技能以及地理学习能力，具有初步的地理科学素养和人文素养，形成初步的全球意识和可持续发展观念。高中地理内容的设置以人地关系为主线，以当前人类面临的人口、资源、环境、发展等问题为重点，课程由必修课程和选修课程组成，内容涉及自然环境中的物质运动和能量交换、自然环境对人类活动的影响、人口与城市、生产活动与地域联系、人类与地理环境的协调发展、区域可持续发展等内容。初中地理课程侧重基本地理知识的传授，要求学生了解和记忆这些知识；高中地理课程注重与实际相结合，强调理解、分析与应用，要求学生在梳理、分析地理事实的基础上，逐步学会运用基本的地理原理探究地理过程、地理成因以及地理规律等。

地理课的特点——

- 综合性。地理课的研究对象是地球表层各种自然现象、人文现象有机组合而成的复杂系统。因此，地理学是一门兼有自然科学性质与社会科学性质的综合性科学。
- 图表多。地理课程最大的特点就是教学与各种地理图表密不可分，具体来说，主要的有各种地图、气温曲线图、降水量柱状图、气压风向图、陆地自然带的分布图、地形图、气候类型分布图、各自然带的景观图片、地理文献资料、示意图、录像资料等等。地理教学中必须充分利用这些图表、资料，培养学生根据这些地理信息形成地理概念，进而理解地理事物分布和发展变化的基本规律的能力。

- 与人们的生活联系紧密。地理课与人们的关系最为密切，在解决当代人口、资源、环境和发展问题中具有重要作用。教学中要紧密联系实际，一来可以调动学生的兴趣，二来可以学以致用。

地理课课堂用语要反映地理课的特点。地理课的内容主要以识记性的知识为主，讲解时要与图表紧密结合。另外，还要做到理论联系实际，让学生学会用地理知识解决实际问题。

地理课课堂用语的要求——

- 准确、科学。地名发音要正确，地理概念讲解要清楚、透彻。运用特定地理术语，不能滥造。叙述要有逻辑性。
- 通俗、易懂。要使用直观性语言，联系学生生活实际。
- 生动、有趣。用词丰富，直观、形象，富有情趣。

下面我们以课堂教学环节为框架来梳理地理课的课堂用语。

一、导入新课

地理课导入新课的方法与其他课程大同小异，现举例介绍四种常用方法。

（一）问题导入法

教师可以提出与我们生活密切相关的问题，引起学生的兴趣和思考，从而导入新课。

【例句】

Tóngxuémen, wǒmen měi yìtiān dōu huì guānzhù dàngtiān de tiānqì qíngkuàng, nàme, měi tiān de tiān-
同学们， 我们 每一天 都 会 关注 当天 的 天气 情况，那么，每 天 的 天

qì zhuàngkuàng yòu bāokuò nǎxiē nèiróng ne? Qízhōng nǎge yīnsù de biànhuà juédìngle wǒmen de yīzhuó
气 状况 又 包括 哪些 内容 呢？其中 哪个 因素 的 变化 决定了 我们 的 衣着

biànhuà? Qìwēn shì fǎnyìng yí gè dìfang tiānqì zhuàngkuàng de zhòngyào yàosù zhī yī, jīntiān wǒmen lái
变化？气温 是 反映 一个 地方 天气 状况 的 重要 要素 之一，今天 我们 来

xuéxí qìwēn de yǒuguān zhīshi.
学习 气温 的 有关 知识。

（二）旧知导入法

用已经学过的地理知识引出新课内容。

【例句】

Qián jǐ jié kè, wǒmen cóng jìngtài jiǎodù rènshile dìqiú. Shìshíshang, dìqiú tóng yǔzhòu zhōng
（1）前 几节课，我们 从 静态 角度 认识了地球。事实上，地球 同 宇宙 中
de suǒyǒu wùzhì yíyàng, yíkè bù tíng de yùndòngzhe. Nǐ zhīdao dìqiú yùndòng yǒu nǎ liǎng zhǒng jīběn
的 所有 物质 一样，一刻不 停 地 运动着。你 知道地球 运动 有哪 两 种 基本
xíngshì ma? Zhè jié kè wǒmen jiù cóng dòngtài jiǎodù lái rènshi dìqiú.
形式 吗？这 节课 我们 就 从 动态 角度来认识 地球。

Shàng jié kè wǒmen liǎojiěle Xīnjiāng de zìrán huánjìng. Gānhàn shì Xīnjiāng zìrán huánjìng de
（2）上 节课 我们 了解了 新疆 的自然 环境。干旱 是 新疆 自然 环境 的
tūchū tèzhēng. Gānhàn quē shuǐ zhíjiē yǐngxiǎng dào Xīnjiāng rénmín shēngchǎn hé shēnghuó de gègè
突出 特征。干旱 缺 水 直接 影响 到 新疆 人民 生产 和 生活 的各个
fāngmiàn. Zài Xīnjiāng gānhàn quē shuǐ de tiáojiàn xià, nóngyè yòu yǒu shénme tèsè ne? Jīntiān wǒmen
方面。在 新疆 干旱 缺 水 的 条件 下，农业 又 有 什么 特色呢？今天 我们
lái xuéxí běn jié de dì-èr bùfen: Xīnjiāng de nóngyè jí néngyuán kāifā.
来学习本 节的第二部分：新疆 的 农业及 能源 开发。

（三）多媒体导入法

地理景观和地理现象就在我们身边，离我们很近，利用图片、幻灯等多媒体手段把它们呈现出来，能够形象生动地导入新课。

【例句】

Dìqiú shì wǒmen de jiāyuán, tā shì rúcǐ měilì ér yòu
（多媒体展示地球的美丽风光图片）地球 是 我们 的 家园，她是如此美丽而 又
shénqí, wǒmen yīnggāi àihù tā. Nàme zěnme zuòdào zhè yì diǎn ne? Wǒ rènwéi shǒuxiān yīnggāi duì
神奇，我们 应该 爱护她。那么 怎么 做到 这 一 点 呢？我 认为 首先 应该 对
dìqiú yǒu gè jīběn de rènshi. Jīntiān, wǒmen jiù kāishǐ lái liǎojiě wǒmen de jiāyuán——dìqiú.
地球有 个基本的 认识。今天，我们 就开始 来了解 我们 的 家园——地球。

（四）文艺作品导入法

许多文艺作品，比如诗歌、歌曲，创作时都有特定的地域背景，老师拿它们来做导入材料，能够迅速把学生带入到合适的情境中。

【例句】

"Wǔshíliù gè mínzú wǔshíliù duǒ huā, wǔshíliù gè xiōngdì jiě-
（教师播放歌曲《爱我中华》）"五十六个 民族 五十六 朵 花，五十六个 兄弟 姐
mèi shì yì jiā." Tóngxuémen, zhèng xiàng gē li chàng de, zánmen de guójiā mínzú zhòngduō, yǒu gè,
妹 是一家。"同学们，正 像 歌里 唱 的，咱们 的 国家 民族 众多，有56个，
jīntiān wǒmen jiù lái xuéxí yíxià dì-yī zhāng dì-sān jié《Duō Mínzú De Dà Jiātíng》.
今天 我们 就来学习一下 第一 章 第三 节《多 民族 的 大 家庭》。

二、学习新课

地理课既有其他课程的共性，也有自己的特点，大体来说，该环节大致包含四类课堂用语。

（一）讲解用语

所谓讲解用语，就是教师运用准确规范的地理术语讲解地理常识的用语。

【例句】

Zhōngguó yǐ Qín Lǐng—Huái Hé yí xiàn zuòwéi nán běi fēnjièxiàn.
（1）中国 以秦岭—淮河一线 作为 南北分界线。

Gāoyuán, píngyuán, shānmài, qiūlíng hé péndì shì dìxíng de wǔ dà lèixíng.
（2）高原、 平原、 山脉、丘陵和盆地是地形的五大类型。

Dìtú shang zěnme biànbié fāngxiàng? Qǐng dàjiā jìzhù zuì jiǎndān de kǒujué: Shàng běi xià nán, zuǒ xī yòu dōng.
（3）地图上 怎么辨别 方向？ 请大家记住最简单的口诀：上北下南，左西右东。

Dìqiúyí shì rénmen fǎngzhào dìqiú de xíngzhuàng, bìngqiě ànzhào yídìng de bǐlì bǎ tā suōxiǎo, zhìzuò de dìqiú de móxíng.
（4）地球仪是人们 仿照 地球的 形状， 并且 按照 一定的比例把它缩小，制作的地球的模型。

Rénmen gēnjù shìjiè gè dì de qìxiàng jìlù, bǎ qìwēn xiāngtóng de diǎn, zài dìtú shang yòng xiàn lián qilai, jiào děngwēnxiàn.
（5）人们 根据世界各地的气象记录，把气温 相同 的点，在地图上 用线连起来，叫 等温线。

Yóu cǐ kějiàn, wǒguó dōngjì qìwēn fēnbù de tèdiǎn shì: Yuè wǎng běi qù, qìwēn yuè dī, dōngjì nán běi qìwēn xiāng chà hěn dà.
（6）由此可见，我国冬季气温分布的特点是：越往北去，气温越低，冬季南北气温 相 差很大。

Duìyú wǒguó de zìrán zīyuán, wǒmen jì yào kàndào zīyuán zǒngliàng fēngfù de yímiàn, gèng yīng kàndào rénjūn zīyuán bùzú de yímiàn.
（7）对于我国的自然资源，我们既要看到资源 总量 丰富的一面，更应 看到人均资源不足的一面。

Wǒguó dìshì xī gāo dōng dī xiàng hǎiyáng qīngxié, yǒulì yú hǎi shang de shīrùn qìliú xiàng wǒguó nèilù tuījìn, wèi wǒguó guǎngdà dìqū dàiláile jiào wéi fēngpèi de jiàngshuǐ.
（8）我国地势西高东低向 海洋 倾斜，有利于海上 的湿润气流向我国内陆推进，为我国 广大地区带来了较为丰沛的降水。

Xīnjiāng Wéiwú'ěr Zìzhìqū, jiǎnchēng Xīn, dì chǔ wǒguó xīběi biānchuí, cóng dōngběi xiàng xīnán yǔ Měnggǔ, Éluósī, Hāsàkèsītǎn, Jí'ěrjísīsītǎn děng bā gè guójiā xiāng lín, shì wǒguó lín-
（9）新疆 维吾尔自治区，简称 新，地处我国西北边陲，从东北向西南与蒙古、俄罗斯、哈萨克斯坦、吉尔吉斯斯坦等八个国家相邻，是我国邻

guó zuì duō de shěngjí xíngzhèngqū. Xīnjiāng de miànjī yǒu duō wàn píngfāng qiānmǐ, shì wǒguó miàn-
国最多的省级行政区。新疆的面积有160多万平方千米，是我国面

jī zuì dà de shěngjí xíngzhèngqū.
积最大的省级行政区。

Xīnjiāng de guā-guǒ tèbié tián, sècǎi xiānyàn, zhè shì yīnwei Xīnjiāng xiàjì rèliàng chōngzú,
（10）新疆的瓜果特别甜，色彩鲜艳，这是因为新疆夏季热量充足，

jiàngshuǐ shǎo, guāngzhào qiáng, lì yú guā-guǒ zhuó sè; tóngshí báitiān guānghé-zuòyòng qiáng, kěyǐ jī-
降水少，光照强，利于瓜果着色；同时白天光合作用强，可以积

lěi dàliàng tángfèn. Ér yèwǎn jiàng wēn hěn kuài, qìwēn dī, nóngzuòwù de hūxī-zuòyòng ruò, yě jiǎnshǎo-
累大量糖分。而夜晚降温很快，气温低，农作物的呼吸作用弱，也减少

le duì báitiān jīlěi tángfèn de xiāohào.
了对白天积累糖分的消耗。

（二）提问用语

提问是地理老师常用的教学手段，它贯穿于地理课的各个环节。

【例句】

Dìqiú shang gòng yǒu jǐ gè dà zhōu?
（1）地球上共有几个大洲？

Wǒguó rénkǒu de fēnbù tèdiǎn shì shénme?
（2）我国人口的分布特点是什么？

Měiguó yǒu nǎxiē zhùmíng de héliú hé húpō?
（3）美国有哪些著名的河流和湖泊？

Nán-běibànqiú de fēnjièxiàn shì nǎ tiáo wěixiàn?
（4）南北半球的分界线是哪条纬线？

Xiǎng yi xiǎng, shì shénme yuányīn zàochéngle shìjiè gè dì qìhòu de chāyì?
（5）想一想，是什么原因造成了世界各地气候的差异？

Zánmen Xīnjiāng de shénme zìrán zīyuán tèbié fēngfù? Zhǔyào fēnbù zài nǎli?
（6）咱们新疆的什么自然资源特别丰富？主要分布在哪里？

Néng tántan nǐ duì kěchíxù fāzhǎn gàiniàn de lǐjiě ma? nǐ lái shuōshuo.
（7）能谈谈你对可持续发展概念的理解吗？××，你来说说。

Tóngxuémen, zánmen Xīnjiāng de tèsè nóngchǎnpǐn yǒu nǎxiē? Tāmen yǒu shénme gòngtóng
（8）同学们，咱们新疆的特色农产品有哪些？它们有什么共同

tèdiǎn?
特点？

Yí gè chéngshì rúguǒ wèile gōngyè yǔ shēnghuó xūyào guòdù chōuqǔ dìxiàshuǐ, hòuguǒ huì
（9）一个城市如果为了工业与生活需要过度抽取地下水，后果会

zěnyàng?
怎样？

Shìjiè shang shíyóu zīyuán fēnbù zuì jízhōng bìngqiě yuē zhàn shìjiè chǔliàng yíbàn hái duō
（10）世界上石油资源分布最集中并且约占世界储量一半还多

de dìqū shì nǎli?
的地区是哪里？

Dìqiú gōngzhuàn hé zìzhuàn de fāngxiàng yíyàng ma? Gōngzhuàn yì zhōu shì duō cháng shí-
（11）地球 公转 和 自转 的 方向 一样 吗？ 公转 一 周 是 多 长 时
jiān? Gōngzhuàn de guǐdào shì shénme xíngzhuàng?
间？ 公转 的 轨道 是 什么 形状？

Xīnjiāng de dìxíng tèdiǎn kěyǐ yòng “sān shān jiā liǎng pén” lái gàikuò. Qǐng tóngxuémen shuō-
（12）新疆 的 地形 特点 可以 用 “三 山 夹 两 盆”来 概括。请 同学们 说
shuo “sān shān” hé “liǎng pén” fēnbié zhǐ shénme.
说 “三 山” 和“两 盆”分别 指 什么。

（三）直观教具使用用语

地理课课堂用语的最大特色就是知识与图表等直观教具紧密结合，因此与直观教具相关的课堂用语有很多。

【例句】

Qǐng tóngxuémen zài tú shang zhǎochū Zhōngguó nán-běifāng de fēnjièxiàn.
（1）请 同学们 在 图 上 找出 中国 南北方 的 分界线。

Qǐng zài Zhōngguó dìxíng tú shang zhǎo yi zhǎo sì dà gāoyuán hé sì dà péndì.
（2）请 在 中国 地形 图 上 找 一 找 四 大 高原 和 四 大 盆地。

Qǐng guānchá fēncéng shèsè dìxíng tú, shuōshuo Zhōngguó de dìshì yǒu shénme tèdiǎn.
（3）请 观察 分层 设色 地形 图，说说 中国 的 地势 有 什么 特点。

Qǐng tóngxuémen guānchá dìqiúyí, kànkan quánqiú yǒu duōshao kuài dàlù, nǎ kuài zuì dà.
（4）请 同学们 观察 地球仪，看看 全球 有 多少 块 大陆，哪 块 最 大。

Jiàocái shang jièshào gōngyè shí pèile sān fú túpiàn, qǐng tǎolùn sān fú túpiàn yǒu shénme
（5）教材 上 介绍 工业 时 配了 三 幅 图片，请 讨论 三 幅 图片 有 什么
liánxì.
联系。

Qǐng tóngxuémen guānchá kèběn zhōng de “Běijīng Shì dìtú” hé “Zhōngguó dìtú”, huídá
（6）请 同学们 观察 课本 中 的“北京 市 地图”和“中国 地图”，回答
xiàliè wèntí.
下列 问题。

Zài dìtú shang zhǎochū xī qì dōng shū de qǐdiǎn, bìng shǔ yi shǔ jīngguò jǐ gè shěngjí xíng-
（7）在 地图 上 找出 西 气 东 输 的 起点，并 数 一 数 经过 几 个 省级 行
zhèngqū.
政区。

Zài “wǒguó de zhǔyào héliú hé húpō fēnbù tú” shang, zhǎochū Cháng Jiāng, Huáng Hé hé Tǎ-
（8）在“我国 的 主要 河流 和 湖泊 分布 图” 上， 找出 长 江、黄 河 和 塔
lǐmù Hé.
里木 河。

Qǐng jiéhé "Zhōngguó nóngyè de dìqū fēnbù tú", tántan wǒguó de zhǔyào nóngzuòwù de
（9）请 结合"中国 农业的地区分布图"，谈谈 我国 的 主要 农作物 的
dìqū fēnbù chāyì.
地区分布差异。

Qǐng dàjiā yuèdú kèběn shang de tú huídá yǐxià wèntí: Shuōmíng Tǎlǐmù Péndì de rénkǒu,
（10）请 大家阅读课本 上 的图回答以下问题：说明 塔里木盆地的人口、
chéngshì hé jiāotōng shèshī fēnbù de zhǔyào tèdiǎn, bìng fēnxī yuányīn.
城市 和交通 设施分布的主要 特点，并 分析 原因。

（四）合作探究用语

小组合作探究学习也是地理课常用的学习方法，教师要使用恰当的用语做好组织、指导、关注和鼓励工作，让学生在合作学习中学会倾听，提高表达、讨论和评价能力。

【例句】

Tóngzhuō hézuò, shìzhe huìzhì yì zhāng Zhōngguó rénkǒu fēnbù tú.
（1）同桌 合作，试着 绘制 一 张 中国 人口 分布图。

Fēn zǔ tǎolùn: Rúhé zhìlǐ Xīnjiāng de huāngmòhuà? Ránhòu gè xiǎozǔ xuǎn yí gè dàibiǎo fā yán.
（2）分 组讨论：如何治理 新疆 的 荒漠化？ 然后 各小组 选一个 代表发言。

Jiéhé kèwén hé tú , tóngzhuō tǎolùn: Wèi shénme shuō Běijīng shì Zhōngguó de zhèng-
（3）结合课文 和图6.2、6.4，同桌 讨论：为 什么 说 北京 是 中国 的 政
zhì zhōngxīn, wénhuà zhōngxīn?
治 中心、文化 中心？

Gōngyè shēngchǎn yǔ wǒmen tóngxué de xuéxí hé shēnghuó yǒu shénme guānxi? Qǐng qián-
（4）工业 生产 与 我们 同学 的 学习和 生活 有 什么 关系？请 前
hòu sì gè tóngxué xiǎozǔ tǎolùn, xiǎozǔ dàibiǎo zǒngjié guāndiǎn.
后四个 同学 小组 讨论，小组 代表 总结 观点。

Zěnyàng shíxiàn kěchíxù fāzhǎn? Qǐng tóngxuémen wéirào zhège wèntí zhǎnkāi tǎolùn, quán
（5）怎样 实现 可持续 发展？请 同学们 围绕 这个问题 展开 讨论，全
bān fēnchéng shí gè xiǎozǔ, xiān jìnxíng zǔ nèi tǎolùn, ránhòu xiāng lín xiǎozǔ jiāohuàn kànfa, měi zǔ yào
班 分成 十个小组，先 进行 组内讨论，然后 相 邻小组 交换 看法，每组要
duì qítā xiǎozǔ de guāndiǎn zuòchū píngjià.
对其他 小组的 观点 做出 评价。

Wǒmen jīntiān duì hǎiyáng de yǒuguān nèiróng zuò yí cì tànjiūxìng xuéxí. Fēn sì gè xiǎozǔ:
（6）我们 今天 对 海洋 的 有关 内容 做一次 探究性 学习。分四个 小组：
Dì-yī zǔ tànjiū hǎiyáng de zuòyòng, dì-èr zǔ tànjiū hǎiyáng de zǒngtǐ gàikuàng, dì-sān zǔ tànjiū sì dà
第一组探究 海洋 的 作用，第二 组探究 海洋 的总体 概况，第三 组 探究四大
yáng de wèizhì, dì-sì zǔ tànjiū hǎixiá.
洋 的 位置，第四组 探究海峡。

三、巩固练习，延伸应用

学完新课内容，要马上安排一些有针对性的课堂练习来巩固所学。教师此时可以采取多种方式，或完成配套练习，举一反三，或提出现实存在的问题让学生利用所学知识寻找解决办法，活学活用。

【例句】

Dǎkāi 《Dìlǐ Tiánchōng Túcè》, zuò yè tiánkòngtí.
（1）打开《地理 填充 图册》，做 45 页 填空题。

Qǐng jiéhé jiāotōng yùnshūwǎng tú, zhǎochū "sān héng wǔ zòng" de tiělù gànxiàn.
（2）请 结合 交通 运输网 图，找出"三 横 五 纵"的铁路 干线。

Jiéhé jīntiān xuéxí de nóngyè zhīshi, tántan wǒmen dāngdì de nóngyè tèsè shì shénme.
（3）结合 今天 学习的 农业 知识，谈谈 我们 当地 的 农业 特色是 什么。

Wǒmen guójiā rénjūn zīyuán shǎo, nàme wǒmen yīnggāi zěnyàng hélǐ lìyòng wǒmen de zìrán zīyuán?
（4）我们 国家人均 资源 少，那么我们 应该 怎样 合理利用 我们 的自然资源？

Zánmen Xīnjiāng de shuǐguǒ zhème tián zhème hǎo, gēnjù zhège tèdiǎn zěnme fāzhǎn dāngdì jīngjì ne? Tóngxuémen shuō yi shuō.
（5）咱们 新疆 的 水果 这么 甜 这么 好，根据这个 特点 怎么 发展 当地 经济呢？同学们 说一 说。

四、课堂总结，布置作业

（一）课堂总结用语

【例句】

Jīntiān zhè jié kè xuéxíle dìtú de nǎxiē nèiróng? Qǐng yí wèi tóngxué zǒngjié yíxià.
（1）今天 这节课学习了地图的哪些 内容？ 请一 位 同学 总结 一下。

Zhè jié kè wǒmen zhuózhòng liǎojiěle wǒguó dōng xià qìwēn de fēnbù tèdiǎn, nán běi qìwēn de chāyì hé wēndùdài de huàfēn yǔ fēnbù, míngbaile dōng xià qìwēn de fēnbù yǔ wěidù wèizhì gāodī bù tóng yǒuguān, yě yǔ dìxíng dìshì de yǐngxiǎng yǒuguān.
（2）这 节课 我们 着重 了解了我国 冬 夏气温的分布 特点、南 北 气温 的差异和 温度带 的 划分 与分布，明白了 冬 夏 气温 的分布与纬度 位置 高低不 同有关，也与地形地势的 影响 有关。

Běn jié kè wǒmen liǎojiěle Xīnjiāng de zìrán dìlǐ tèzhēng, yǐjí zài dútè huánjìng tèzhēng yǐngxiǎng xià de rénkǒu, chéngshì, jiāotōng shèshī de fēnbù tèdiǎn. Xīnjiāng de wèizhì hé dìxíng tèdiǎn dǎozhì Xīnjiāng de qìhòu yǐ gānhàn wéi tūchū tèdiǎn, jìn'ér shǐ Xīnjiāng xíngchéngle yǐ huāngmò wéi zhǔ de zì-
（3）本 节课 我们 了解了 新疆 的自然地理特征，以及在独特 环境 特征 影响 下的 人口、城市、 交通 设施 的分布特点。新疆 的 位置 和地形 特点 导致新疆 的气候以干旱 为 突出 特点，进而使 新疆 形成了 以 荒漠 为 主的自

rán jǐngguān.
然 景观。

（二）布置作业用语

【例句】

Gēnjù běn kè zhīshi, wánchéng kè hòu liànxí yī, èr, sān.
（1）根据 本课知识，完成 课后练习一、二、三。

Qǐng zài kè hòu liànxí de kòngbái dìtú shang tiánshang Zhōngguó de sì dà píngyuán.
（2）请 在课后练习的空白地图上 填上 中国 的四大 平原。

Kè hòu zǒngjié Huáng Hé de yōuhuàn yǒu nǎxiē, tíchū zhìlǐ Huáng Hé de fāng'àn.
（3）课后 总结 黄 河的 忧患 有哪些，提出治理 黄 河的 方案。

Xiǎozǔ diàochá huódòng: Diàochá běn dìqū shuǐ wūrǎn de qíngkuàng bìng tíchū zhìlǐ jiànyì.
（4）小组 调查 活动：调查 本地区水 污染的 情况 并 提出治理建议。

Kǒutóu zuòyè: Lìyòng shìjiè dìtú shuōchū qī dà zhōu, sì dà yáng de dìlǐ fēnbù hé gàikuàng.
（5）口头 作业：利用 世界地图 说出 七大洲、四大 洋 的地理分布和 概况。

Lìyòng kè hòu shíjiān, fēn xiǎozǔ guānchá cèliáng xuéxiào nèi de zhǔyào dìlǐ shìwù, huìzhì
（6）利用 课后 时间，分小组 观察 测量 学校 内的主要地理事物，绘制
yì zhāng xiàoyuán píngmiàntú.
一 张 校园 平面图。

参考文献

一、教材和课程标准类

1. 中华人民共和国教育部．普通高中地理课程标准（2003 版）．北京：人民教育出版社，2003.
2. 中华人民共和国教育部．普通高中化学课程标准（2003 版）．北京：人民教育出版社，2003.
3. 中华人民共和国教育部．普通高中历史课程标准（2003 版）．北京：人民教育出版社，2003.
4. 中华人民共和国教育部．普通高中生物课程标准（2003 版）．北京：人民教育出版社，2003.
5. 中华人民共和国教育部．普通高中数学课程标准（2003 版）．北京：人民教育出版社，2003.
6. 中华人民共和国教育部．普通高中思想政治课程标准（2003 版）．北京：人民教育出版社，2003.
7. 中华人民共和国教育部．普通高中物理课程标准（2003 版）．北京：人民教育出版社，2003.
8. 中华人民共和国教育部．普通高中语文课程标准（2003 版）．北京：人民教育出版社，2003.
9. 人教版高中系列教科书
10. 人教版九年义务教育系列教科书
11. 中华人民共和国教育部．义务教育地理课程标准（2011 版）．北京：北京师范大学出版社，2011.
12. 中华人民共和国教育部．义务教育化学课程标准（2011 版）．北京：北京师范大学出版社，2011.
13. 中华人民共和国教育部．义务教育历史课程标准（2011 版）．北京：北京师范大学出版社，2011.
14. 中华人民共和国教育部．义务教育美术课程标准（2011 版）．北京：北京师范大学出版社，2011.

15. 中华人民共和国教育部．义务教育品德与社会课程标准（2011 版）．北京：北京师范大学出版社，2011.
16. 中华人民共和国教育部．义务教育品德与生活课程标准（2011 版）．北京：北京师范大学出版社，2011.
17. 中华人民共和国教育部．义务教育生物课程标准（2011 版）．北京：北京师范大学出版社，2011.
18. 中华人民共和国教育部．义务教育数学课程标准（2011 版）．北京：北京师范大学出版社，2011.
19. 中华人民共和国教育部．义务教育思想品德课程标准（2011 版）．北京：北京师范大学出版社，2011.
20. 中华人民共和国教育部．义务教育物理课程标准（2011 版）．北京：北京师范大学出版社，2011.
21. 中华人民共和国教育部．义务教育音乐课程标准（2011 版）．北京：北京师范大学出版社，2011.
22. 中华人民共和国教育部．义务教育语文课程标准（2011 版）．北京：北京师范大学出版社，2011.

二、著作类

1. 白晓明．教师语言表达．宁波：宁波出版社，2002.
2. 曹日昌．普通心理学．北京：人民教育出版社，1963.
3. 陈田顺．对外汉语教学中高级阶段课程规范．北京：北京语言文化大学出版社，1999.
4. 成培元．教师口语教程．北京：高等教育出版社，2004.
5. 崔希亮．对外汉语听说课课堂教学研究．北京：北京语言大学出版社，2011.
6. 崔永华．对外汉语教学设计导论．北京：北京语言大学出版社，2008.
7. 崔永华，杨寄洲．对外汉语课堂教学技巧．北京：北京语言文化大学出版社，1997.
8. 段火香．中小学教师课堂用语手册（增补版）．北京：外语教学与研究出版社，2002.
9. 傅惠钧．教师口语艺术．杭州：浙江教育出版社，1999.
10. 郭启明．教师语言艺术．北京：语文出版社，1998.
11. 国家教委师范司．教师口语．北京：北京师范大学出版社，1996.
12. 胡波．汉语听力课教学法．北京：北京语言大学出版社，2007.
13. 黄荣金，李业平．数学课堂教学研究．上海：上海教育出版社，2010.

14. 姜丽萍 . 对外汉语教学论 . 北京：北京语言大学出版社，2008.
15. 蒋同林，崔达送 . 教师语言纲要 . 北京：华语教学出版社，2001.
16. 李海涛 . 教师语言行为研究 . 成都：四川大学出版社，2004.
17. 李星驰 . 穿越时空的智慧——中学历史教学创新 . 北京：科学出版社，2002.
18. 刘显国 . 开讲艺术 . 北京：中国林业出版社，1999.
19. 刘显国 . 语言艺术 . 北京：中国林业出版社，2001.
20. 刘珣 . 对外汉语教育学引论 . 北京：北京语言大学出版社，2000.
21. 彭志平 . 汉语阅读课教学法 . 北京：北京语言大学出版社，2007.
22. 宋其蕤 . 教学言语学 . 广州：广东教育出版社，1999.
23. 谈振华 . 课堂教学理论读本 . 北京：中国社会科学出版社，2000.
24. 唐树艺 . 教师口语技能 . 长沙：湖南师范大学出版社，1996.
25. 唐思群，屠荣生 . 师生沟通的艺术 . 北京：教育科学出版社，2001.
26. 田慧生，李如密 . 教学论 . 石家庄：河北教育出版社，1996.
27. 王建勤 . 第二语言习得研究 . 北京：商务印书馆，2009.
28. 王钟华 . 对外汉语教学初级阶段课程规范 . 北京：北京语言文化大学出版社，1999.
29. 韦志诚 . 教学与言论 . 南宁：广西教育出版社，2001.
30. 闻亭，常爱军，原绍锋 . 国际汉语课堂管理 . 北京：高等教育出版社，2013.
31. 吴俊玲，刘万顺 . 口语交际艺术 . 北京：中国林业出版社，2003.
32. 谢文举 . 教师语言艺术手册，济南：山东大学出版社，2006.
33. 严先元 . 新课程：教师怎样上课 . 成都：四川大学出版社，2005.
34. 杨惠元 . 汉语听力说话教学法 . 北京：北京语言文化大学出版社，1996.
35. 张辉，杨楠 . 汉语综合课教学法 . 北京：北京语言大学出版社，2006.
36. 赵林森 . 教师口语 . 开封：河南大学出版社，2004.
37. 郑伟大 . 走出峡谷的多维图景——中学地理教学创新 . 北京：科学出版社，2003.

三、期刊类

1. 艾尔肯肉孜 . 新疆少数民族教师汉语授课及课堂用语存在的问题 . 北京教育学院学报，2012（11）.
2. 蔡宝来，车伟艳 . 国外教师课堂教学行为研究：热点问题及未来趋向 . 课程·教材·教法，2008（12）.
3. 董海 . 化学课学生自主学习能力的培养 . 科教创新导报，2014（03）.
4. 高巍 . 课堂教学师生言语行为互动研究 . 教育研究与实验，2009（05）.
5. 龚俊涛 . 如何上好一节高中化学课 . 课程教育研究，2015（07）.

6. 胡夏宏．上出生动有趣的化学课．新课程学习，2013（11）．
7. 黄兰草．怎样把地理课上得更有趣．国家教师科研专项基金科研成果（华声卷1），2015（11）．
8. 黄荣金，陈月兰，赵小平．专家教师评数学课．数学教育学报，2005（02）．
9. 季文才．教师课堂用语应遵循的原则．中学语文教学参考，1996（06）．
10. 江鸣和．课堂教学研究的录像分析方法．计算机教与学，2004（10）．
11. 蒋雯．提高中小学美术课教学有效性的策略研究．大众文艺，2013（01）．
12. 李菲．语文教师课堂用语探讨．中国校外教育学，2009（08）．
13. 李剑波．语文教学中的课堂用语．教学探索，2007（07）．
14. 李敏．新课改背景下高中美术鉴赏课的有效教学探究．美术教育研究，2015（12）．
15. 李敏强．教出物理课的“味”．师道，2008（06）．
16. 李琼，倪玉菁．小学数学课堂对话的特点：对专家教师与非专家教师的比较．课程·教材·教法，2007（11）．
17. 李佚．对某小学课堂行为的统计分析．教育研究与实验，2005(01)．
18. 李莹．新课改背景下高中生物课堂教学模式探析．生物技术世界，2015（02）．
19. 林汝昌．教学语言——一个仍有待研究的问题．外语界，1996（02）．
20. 刘春定．新课程下初中美术教学的要求与对策．美术教育研究，2015（12）．
21. 陆昌萍．教师课堂评价言语行为的语用特征．语文建设，2009（05）．
22. 马会梅．教师教学的言语行为研究．辽宁教育研究，2008（11）．
23. 彭明进．如何上好新课改的地理课．青年文学家，2012（8）．
24. 苏醒．如何提高生物课堂教学的有效性．教育实践与研究，2015（12）．
25. 孙冬颖．在小学音乐课中通过自主学习策略培养学生创造力．教育教学论坛，2014（7）．
26. 王爱生．新物理课标实验的特点及对实验教学的启示．实验教学与仪器,2012（09）．
27. 魏建．小学历史教学的特点及其方法．天津师范大学学报，2001（11）．
28. 杨恒波．初中物理课有效学习对策的探究．学周刊，2014（01）．
29. 翟玉红．上好每一堂高中物理课，提高课堂的有效性．中国科教创新导刊，2014（01）．
30. 赵善峰．化学课教学导入探究．佳木斯教育学院学报，2004（06）．
31. 赵艳玲．苏北小学音乐课知识与技能板块教学研究．教育评论，2011（03）．
32. 赵玉柱．新课改下如何上好高中音乐课．科技创新导报，2011（05）．
33. 钟肖容．初中语文教师课堂用语恰当性初探．珠江教育论坛，2012（04）．

34. 周琳．试论中小学音乐课的唱歌教学规律．桂林师范高等专科学校学报，2007(04).
35. 朱煜．历史课要重视培养学生的历史意识——也谈“一节好的历史课”标准．历史教学，2014（2）.
36. 尹丽红．注重导入，构建高效率的生物课堂．学周刊，2015（02）.

四、论文类

1. 陈翔．初中化学探究式教学的实践探索．南京师范大学，2007.
2. 丁婧．小学音乐课堂教学方案设计研究——基于20个小学音乐课教案．东北师范大学，2014.
3. 高巍．课堂教学师生言语行为互动分析．华中师范大学，2007.
4. 何裙裙．小学数学课堂提问教学策略研究．天津师范大学，2010.
5. 贺海珍．语文教师课堂教学语言研究．华东师范大学，2006.
6. 李淑芬．语境与语文教师的教学语言．内蒙古师范大学，2004.
7. 李耀峰．高中物理课堂师生有效互动的研究．鲁东大学，2015.
8. 潘海燕．初中音乐课歌唱教学现状的研究．河北师范大学，2014.
9. 彭程．高中历史课堂教学语言节奏研究．广西师范大学，2012.
10. 邱勤．初中生物课以学生为中心的课堂教学设计的研究．陕西师范大学，2002.
11. 邱微．小学课堂师生言语行为研究．东北师范大学，2006.
12. 申玉玲．探究式和讲授式教学在化学课中有效整合的研究．内蒙古师范大学，2009.
13. 沈立艳．新课程理念下地理课型创新研究．河北师范大学，2013.
14. 宋亚平．初中物理课中的合作学习实践研究．首都师范大学，2009.
15. 孙霞．高中音乐课程改革面临的困境及其对策．湖南师范大学，2007.
16. 汪晓岚．中学地理案例教学研究．江西师范大学，2005.
17. 王冬梅．新课改下初中思想品德课教学方法改革探究．聊城大学，2014.
18. 王惠琴．初中生物课堂有效教学策略研究．江南大学，2013.
19. 阳臻彦．师生互动的初中生课堂教学环境研究．首都师范大学，2003.
20. 杨海燕．课堂教学情景中教师言语评价行为的研究．华东师范大学，2003.
21. 杨晶．新课标下思想品德课教学目标设计与实施中存在的问题及优化策略研究．陕西师范大学，2013.
22. 叶立军．数学教师课堂教学行为比较研究．南京师范大学，2012.
23. 张岳．初中思想品德课教师课堂提问的问题及对策研究．辽宁师范大学，2009.
24. 张自定．语文教学话语分析．华中师范大学，2001.
25. 赵瑞琴．历史课自主参与型教学的探索．西南大学，2006.

26. 周希．小学音乐教师课堂教学行为研究——以全国小学音乐课评比优秀课例为例．湖南师范大学，2014.
27. 周晓红．初中历史课课堂管理的问题与对策研究．东北师范大学，2009.

五、视频类

1. 教视网 http://www.sp910.com
2. 听课网 http://www.tingke8.com

在以上视频网站上分课程观摩了大量教学视频，结合教学环节总结出优秀教师常用的规范课堂用语。